华为能，你也能
IPD产品管理实践

石晓庆　卢朝晖◎著

北京大学出版社
PEKING UNIVERSITY PRESS

内 容 简 介

本书从IPD产品管理体系架构出发,详细介绍IPD产品管理体系架构的各个组成部分,包括产品需求管理、产品战略与规划、产品开发管理、产品立项管理、产品开发项目管理、产品营销管理、产品生命周期管理,以及产品管理中的跨部门组织和团队等。

本书致力于为中国创造型企业提供系统的体系构建和实践参考,特别适合企业的总经理、产品经理、研发经理、项目经理、营销经理等中高层管理者阅读。

图书在版编目(CIP)数据

华为能,你也能:IPD产品管理实践 / 石晓庆,卢朝晖著. —北京:北京大学出版社,2019.10

ISBN 978-7-301-30623-9

Ⅰ.①华… Ⅱ.①石… ②卢… Ⅲ.①企业管理 – 产品管理 Ⅳ.①F273.2

中国版本图书馆CIP数据核字(2019)第163506号

书　　　名	华为能,你也能:IPD产品管理实践 HUAWEINENG, NIYENENG: IPD CHANPIN GUANLI SHIJIAN
著作责任者	石晓庆　卢朝晖　著
责任编辑	吴晓月　孙　宜
标准书号	ISBN 978-7-301-30623-9
出版发行	北京大学出版社
地　　　址	北京市海淀区成府路205号　100871
网　　　址	http://www.pup.cn　新浪微博:@北京大学出版社
电子邮箱	编辑部 pup7@pup.cn　总编室 zpup@pup.cn
电　　　话	邮购部 010-62752015　发行部 010-62750672　编辑部 010-62570390
印　刷　者	河北博文科技印务有限公司
经　销　者	新华书店
	787毫米×1092毫米　16开本　17印张　295千字 2019年10月第1版　2024年12月第9次印刷
印　　　数	22001–25000册
定　　　价	58.00元

未经许可,不得以任何方式复制或抄袭本书之部分或全部内容。

版权所有,侵权必究

举报电话:010-62752024　电子邮箱:fd@pup.cn

图书如有印装质量问题,请与出版部联系,电话:010-62756370

序 言
FORWORD

《华为能,你也能:IPD重构产品研发》自2015年9月出版以来,在收获很多好评的同时也收到不少改进意见。其中之一就是希望能尽快看到这本书的第2版,以了解IPD体系的最新发展情况,尤其是IPD体系在华为公司的最新发展情况。

在我心有余而力不足的同时,我的好朋友、前华为同事、咨询领域的"战友"石晓庆和卢朝晖(笔名卢刚)找到我,希望将2012年出版的《向华为学习卓越的产品管理》进行再版,负责出版的谌三元也鼓励我们将"华为能,你也能"这个主题写成与IPD和创新管理相关的系列丛书,于是就有了本书。

伴随华为在电信运营、消费者业务、企业服务、云服务、新能源等领域的成功,尤其是在消费者业务(CBG)领域的成功,其背后的运作管理模式逐渐成为大家所关心的话题。虽然华为的业务类型迥异,但在产品管理上的业务逻辑只有一个,那就是IPD。

IPD的英文含义是Integrated Product Development,也就是"集成产品开发"。但经过20多年的发展,IPD已成为一个庞大的方法论、工具、流程和管理体系的集合,应用广泛。从产品管理角度来看,IPD就是一套端到端的产品管理方法论。所谓端到端的产品管理,我的理解包括两层含义:一层是对从需求探索到需求满足的过程的管理;另一层是对从产品规划到产品退市的过程的管理,也就是对产品从"生"到"死"的过程的管理。无论从哪个角度来看,IPD都是一套经过验证的行之有效的解决方案。

本书就是把IPD的思想、方法、流程和管理体系应用于产品管理的端到端的过程。不同于《华为能,你也能:IPD重构产品研发》的是,本书紧扣"产品管理"主题,从源头需求管理出发,到产品的规划、立项、开发、上市营销和退市,形成闭环。

本书有三大特点需要关注。

第一,本书介绍了大量工具和方法。要把IPD体系的七大核心思想在产品管理中落地,必须靠这些工具和方法。本书的很多工具非常实用,如需求管理中的GAPS落差工具、$APPEALS和BSA需求分类工具、SPAN战略定位工具,产品立项中的4W2H工具,产品开发中的V模型等。

第二,作者引用了不少案例对IPD体系中的工具和方法进行说明,包括华为公司和各行各业的咨询项目的实践案例,充分体现了IPD方法论的普遍适用性。

第三,本书开辟专章讲解产品管理中的财务和成本管理。IPD有两条主线,一条是满足客户需求的技术线,另一条是满足企业自身需求的商业线。要同时抓住这两条主线并不容易,财务和成本管理把这两条线连接在了一起。本书的第9章对产品管理中的财务和成本管理进行了相应讨论。要做好产品管理,还需要组织、绩效和人力资源的支撑,本书对这些要素也进行了相应讨论。

从制造向创造转型,这个话题虽然谈了十多年,但我认为一切都刚开始。中国企业要完成转型,关键是对创造和创新的过程进行管理。"请给我结果!"式的直接以结果为导向的粗放式管理已不再奏效。

在把IPD体系运用在产品管理的过程中,由于历史不同、环境不同、模式与制度不同、人员不同,不同企业面对的问题和挑战也千差万别,这需要中国企业家共同努力,希望本书能够在这点上帮助中国企业和中国企业家。我们把这本书献给我们与中国企业和企业家共同奋斗的十年。

上海睿创企业管理咨询有限公司首席顾问 刘劲松

前言
PREFACE

近年来,随着市场经济的发展,企业面对的市场竞争越来越激烈,客户需求也越来越个性化。客户对产品的需求多品种、小批量的态势,导致市场上的新产品种类越来越多,产品的更新换代也越来越快。在这种情况下,企业如何才能保持产品的生命力?如何提升企业的创新能力?如何迎接竞争加剧、产品过剩、成本大、盈利少等挑战呢?我们发现,越来越多的企业开始更加关注市场、关注客户需求、关注产品创新,并希望通过产品研发及产品管理变革,提升自身及产品的核心竞争力。在长期的咨询服务中,我们深刻感受到了企业对提升产品研发及产品管理能力的渴求。

随着华为的成功及其在国内外知名度的提升,很多公司开始向华为学习,向标杆企业学习,希望自己能成为所属细分领域中的小华为。于是,很多企业到华为公司去"取经",希望学到华为成功的经验。然而很多"取经"只不过是"走马观花",因为他们只看到华为的表象,并没有理解其中的"道"。

市面上介绍华为成功经验的书籍层出不穷,涵盖了华为的战略、运营、绩效、人力、组织文化等,其中介绍华为的产品研发管理经验的书籍成为热门之一。这些书有的让人总感觉是在讲别人的故事,不容易和企业自身特点相结合;有的则直接介绍华为某个时期的管理方法,这很容易让读者陷入"照搬照抄"的误区;还有的则站在产品经理的角度去介绍产品经理这个角色如何进行产品管理,更像是产品经理个人能力提升的工作手册。市面上缺少一本在组织层面上从理论到实践，系统地介绍IPD产品管理体系的书。因此，笔者产生了一种想法，就是基于华为公司及行业标杆的企业实践，并结合笔者多年的咨询项目经验，编写一部有原理、有方法、有实践，系统地介绍IPD产品管理体系的书，希望对中国企业的产品创新和管理转型做点力所能及的贡献。

经过一年多的时间，笔者逐步梳理了既有的IPD产品管理知识体系、咨询项目和实践资料，以及为客户调研诊断时经常遇到的问题及解决方案等，结合华为公司最新的产品管理实践案例，经过无数次的整理、提炼、修订、润色，最终完成了这本书。

本书将为致力于实现从"中国制造"走向"中国创造"而奋斗不息的经理人和企业家提供参考。无论企业是否已经、正在或尚未推行IPD产品管理体系，笔者都希望本书能给大家的工作带来启发。

在成书的过程中，笔者参考了卢朝晖（笔名卢刚）老师的《向华为学习卓越的产品管理》，刘劲松老师、胡必刚老师的《华为能，你也能：IPD重构产品研发》，以及其他一些IPD研发管理方面的书籍。在此，笔者十分感谢这些书籍的作者对IPD产品管理理论做出的贡献。卢朝晖老师和刘劲松老师既是笔者的校友，也是在IPD咨询界与笔者一起奋斗多年的"战友"，本书的很多观点受其影响，也深为其所认同。在写作的过程中，两位老师给予了大力支持，也贡献了很多非常好的想法和建议。随着对华为公司及逐渐发展起来的IPD产品管理理念和实践的深入研究，结合在各行各业咨询项目中的实践，我们对IPD产品管理体系的理解也越来越深入、越来越系统。这将有利于IPD思想的发扬光大，帮助更多有理想、有抱负的企业走出困境，扬帆远航。

本书的第1章重点在于让读者对本书介绍的"产品管理"概念有一个一致的认识。当今互联网行业风起云涌，每家企业对产品管理、产品经理等概念的理解和对其范畴的划分并不一致，本章首先在概念上进行统一，这样读者才能在学习和理解上与笔者处于同一个"频道"上。由于IPD产品管理体系的范畴比较广，包括需求管理、产品规划、产品开发、上市和生命周期管理等业务，因此可以说IPD产品管理实际上是端到端的业务管理。这一章首先介绍产品管理中常见的一些问题，然后再介绍IPD产品管理体系。也就是先提出问题，然后给出解决方案。IPD产品管理体系正是产品管理问题的解决方案。

第2～9章依次介绍了产品需求管理，产品战略与规划，产品开发管理，产品立项管理，产品开发项目管理，产品营销管理，产品生命周期管理，以及产品开发成本、费用与财务管理,每个模块的内容包括基本概念、基本原理、流程体系和实践案例,力争做到理论和实践相结合。

第10章重点介绍整个IPD产品管理体系中的组织架构。IPD运作的一个主要特点是跨部门运作,很多企业推行IPD效果不佳的原因之一就是跨部门团队没有发挥应有的作用。要使IPD产品管理体系有效运作,重点要打造三个跨部门团队——跨部门的决策团队、跨部门的规划团队和跨部门的开发团队。任何体系要良好运作并产生效果,最终还是要依靠人、依靠组织和团队,只有组织能力和业务流程相匹配,该体系才能成为企业的核心竞争力。

本书的最后一章,也就是第11章,重点介绍在IPD产品管理体系下,产品经理应如何构建自己的软实力,以使IPD产品管理体系发挥最大的价值。

严格来讲,本书的作者不是两个人,凡是对本书的理论和实践做出贡献的企业和个人都是本书的共同作者。在这里,笔者非常感谢对IPD产品管理体系的发展和完善做出巨大贡献的PRTM咨询公司、IBM公司、华为公司,以及各行各业中推行和实施IPD变革的企业与企业家,同时也感谢上海睿创企业管理咨询有限公司的同事和合作伙伴。IPD产品管理理论博大精深,并且企业的实践活动也在不断发展和完善,希望更多的企业加入到IPD产品管理实践中,让该体系为企业的业务发展创造价值。

读者可扫描以下二维码,或搜索"446768333"加入IPD交流QQ群,共同探讨IPD的相关经验和心得。

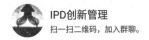

石晓庆

2019年9月15日

目 录
CONTENTS

第 1 章　全面认识产品管理 // 1

引言 // 2
产品管理中常见的问题 // 3
基于 IPD 思想的产品管理体系 // 8
IPD 产品管理模式变革规划 // 9
本章小结 // 12

第 2 章　产品需求管理 // 13

引言 // 14
产品需求管理基础概念 // 15
产品需求管理体系框架 // 19
需求收集管理 // 20
需求分析管理 // 32
需求分配管理 // 40
产品包需求及实现管理 // 41
需求验证管理 // 45
组建需求管理团队 // 48
需求管理流程 IT 化 // 50
本章小结 // 51

第 3 章　产品战略与规划 // 52

引言 // 53

产品战略与规划基本概念 // 53

MM 方法论的核心逻辑与思想 // 63

基于 ISOP 的企业战略运营流 // 64

基于 MM 方法论的产品线业务规划实践 // 66

本章小结 // 87

第 4 章　产品开发管理 // 88

引言 // 89

IPD 产品开发流程体系 // 93

IPD 产品开发流程的子流程建设 // 103

IPD 产品开发管理中的商业决策机制 // 109

产品开发项目流程定制 // 130

敏捷化的 IPD 产品开发管理 // 132

本章小结 // 137

第 5 章　产品立项管理 // 138

引言 // 139

自主产品项目 Charter 开发流程建设 // 139

定制产品项目 Charter 开发流程建设 // 141

华为 Charter 开发质量保障实践 // 143

W 公司某手机项目立项案例 // 145

H 公司 Charter DCP 汇报材料模板样例 // 149

本章小结 // 152

第 6 章　产品开发项目管理 // 153

引言 // 154

产品开发项目管理的重要概念 // 155

产品开发流程和项目管理 // 160

基于 IPD 的项目管理实践 // 161

项目管理中的沟通和监控机制 // 166

项目管理体系建设实践 // 170

本章小结 // 184

第 7 章　产品营销管理 // 185

引言 // 186

产品营销管理流程 // 187

产品营销计划的关注重点 // 190

上市产品质量管理 // 191

产品营销资料开发 // 193

产品市场推广活动 // 197

产品品牌管理 // 201

产品定价管理 // 202

产品渠道管理 // 204

服务与制造准备 // 204

产品营销团队构建 // 205

本章小结 // 207

第 8 章　产品生命周期管理 // 208

引言 // 209

产品生命周期管理的主要工作 // 212

产品生命周期管理组织的职责与支撑体系 // 217

华为公司产品生命周期管理团队的运作 // 219

本章小结 // 220

第9章 产品开发成本、费用与财务管理 // 221

引言 // 222

产品目标成本管理 // 223

研发项目费用管理 // 227

产品财务管理 // 229

本章小结 // 230

第10章 流程型产品管理组织 // 231

引言 // 232

IPD产品管理体系中的三种典型跨部门团队 // 234

组织变革中的注意事项 // 242

本章小结 // 246

第11章 产品经理如何开展工作 // 247

引言 // 248

产品经理如何解决多头管理的问题 // 248

产品经理如何有效沟通 // 251

产品经理如何有效激励团队成员 // 253

本章小结 // 254

附录 // 256

参考文献 // 259

致谢 // 260

第 1 章 全面认识产品管理

产品管理作为近年来兴起的管理实践，正在朝全面化的方向发展，触角广及战略定位、顾客管理、价值链分析、流程再造和人力资源开发与配置等热门议题。所有管理学界倡导的理念、思想、工具与技巧，都不能取代一个坚实的组织架构来引领企业实现目标。"产品管理"作为一种历久弥坚的组织结构，决定着不同组织结构下产品经理的定位、职责、日常工作内容和职业发展通道。

——琳达·哥乔斯《产品经理的第一本书》

引言

"产品管理"这个词近年来越来越流行,那到底什么是产品管理呢?产品管理的目的又是什么呢?对于这个词,我们可以分开来看,一个是"产品",即企业向市场提供的满足人们某种需求的交付;另一个是"管理",从管理学上来说,通过计划、组织、控制、激励和领导等环节协调人力、物力和财力等资源,以期更好地达成组织目标的过程称为"管理"。这样就很容易理解产品管理的含义了,就是企业通过计划、组织、控制、激励和领导等手段协调人力、物力和财力等,使企业的产品满足市场和客户的需求,从而获得最大的业务收益,这就是产品管理的含义,也是其目的。

当今世界,市场环境复杂多变,各行各业竞争激烈,客户需求越来越多,产品生命周期越来越短,企业必须开发更多的新产品去满足市场和客户的需求。随着产品数量和种类的增加,越来越多的企业倾向于设立产品经理一职来负责产品管理(产品全生命周期管理)工作,也越来越重视产品管理体系的建设。

为了推出适销对路的产品,企业必须对客户的需求进行全面分析。如今客户在购买企业的产品时,不仅仅关注产品的基本功能,更多的是关注功能以外的东西,如产品的品牌、质量、外观造型、使用体验,甚至是产品的广告、发布会、营销活动、销售渠道、购买方式和售后体验等,这些因素都会影响客户的购买行为。因此,要使产品获得客户的青睐,企业就要在这些方面加强关注。然而要关注这么多要素,光靠几个部门是不行的,企业必须调动各个部门的资源,包括研发、市场、制造、服务、销售等,使各部门通力协作,共同规划、开发、交付出满足市场和客户需求的产品。

在传统的职能型企业中,内部组织按职能和专业进行分工,单个部门是不能满足客户的所有需求的,因此需要一个岗位来组织和协调各个部门,共同满足客户需求,这个岗位就是产品经理。企业规模小、产品品种少的时候,总经理往往承担着这样的角色。但随着企业规模的扩大,产品品种越来越多,这时候就需要将公司业务按一定规则划分,并设置产品经理岗位,总经理将产品管理权限下放给产品经理,由产品经理对该业务全面负责。

由于行业特点、企业特点、管理成熟度及领导人的管理风格不同,不同企业会采取不同的产品管理模式,没有最佳的模式,只有最合适的模式。

苹果、谷歌、微软、华为等公司都有不同的产品管理模式,每个成长中的企业，也会去探索适合自身发展的产品管理模式。可以借鉴标杆企业的产品管理模式，并在企业发展中进行改良、本地化。但是，简单粗暴地把别人的模式生搬硬套到自己的企业是不合适的，甚至会阻碍企业的发展。即使学习标杆企业的产品管理模式也要做到知其然，并且知其所以然，只有这样才能构建符合企业自身特点的产品管理模式。

产品管理中常见的问题

基于 IPD 的产品管理以产品线或产品族方式来组织企业的业务活动，为使业务开展顺利、高效、有章可循，除了产品经理的个人能力外，构建高效的产品管理体系也非常重要。通过产品管理体系的运作，驱动各产品线、产品族及其他业务单元按特定的组织形式、特定的流程和方法开展各项业务活动，使企业的产品管理活动更高效，大幅度提升产品的成功率（关于如何判断产品是否成功，后面会进行讲解）。

我们在咨询服务中发现，不少企业的产品管理存在各种各样的问题。通过对这些问题进行分析总结，我们发现在产品需求管理、市场管理、产品开发管理及产品生命周期管理方面存在的问题是最多的。接下来主要介绍这 4 个方面存在的一些典型问题。

产品需求管理的问题

需求是产品规划、产品开发及企业各种经营活动的源头，如何看待需求及如何对需求进行管理，决定了这些活动的最终质量。

很多企业口头上说"需求很重要，我们缺少对需求的重视"，但行动上怎么样呢？是否将需求管理上升到了战略高度？不少企业的产品开发主要凭研发人员的感觉、想象，甚至是领导的指示，以领导满意为产品开发的目标。他们和客户离得太远，更别说聆听客户的需求了。难道研发人员真的不知道产品开发需要符合市场和客户的需求吗？其实不是。当被问起为什么不花时间进行需求调研时，他们通常会回答是因为研发项目时间紧、任务重，没有时间去调研，或者干脆回答是因为没有调研经费。

某公司研发了一台自动化检测设备，样机开发出来后，请领导来参加评审。领导看完站起来说："你们开发的这个设备怎么现在才征求我的意见？机柜的颜色我很不满意，我们是高科技公司，这样的产品外观没有一点儿现代感、科技感、时尚感。另外，这台设备的体积那么大，你们为何不能做得像苹果公司的产品一样？！体积还可以更小巧些，材料上是不是也可以更轻量化呢？"

上面案例中的这个领导在判断产品应做成什么样的时候，是出于主观考虑，考虑的是自己公司的情况，以及个人的喜好。但在开发产品的时候，首先要考虑的是，客户是谁，他们的需求是什么，使用的场景是什么，购买产品要解决什么问题，而不是领导喜欢什么、研发人员自己喜欢什么，就把产品做成什么样子。上面这个案例中的产品是钢铁冶金自动化设备公司的检测设备，客户希望设备的造型、外观色彩要和自动化设备公司的其他产品一致，并且要求设备耐高温、耐腐蚀、运行稳定。该公司领导没有做到以客户需求为中心，而是以自我需求为中心。

等级森严的企业往往围着领导的指挥棒转，会导致"以领导为中心"来进行产品开发。我们对典型失败案例进行回溯时，往往会发现领导在产品需求收集中发挥了"巨大作用"。我们认为，以市场规则为管理原则的公司应该对事负责，而不是对人负责，这个"人"指的就是领导。我们不是要对领导负责，而是要对市场和客户负责，对流程负责，对工作本身负责。对需求的理解，最高层次是"心中无我"，和客户建立同理心，只有这样才能做好需求管理。

有些企业也非常重视需求调研活动，但是需求调研人员并不具备需求收集的经验和技能，也没有经过相应的训练，调研活动成了走形式、走过场，收集回来的有效信息十分有限，不能正确地指导产品开发，甚至将产品开发带向了错误的方向。例如，有的企业的调研活动没有进行正确的决策链分析，没有找到正确的调研对象；有的企业虽然按照客户讲的解决方案进行了产品开发，但仍未能开发出客户真正想要的产品；更多的企业则是存在大量的紧急需求，需求变更频繁，开发人员怨声载道，既定开发项目一再拖延。

要想快速捕获客户需求，正确理解客户需求，避免大量的紧急需求，保障客户需求能够及时得到满足，企业不仅需要掌握需求管理的方法，还需要建立适合企业特点的产品需求管理体系，保障企业的业务围绕市场和客户需求展开。华为公司非常重视需求管理，建立了规范的需求管理体系并实现了IT化管理。无论是2B的运营商业务还是2C的消费者业务，华为都始终坚持"以客户为中心"，并落实到实实在在的组织行动中，取得了巨大的成功。

市场管理的问题

根据公司进化论的相关理论，企业在产品品类的不同生命周期应采取不同的创新策略。当产品品类已经进入成熟期时，企业必须采取"亲近客户"和"卓越运营"的创新战略，技术思维、产品思维要转换为市场思维。因为这个时候是买方市场，而不是卖方市场。有些企业由于创业时以某项技术或某个产品领先赚了大钱，或者其领导人本身是技术出身，整个企业就一直"沉浸"在技术和产品导向中，而不是以市场和客户为导向，结果开发的产品越来越脱离客户和市场，最终在竞争中失去了客户、失去了市场。为了避免这种情况，一定要以市场为导向，采用基于市场的流程和方法进行产品规划。

有些企业规划什么产品、开发什么产品往往是领导或研发总监"拍脑袋"决定的，没有充分的市场分析，没有科学的决策逻辑，导致产品成功率低；有些企业虽然成立了专职的规划团队进行规划，但由于缺乏科学的流程、方法及必要的调研数据，所做的规划就成了"鬼话"。规划和开发脱节，导致规划的项目执行率极低，临时性项目多，很多时候是临时成立项目组去开发产品。

产品规划问题的另外一个表现是缺乏对版本的规划，大量需求都由一个版本来承担。研发人员总是希望一款新产品具备尽可能多的功能，既能满足客户现在的需求，又能满足客户未来的需求，企图开发出"一劳永逸"的产品，然后用一款产品满足不同客户群的需求。这就对产品开发周期提出了挑战。产品功能过多必然导致产品研发周期长，可能会错失上市的最佳机会。另外，企业自身资源会被一个产品项目消耗过多，而不能开发其他产品，给企业经营带来风险。出现这种情况的原因多是企业缺乏正确的市场管理和产品规划理念及方法，导致企业不得不开发越来越多的产品，或者开发一个大而全的"超级版本"，去试图满足不同客户群现在与未来的需求。这种"超级版本"给研发资源的规划、产品的生产制造、物料采购及质量把关带来了非常大的困扰。

产品开发管理的问题

产品开发是生产出满足客户需求和市场需求，并给企业带来收益的产品的价值创造活动。很多企业由于没有正确的产品开发理念，导致在研发方面投入大量的资源和精力，却没有得到应有的回报。

在 IPD 的核心理念中，产品开发是一种是以市场成功和财务成功为目标进行的投资行为。凡是没有投放到市场上、没有达到预期销量和商业目标的产品，统统定义为不成功的产品。这个理念在产品开发中非常重要，但实际上很多企业对产品开发成功的标准缺乏统一的认识。

另外，很多企业在产品开发过程中没有形成跨部门合作的团队文化，各职能部门各自为政，只对各自部门的绩效负责，而不是对产品的市场成功率负责，跨部门协作非常困难。产品开发成了研发部门的"独角戏"，其他部门很少参与，他们认为参与产品的开发活动并非本职工作。涉及跨部门的工作往往需要部门领导来协调，或者资深老员工凭个人关系来协调才能进行下去。有的公司戏称这种现象为"刷脸"文化。

为什么产品开发需要跨部门协作呢？因为产品开发的目标是取得市场成功，要想取得市场成功，就需要市场部门进行市场分析和营销、研发部门进行设计和测试、采购部门进行物料采购、生产部门把产品制造出来、销售部门把产品卖出去等，因此，产品开发工作几乎和公司所有的部门都息息相关。而且，为了把产品成功推向市场，各部门之间需要进行大量的信息沟通和传递，只有相互之间高效地协同工作，才能将产品又快又好地推向市场。如果各部门都只从各自的立场出发，就会在产品开发中形成各自为政的局面，给产品开发整体工作造成很大的阻碍。

为了解决跨部门协作的问题，不少企业设置了项目经理一职。但项目经理常常由研发部门员工兼任，并不能对其他职能部门的项目组成员产生影响，遇到需要跨部门协作的工作时，多数情况下还是需要通过研发主管和其他职能部门主管去沟通协调，才能推进产品开发过程中的跨部门协作。以下就是部门利益大于整体利益的一个例子，这个例子说明了从产品成功角度去开展工作的重要性。

某企业为了保障产品的质量，成立了独立而强大的测试部门。其主要绩效指标是发现产品开发中的问题，保障产品的可靠性。实际运作中，测试部门在TR4后才介入产品测试，而TR4前的问题也是等到TR4后才提交，导致产品开发后期的测试问题如同"雨后春笋"般不断涌现。在产品开发问题统计曲线中，TR4后的问题数量形成了像小山一样的"鼓包"。这是由于产品开发人员处理问题的速度远远低于测试人员发现问题的速度，因此就形成了"鼓包"。

产品开发中的问题，越到后期发现，解决时的代价将越大。产品开发后期，研发团队还在不断地解决测试提出的问题，有些甚至需要从产品架构上进行修改。在项目进度的压力下，产品质量就难以得到保障，于是很多质量保障工作被省略，产品带着风险被推向市场。这种本应在企业内部发现和解决的问题，却变成客户和市场要承担的风险。

我们发现，企业对职能部门的考核越严格，职能部门就越倾向于从自己的立场出发去维护部门利益，而将产品是否能顺利上市，是否能取得市场成功放在了第二位甚至第三位。这就是典型的局部结果好但整体结果差的"悖论"，也是导致跨部门产品开发管理工作难以顺利进行的重要原因之一。所以企业就要建立一种机制，来确保产品开发管理工作以市场成功、客户满意为导向，而不是以部门利益、领导满意为导向。

以上主要是产品开发中的一些组织、团队及绩效方面的问题。另外，企业缺乏一套基于正确理念指导、凝聚广泛共识的产品开发流程体系，也是导致产品开发效率低下的原因。有些企业虽然制定了较为完善的产品开发管理流程，但是这些流程很多只停留在纸面上，主要是用来应付外审，实际执行和流程文件是两码事。流程内容也不具备指导实际业务活动的作用，比如，没有表明整个产品开发业务活动中都有哪些角色参与，这些角色如何参与，参与进来做什么，不同角色之间如何配合，等等。

很多企业的产品开发流程缺乏非常重要的"概念阶段"和"计划阶段"，没有对产品需求进行分析和完善的过程，没有产品概念方案的筛选过程，缺乏充分的系统设计活动，导致产品开发过程中出现需求不断变更、设计方案缺乏创新、产品成本过高等问题。有些企业的产品开发流程没有将产品开发的商业意图体现出来，这样很难将"产品开发是一种投资行为"这一核心思想落到实处。流程缺乏对商业风险和技术风险的有效管控，评审点设置不合理，导致产品开发的下一道"工序"没有建立在扎实的上一道"工序"的基础上，这种"带病"开发的结果就是不断地返工。

另外，对企业的高层领导如何参与产品开发活动这个问题，很多企业没有想清楚。有的企业高层要么像技术人员一样参与到产品开发活动的每一个细节中；要么根本不关心整个产品开发过程，只关心结果。领导参与到每一个细节中的弊端是，开发人员迫于领导职位权威，被迫听从领导，失去了独立思考和创新的能力，同时领导也扛起了本属于产品开发团队的责任，不利于员工的成长。而领导不关心产品开发过程，就意味着领导放弃了对产品开发这种投资行为的管理权。企业要建立一种开发团队和高层团队的沟通决策机制，去规范高层团队参与产品开发过程的行为，这样才能保证每一笔投资都能给企业带来回报。

产品生命周期管理的问题

产品的生命周期管理通常有两种含义：一种是指从产品立项到产品退市的管理，另一种是指从产品上市到产品退市的管理。前一种也叫全生命周期管理，后一种也叫狭义生命周期管理，本书后续除非特别说明，否则指的都是狭义的产品生命周期管理。然而很多企业根本就没有生命周期管理这个概念，并不是说他们不做产品的生命周期管理，而是他们没有把产品的生命周期如同产品规划、产品立项、产品开发阶段一样，当作一个非常重要的阶段进行管理。

有的企业对研发人员的绩效考核指标是完成了多少个新产品开发项目，从而导致研发人员只关注完成的产品开发项目的数量，而不去关注产品上市后的市场表现；对销售人员的绩效考核指标是完成了多少销售额，而不关注这些销售额中有多少是老产品，多少是新产品，从而导致销售人员只愿意卖老产品而不太愿意费力去卖新产品。最后导致的结果就是企业每年新产品开发项目很多，但上市后成功的没几个；每年的销售额在增长，但基本上都是老产品贡献的。再进一步分析，发现真正赚钱的只有某几款老产品，而有些老产品长期销量低迷，甚至已经被市场淘汰，但依然在企业的产品清单中。这就涉及产品的退市管理问题，产品退市管理是产品生命周期管理中的重要内容。产品的退市涉及企业经营活动的方方面面，如老产品的退市、新产品的上市、新老产品之间的切换等。有时候没有做好新老产品的切换工作，就会造成新老产品在市场中相互竞争，导致高利润的新产品销量被低利润的老产品所拖累。

产品的生命周期阶段是真正给企业带来价值和利润的阶段，需要企业主动去管理。企业只有把每个产品当作自己的孩子一样去呵护，才能使产品在生命周期中产生更大的价值。

基于IPD思想的产品管理体系

在《华为能，你也能：IPD重构产品研发》一书中，作者将IPD思想概括为图1-1所示的七大核心思想。

图1-1 IPD七大核心思想

IPD产品管理体系是这七大核心思想在产品管理中的承载与应用。华为、IBM、老板、方太、杰克股份、宝时得机械等多个业界先进企业的实践证明，IPD体系作为先进的产品管理体系，不仅可以提高产品开发效率、缩短产品开发周期、提高产品质量，并且能够快速提升员工的能力，培养大量复合型的产品经理和项目经理，为企业的高速发展装上"发动机"。

IPD产品管理体系主要包括产品需求管理、市场管理、产品立项管理和产品开发管理四大模块。而项目管理、绩效与激励是IPD产品管理的使能模块，能够确保IPD产品管理体系运行得更顺畅、更高效。图1-2为IPD产品管理体系的逻辑架构示意图，整个产品管理体系遵循"PDCA"（Plan, Do, Check, Act）改进循环进行运营，不断提升公司及产品线的业务水平。

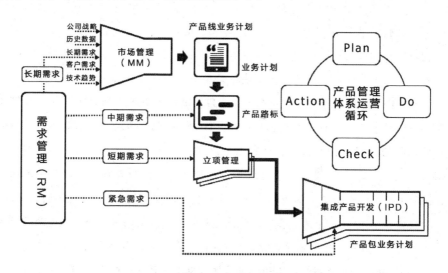

图1-2　IPD产品管理体系的逻辑架构

IPD产品管理模式变革规划

IPD产品管理模式的推行与实施，是对企业现有产品管理模式的一次梳理和重整，涉及企业产品管理的方方面面，包括业务流程重整、组织变革、绩效管理优化及企业文化重塑等。因此从某种意义上说，这是一种变革。

这种变革需要结合企业性质、企业规模、业务特点、商业模式、管理水平及员工能力现状，进行详细调研和缜密设计，绘制符合企业实际情况的变革蓝图，并以管理变革项目的方式开展，才能取得长期稳定的效果。

华为 IPD 变革历程

在华为公司的整个发展历程中，IPD 变革是最重要的管理变革，也是华为发展的助推器。在 1999 年至 2004 年的 6 年时间内，华为基本上处于消化、理解、细化 IPD 流程的阶段，此阶段就是大家经常说的"先僵化"阶段，主要是搞懂 IPD，然后才能用好 IPD。

从 2005 年开始，华为结合自己的产品战略、产品开发特点进行大量产品优化，基本上对 IPD 驾轻就熟了。华为将 IPD 与 MM（市场管理）和 OR（需求管理）对接，实现了 IPD 端到端流程的衔接，将客户需求直接传达到产品开发人员手中，实现需求驱动产品开发，解决了 IBM-IPD 流程系统中需求驱动不够、响应不够的问题。此次优化改进，让华为 10 万人规模的开发团队像中小企业的开发团队一样轻盈，从而快速、低成本地满足了客户需求。这是华为从西方管理理论过渡到中国化管理理论的一大创举，它让华为这只大象跳起街舞。

同年，华为针对电信市场整体解决方案特点，创造性地提出了"IPD 解决方案流程"与"IPD 开发模型"，为客户提供产品、服务、全球培训、客户支持及解决方案，实现对来自多产品线或者多合作方、针对关键细分市场业务和服务进行全新开发的过程的控制。IBM-IPD 流程体系解决了如何开发一个盈利产品的问题，而"IPD 解决方案流程"的提出让华为从卖产品的公司转型为卖解决方案与服务的公司，推动华为进入一个更大的市场，让华为的销售额稳步迈向 2000 亿元的新台阶。

2007 年至 2010 年，华为在各产品线试点敏捷开发方法的基础上，吸收敏捷方法在软件开发中的优点，并考虑到电信嵌入式系统庞大而又复杂的特点，形成了适合华为的"IPD+敏捷"的产品开发流程，将软件从重型过程管理转向轻型过程管理。

实际上在 2008 年后，华为就开始降低对 IPD 的厚重性要求，将 IPD 流程运作与项目管理相结合，使其变得更高效、更实用、更灵活。针对客户定制开发、小产品开发的需求，推出了 IPD 小项目流程；同时加强了非研发领域的管理，引入了 DFX（面向产品生命周期设计）和 QMS（质量管理体系），并推行分层分级 IPD 流程评审体系……

经过 20 年的发展，IPD 已经深入到华为公司经营活动的方方面面，华为 IPD 体系版本也在不断升级迭代。相信随着华为的发展，华为的 IPD 变革也将不断深化，朝着更简单、更及时、更准确的方向迈进。（华为 IPD 变革历程读者可参见腾讯视频"华为 IPD 变革大事记录"。）

华为公司20年的IPD变革实践证明,IPD产品管理模式变革是企业的"一把手"工程,需要下定决心、持之以恒、稳扎稳打才能成功,切忌"一口吃个胖子"。因为企业对一个新产品管理体系的消化和吸收需要一个过程,过快、过猛会难以消化,这是一个普遍规律。对于每个企业来说,其变革过程是不同的,需要根据其愿景、使命与战略,结合其业务特点和实际情况进行规划,形成"分步走"的变革蓝图,进而有步骤地开展变革。

某企业IPD变革规划案例

某企业是国内生产机械装备的大型企业,长期依赖仿造国外标杆企业的产品,取得了国内机械生产业的领先地位。但最近几年,由于缺少了可以快速模仿的对象,创新乏力,因此企业希望通过引入IPD产品管理体系,激发创新活力,提升新产品在年销售额中的贡献率。通过诊断调研,咨询公司为该企业制定了分步走的变革蓝图:成功的产品,成功的产品组合,成功的解决方案,如图1-3所示。每一步都制定了明确的目标,达到目标后向下一步推进,有条不紊地开展,稳扎稳打。

图1-3 某企业IPD变革的总体规划和分步实施路径

1. 成功的产品

该阶段的主要目标是把一个产品做成功。该阶段的主要建设内容包括产品开发流程和处于薄弱环节的子流程,以及构建相关的组织和团队等。将全公司的资源进行集成,对产品的市场成功负责。通过聚焦"成功的产品",让企业各个领域的员工深刻掌握和内化"如何正确地做事"这一理念。一方面要培养深刻领悟IPD的综合性管理人才,另一方面也要建立员工对IPD产品管理模式的信心。

2. 成功的项目组合

该阶段的主要目标是提升对市场/产品/技术平台的规划能力。该阶段主要建设内容包括市场管理流程体系、需求管理流程体系、技术管理流程体系,同时开展相应的能力训练和实战,不仅要关注单个产品项目的成功,而且要关注整个产品组合或项目组合的成功,并逐步形成基于产品线的业务组合模式。

3. 成功的解决方案

该阶段的主要目标是构建基于 IPD 的产品与解决方案的开发流程和团队，将商业模式从卖一个个孤立的产品转型为为客户和行业提供整体解决方案，同时全面优化和推广基于 IPD 的产品管理模式。

随着产品管理模式和业务开展方式的转变，企业不仅需要从业务流程方面进行变革，还需要在组织、文化、绩效、人力资源和 IT 等方面做出调整，以保证企业的变革能产生预期的效果。

本章小结

- IPD 产品管理体系是 IPD 七大核心思想的先进载体，要基于产品线的产品管理模式将企业和市场有效连接起来。

- 经过华为、IBM、老板、方太、杰克股份、宝时得机械等大量业界先进企业的实践证明，IPD 产品管理体系作为先进的产品管理体系，不仅可以提高开发效率、缩短开发周期、提高产品质量，而且能够快速提升员工的能力，培养大量复合型的产品经理和项目经理，为企业的高速发展装上"发动机"。

- IPD 产品管理体系包括产品需求管理、市场管理、产品立项管理和产品开发管理四大价值创造模块，遵循"PDCA"改进循环进行运营，不断提升公司及产品线的业务水平。

- IPD 产品管理模式变革是企业的"一把手"工程，需要下定决心、持之以恒、稳扎稳打才能成功，切忌"一口吃个胖子"。

第 2 章

产品需求管理

> 为客户服务是华为生存的理由,也是华为发展下去的动力。而组织、流程、制度、政策、企业文化等方面的建设也必须以客户需求为导向,一切的经营活动应以满足客户需求为出发点。
>
> ——华为总裁 任正非

引言

产品需求管理是产品管理的主要内容，需求管理能力已成为企业的核心竞争力之一，越来越多的企业已经认识到需求管理的重要性。我们发现很多企业对需求管理缺乏深刻的认识，也没有建立有效的需求管理体系，严重阻碍了企业的发展。主要表现在以下几个方面。

（1）有的企业长期依赖大客户的定制，或采取跟随、模仿战略来开发产品，结果弱化了组织对客户需求的探索、分析和管理能力。等到企业业务开始向自主规划、设计、开发转型时，才发现自身的需求管理能力远远不能支撑业务需要。例如，一些以 ODM/OEM 为主导业务的企业在向 OBM 业务转型时就遇到了能力瓶颈。

（2）有些企业的产品开发建立在研发人员的想象中，而这些研发人员往往具有严重的技术情结，认为"只要我的技术先进、研发实力强，客户就会买我的产品"。这种技术导向的结果就是，客户觉得"你们的产品不错，但不是我需要的"。

（3）有些企业虽然意识到了需求管理的重要性，也开展了一些需求管理活动，比如开展少量的需求调研和分析活动。但由于调研和分析人员的能力不足或者没有掌握收集和分析需求的正确方法，导致收集到的需求价值不高，甚至收集到的是无效需求，不能识别客户真正的痛点。

（4）多数企业没有建立起符合企业实际的需求管理体系，包括需求管理流程和相应的组织支撑，导致客户和市场需求得不到有效管理，错失了很多市场机会。比如在某企业中，市场人员反馈了某客户提出的某需求，但由于找不到合适的接纳组织和决策组织，没有及时满足该客户的需求。结果竞争对手得知该客户的需求后，快速推出了满足客户需求的产品，该企业则错过了一个重要机会。

如果从管理需求的方式上对企业进行分类，大致可以划分为以下 5 种类型。

（1）想象型企业。产品研发人员站在自身角度设想客户需求，据此开发产品。通常以技术为导向的企业，其产品需求管理就处于这个状态。结果是技术很先进，但客户就是不买单。

（2）模仿型企业。企业主要是参照竞争对手的产品来开发产品，市场上什么产品好卖，就"山寨"什么产品。因为产品开发时"知其然，不知其所以然"，所以产品模仿出来后，实际性能与竞品相比差距很大。

（3）被动型企业。企业被动地响应客户需求，客户要什么企业就做什么，在产品开发过程中常常因客户需求的变更而变更。这个"客户需求"也包括上级单位的指令。这种类型的企业通常不具备对客户业务和需求的深层理解能力。

（4）主动型企业。企业主动探索并获取客户需求，基于客户需求开发产品，主动建立需求管理体系，把需求作为管理对象，进行从获取客户需求到满足客户需求的端到端管理，如华为公司。

（5）领先型企业。企业主动探索、引导客户需求，甚至发掘连客户自己都没意识到的需求。这种类型的企业通常能够理解和洞察"人性"，能够透过现象看到事物的本质，具有代表性的企业如乔布斯创立的苹果公司。

要想提高产品管理能力，企业处理需求的方式必须从想象型或被动型向主动型、领先型转变。模仿型虽然也是一种主动的"创新"方式，甚至是快速提升创新能力的一种捷径，但当企业发展到无人可模仿时，就必须向主动型和领先型转变，才能由"跟随"走向"领先"。

产品需求管理基础概念

产品的 4 个层次

在介绍 IPD 产品需求管理之前，需要先厘清"产品"这个概念。狭义上的产品是指具有某种特定物质形状和某种用途的物品，一般是指看得见、摸得着的东西；而广义上的产品是指人们通过购买而获得的能够满足某种需求和欲望的物品属性的总和。产品可分为以下 4 个层次。

（1）核心产品。这是产品最基本的层次，是顾客购买产品的真正动机。

（2）形式产品。指承载产品核心利益的各种具体形式，也就是通常所说的产品。

（3）附加产品。指顾客在购买产品时得到的额外服务或利益，如提供信贷、免费送货、售后服务等。

（4）心理产品。指顾客购买产品时的心理感受和体验，如产品的品牌、企业的品牌、产品的定位与顾客自身定位的符合程度等。

核心产品是由客户定义的，是客户购买产品的基本需求；形式产品和附加产品是企业赋予的，是满足需求的方式或道具；而心理产品是顾客和企业共同定义的，比如企业要打造某产品品牌，客户也要认可这个品牌。下面以手机为例来说明产品的 4 个层次，如图 2-1 所示。

（1）核心产品。消费者希望能够拍照、通话、听音乐、聊微信、看新闻、玩游戏、网购、下载并使用各种 APP，还要运行流畅、电池耐用。

（2）形式产品。具有 6 英寸全面屏、超薄机身、1200 万双摄像头、128G 内存、4000mAh 大容量电池。

（3）附加产品。"买手机送套餐""三包服务""分期付款""0 元购"，赠送时尚手机壳和钢化膜。

（4）心理产品。华为 Mate 系列、P 系列和荣耀系列。华为 Mate 系列和 P 系列主打商务路线，而荣耀系列则主要面向青年人，走高性价比路线。

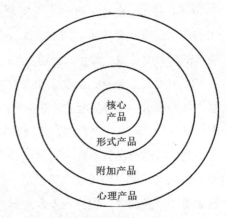

图 2-1　产品的四个层次

需求落差

所谓需求落差是指客户买到的产品和期待的产品不一致时形成的心理落差，是客户发现产品不能满足自己需求时的"失落感"。而当买到的产品超出客户期待时，客户就有一种兴奋感、满足感。

如果对从客户需求到产品交付这条需求传递路径进行精细化分析，就会发现从客户期待的产品到客户接收到的产品之间存在 6 个 GAP（落差），如图 2-2 所示。如果能最大限度地消除这些 GAP，那么产品就可以最大限度地满足客户的需求。

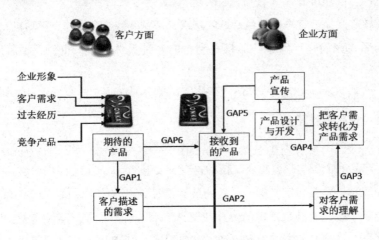

图 2-2　需求传递路径中的 6 个 GAP

从这个模型中，我们看到客户期待的产品和客户最终接收到的产品之间存在着落差 GAP6，这个 GAP6 是怎么形成的呢？答案可以从前面 5 个 GAP 中找到。

GAP1：期待的产品和客户描述的需求之间存在的落差。

GAP2：客户描述的需求和企业对客户需求的理解之间存在的落差。

GAP3：企业将对客户需求的理解转化为产品需求时形成的落差。

GAP4：产品需求和产品实现之间存在的落差。

GAP5：企业的产品宣传和实际的产品之间存在的落差。

最终客户收到的产品与最初期待的产品之间就形成了需求落差 GAP6。如何弥补 GAP6 呢？这就是产品需求管理要解决的核心问题。

客户、用户、合作伙伴

产品需求管理的本质是对客户需求的管理，目的是弥补客户期待的产品和客户接收到的产品之间的落差。那么客户是谁呢？这是一个关键问题。很多人在回答这个问题时会说："谁是客户还不明确吗？不就是出钱购买我们产品的人嘛！"但在实际工作中，大家往往会陷入一种"糊涂"的状态，搞不清楚到底谁是客户，哪些利益相关者会影响最终的购买决策。比如，对于手机制造商来说，零售商是不是客户？手机用户是不是客户？中国移动、中国电信等运营商是不是客户？只有搞清楚这些问题的答案，企业才能找到真正的客户，理解客户的利益诉求并服务好客户，从而赢得市场的成功。

简言之，客户就是掏钱购买产品的组织或个人，而用户是最终使用产品的组织或个人，用户和客户可能是同一个主体，也可能不是。比如，大多数手机用户是手机企业的终端用户，也是手机企业的一个客户，因为他们既是手机的购买者，也是手机的使用者。如果老王买手机是作为奖品送给邻居刚刚上大学的小儿子李二嘎的，那么李二嘎就是用户，老王就是客户。

在实际市场形态中，企业和终端用户之间往往还存在很多角色，如渠道商、代理商、零售商、配套企业等，这些角色统称为企业的"业务伙伴"。比如，中国移动营业厅销售各个品牌的手机，那么中国移动就是手机企业的业务伙伴，他们既不掏钱购买手机，也不使用手机，只是手机企业的渠道商。站在产业链的角度来理解，处于厂家下游的角色都可以被认为是客户。所有这些客户的需求都是需要被分析研究和逐步满足的，只不过需求的优先级有主次之分。以华为运营商 BG（Bussniness Group，业务集团）为例，其客户和用户主要是电信运营商，因为电信运营商既是掏钱的组织,也是电信设备的使用者。运营商通过电信设备运营电信业务,那么他们要不要研究和分析终端用户的需求呢?从长期来看,华为的运营商 BG 也是需要研究终端消费者的需求和行为的。正因为消费者越来越喜欢看视频信息,才将电信传输"管道"撑大,这就要求华为提供更多更快的网络通信设备给运营商。

需求的种类

在日常工作和生活中,需求是经常被人们提及的概念,但由于其种类繁多、内涵广泛,常常被混淆。下面将介绍在 IPD 产品管理体系中非常重要的几种需求,厘清其概念,对进一步理解需求并主动管理需求大有裨益。图 2-3 为几种典型的需求种类及其关系示意图。

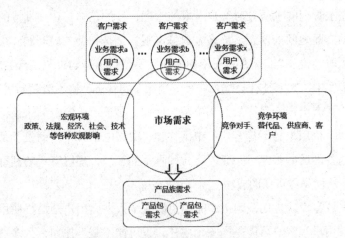

图 2-3 几种典型的需求及其关系

1. 用户需求

用户需求产品使用者在使用产品完成任务时的诉求,如消费者使用产品时要求产品具有的功能、质量、性能等。例如,游戏玩家对手机在功能和性能上的诉求;电信运营商为了便于快速安装和开通运营通信网络,对华为设备提出的可安装性、可维护性需求。了解用户需求是为了更好地帮助用户完成任务。

2. 客户需求

客户需求是企业或组织的业务需求及产品使用者的用户需求的统称。例如,电信运营商对华为基站提出了操作维护界面和手册要全英文化,以便于非中文语言国家的操作维护人员进行操作维护;中国移动要求新一代基站设备的功耗要比老一代降低30%，以满足国家节能减排的环保要求。

3. 业务需求

业务需求通常在B2B企业中比较多，反映的是企业或组织的利益诉求，如公司或产品线的销售目标、利润目标、市场份额目标等，也可能是某职能部门的部门建设或能力提升诉求，与该组织的使命和业务目标相关。例如，电信运营商希望通过购买华为的新一代基站产品完成某个地区的全网部署，抢占当地的客户群，从当地的第三大运营商一跃成为第一大运营商，实现销售收入和利润的新突破。

4. 市场需求

市场需求是针对具体细分市场而言，综合考虑业务需求、用户需求、竞争及相关环境需求，通过市场分析形成的对市场机会的描述，属于共性需求。例如，华为推出的"荣耀"系列手机，就是为了满足追求极致性价比的互联网用户或青年群体的需求，这是一个细分市场客户群的需求。

5. 产品包需求

产品包需求是IPD产品管理体系中最重要的概念，是对最终交付给内外部客户产品包的正式且完整的黑盒描述，是产品开发、产品验证、产品销售和产品交付的依据。关于产品包需求本章后续将进行详细介绍。

产品需求管理体系框架

产品需求管理体系是获取客户需求后，将其转化为满足客户需求的产品，并交付给客户的闭环管理系统。客户需求是变化的，因此，产品需求管理体系也要能随时感知甚至预测客户需求的变化，进而开发出"适时"满足客户需求的产品。什么是"适时"呢？就是客户正好需要的时候，企业正好推出满足客户需求的产品。

图2-4是企业级IPD产品需求管理流程框架，从逻辑上划分为5个阶段，包括需求收集管理、需求分析管理、需求分配管理、需求执行管理和需求验证管理。严格来讲应该是5个过程组，他们之间可以在时间顺序上有所重叠。每个企业可根据自己的实际情况定制本企业的需求管理流程。下面将结合标杆企业的实践，分别对每个过程组予以阐述。

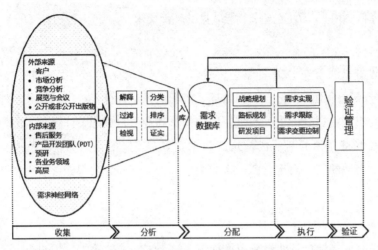

图 2-4　企业级 IPD 产品需求管理框架

需求收集管理

需求收集活动是在企业产品战略的指引下，收集对实现企业和产品线的战略目标有帮助的需求，目的是为后续的需求分析、需求筛选、产品规划和产品开发提供输入。需求收集的渠道主要分为内部和外部两种，要想对客户需求进行主动管理，企业就需要建立起这种需求捕获的渠道，并掌握捕获的方法。下面主要介绍需求收集的渠道和方法，并对日常需求收集、专项需求调研和 DFX 能力提升活动进行详细介绍。

需求收集渠道建设

需求收集渠道建设要充分发掘企业已有资源，将企业的每个人、每个组织打造成获取和感知外部客户需求、竞争需求和市场与环境变化的"神经细胞"，并打通从"神经细胞"到"大脑"的"通道"。这样客户和外界的任何风吹草动，都能够被企业敏感地感知。

以华为运营商 BG 为例，其需求收集渠道多达 10 多种，公司的各个职能部门，尤其是和客户有接触的职能部门，如市场部、销售部、各地办事处、研发部门、技术服务部门、供应链部门，以及各个规划、开发团队等都成了需求感知的重要"神经末梢"。图 2-5 是华为的需求收集渠道示意图。

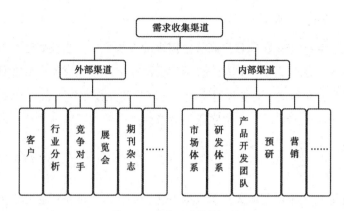

图 2-5 华为需求收集渠道

对企业来讲,每条需求渠道的重要程度或有效性并非都是一样的。随着企业的发展和市场的变化,需求收集渠道的重要程度和有效性也会发生改变,有些时候从某渠道得来的需求会比其他渠道价值更高。但最有效的需求来源还是客户这个渠道,企业要关注从客户那里得来的需求,这样产品开发才能瞄准"靶心"。

需求收集方法开发

企业建立需求收集渠道后,需求不会自动自发地流入企业,企业员工和高层管理者还必须掌握一定的需求收集方法。不同的行业和企业,应开发一些符合本行业和企业特点的需求收集方法,并赋能于企业的管理者和员工。常见的客户需求收集方法包括直接法和间接法两种,直接法以收集客户需求为目的,间接法不以收集客户需求为主要目的,但可以在与客户的交流中获得客户需求。

图 2-6 为华为、IBM 等标杆企业常用的 16 种需求收集方法。接下来将对这 16 种需求收集方法进行简要说明,并对重点推荐的几种方法给出案例,这几种方法投入较少而且效果较好。

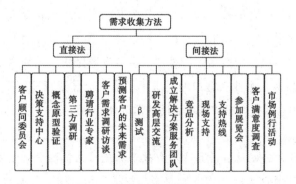

图 2-6 16 种需求收集方法

1. 客户顾问委员会（CAC）

该方法是 B2B 企业获取客户高价值需求的方法之一，主要做法是与目标客户建立高层关系，通过交流会的方式获得高价值需求。参加交流会的人员通常是企业高层和客户企业高层，企业通过交流会与客户建立起非常紧密的"伙伴"关系。例如，华为邀请中国移动、中国联通等运营商高层参加运营商大会，通过该方法可以获取客户对未来产品的长期需求。

2. 决策支持中心

该方法是 B2B 企业获取客户需求的方法之一，做法是企业召集产品不同细分市场的客户（包括潜在客户）进行调研访谈。要求客户来自使用该产品的不同岗位或角色，然后进行分类调研访谈，以确定目标客户群对产品的共性需求。该方法要求的调研样本量较大，且需要大量的互动，需要一定的技术手段来支撑。

3. 概念原型验证

这种方法也叫"原型法"，经常用于产品开发初期，特别是立项阶段和概念阶段。企业在产品开发的早期，与目标市场最大或最好的客户分享初始的产品需求和初步的产品概念，从而获得产品的早期反馈和验证。这种验证活动越早，开发中需求的变更和方案的调整概率将越小，企业开发产品付出的代价也就越小。

4. 第三方调研

第三方调研是企业在进入一个新市场或者新产品领域时最常用的方法。企业通过这个方法可以快速了解不熟悉领域的概貌，缩短学习曲线，避免走弯路。这种方法的关键是找对外部资源，控制好成本，并且通过外部资源逐步建立自身的分析和研究能力，特别适用于调研资源和能力不足的企业。

5. 聘请行业专家

这种方法是企业聘请行业资深专家作为专职员工或兼职专家，借助行业资深专家的经验，增强对行业需求的理解。如果聘请资深专家有困难，那么与行业客户合作开发新产品也是获取新领域客户需求的变通做法。在某些新领域，或者在开发全新的产品时，企业对客户的需求不了解，会导致开发新产品的风险很大，合作开发可以摸索并提炼出该领域通用的需求和产品形态。

华为企业网业务遍及各行各业，突破了原先的电信运营商领域，进入了电力行业。为了加深对电力行业需求的理解，挖掘和招聘相关行业的专家人才加盟，招聘条件包括：有变电站自动化整体系统设计工作经验；有变电站自动化相关工作经验 8 年以上；熟悉 IEC61850 等行业标准和规约，有行业标准、规划制定经验者优先；有大型项目管理和工程实施经验等。这种措施可能比直接调研客户需求更有效。

6. 客户需求调研访谈

调研访谈也是很常用的需求收集方法。进行客户调研访谈，首先要明确产品目标细分市场和典型的客户画像，对典型客户进行决策链分析，确定决策链中每个角色的关注点，形成"权力地图"。对每个角色和相互之间的正式与非正式关系进行分析，确定核心访谈对象有哪些，再分别确定相应的访谈目标和提纲，并制订调研计划。

客户需求调研涉及的技巧很多，本书不准备展开讲解，下面简单分享一下非常经典的"客户需求调研五问"，供读者体会和参考。

（1）客户在购买了本企业的产品之后感到满意的三个方面是什么？

（2）客户在购买了本企业的产品之后感到不满意的三个方面是什么？

（3）客户在购买了竞争对手的产品之后感到满意的三个方面是什么？

（4）客户在购买了竞争对手的产品之后感到不满意的三个方面是什么？

（5）客户有需要但是并未购买的主要原因或顾虑是什么？

7. 预测客户的未来需求

客户需求是随着时间的推移而不断变化的，要把握客户的未来需求，就要对客户的长期需求进行预测。那么，如何预测客户的未来需求呢？随着企业竞争力的增强，越来越多的中国企业将面临这样的问题。以前可能通过简单模仿和复制就可以把产品做好，但随着技术的进步和行业的发展，新的客户会不断产生，老客户也会不断有新的需求，预测客户未来需求的方法将越来越重要。目前预测客户未来需求的方法主要有以下三种。

（1）UCD 法。通过对用户的生活和工作场景进行观察、分析，发现用户的潜在需求；或者通过建立用户体验实验室，预测用户的未来需求。这种方法通常比较适用于 B2C 业务。

（2）战略合作。跟客户建立战略合作关系，和客户一起对客户的业务规划进行分析和研讨，从而了解、收集和把握客户的未来需求，围绕客户的战略规划来调整自己为服务客户所做的规划。这种方法通常比较适用于 B2B 业务。

（3）快速迭代。基于已掌握的客户需求，快速开发和交付产品，然后通过产品的快速迭代开发和交付，去探知客户未来的需求。产品开发周期越短，就越容易预测客户的未来需求；如果产品开发周期很长，那么预测需求的难度就很大。在 IT 行业，客户对于类似电脑、手机这样的产品，需求变化非常快，对于客户需求的准确预测往往是新产品成功的决定性要素。

华为公司成立了专门的消费者趋势研究所，研究各种场景下的智能生活、全息影像、人工智能等领域及其细分领域的发展趋势，从中分析客户需求的变化，从而准确把握客户的未来需求。华为手机业务从"追随者"到"引领者"的迅速转变，与华为公司注重消费者趋势研究密不可分。在运营商业务方面，华为也成为最了解运营商需求，最懂运营商面临的业务压力和挑战的解决方案提供商。

8. β 测试

β 测试的目的是从目标客户处获得产品试用反馈，并通过反馈的问题来修正产品缺陷。β 测试是在客户实际场景下进行的，可以获得在企业内部或实验室场景下无法暴露的产品问题信息，并确定在当前版本或未来版本中应采取的补救措施。β 测试是 IPD 流程验证阶段的重要活动。

华为的交换机、基站等电信设备，特别是其 V 版本，一定要进行 β 测试才能对外发布。这些设备的 β 测试用户就是移动、联通等运营商的某实验据点。而手机类的终端设备，终端公司会在华为公司内部招募大量 β 测试用户进行试用。每次招募 β 测试用户都有大量员工报名，能被选上是非常幸运的，不但能够用到最新款的华为手机，还能反馈使用中的意见、建议，如果反馈的意见被采纳的话，还能获得一定的奖励。

9. 研发高层交流

研发高层交流是企业邀请客户高层参与的一种技术交流活动，目的是从客户那里获得关于未来产品规划的有效输入。良好的客户关系对于该方法十分重要，交流本身更关注技术层面，双方会共享当前与未来的需求和计划。在产品开发早期，企业可以用这种方式来避免产品开发偏离客户需求。这种方法在配套件产品开发中经常被采用，如为电动工具提供钻夹头部件的供应商，可以由其研发高层和客户的研发高层进行最直接的交流，从而获得钻夹头的规格、参数需求，以及未来产品规划的方向。

10. 成立解决方案服务团队

成立解决方案服务团队是一种获得客户需求的间接方法。这种方法是企业和业务合作伙伴一起组建解决方案开发团队，开发满足客户需求的解决方案，解决跨公司、跨产品的集成问题。解决方案服务团队开发的是客户问题的完整解决方案，相比开发单一产品或解决单个问题而言，企业可以加深对行业的理解，拓宽看待客户问题的视野。

某低压电器企业为华为等企业提供电信设备所需的全套或部分低压电器产品，为了加深对行业的理解，提供更有竞争力的系列产品，更好地服务客户，该企业成立了解决方案服务团队。在和华为合作的过程中，该企业逐步理解了电信运营商在网络安装、维护、运行中的痛点，加深了对电信行业客户需求的理解，进而开发出了符合电信行业要求的低压供电解决方案。

11. 竞品分析

竞品分析是一种获取短期客户需求的间接方法。它并不是直接对客户进行调研，而是通过将具有竞争优势的竞品"大卸八块"，与自己企业的产品进行对比分析，从而间接获取客户需求。如今，无论是对于B2B企业还是对于B2C企业来说，该方法都是重要的客户需求收集手段。通过拿本企业现有产品或正在规划的产品，与竞争对手现有产品或正在规划的产品进行功能、性能指标、规格参数、成本、外观等方面的对比，获得竞争性需求，从而为新产品的规划、开发提供输入。

"竞品分析"也是华为在产品开发过程中常用的需求收集手段。早在20世纪90年代末，华为推出移动通信基站产品时，笔者曾参与了对广东某电信局的调研，现场对某友商的基站产品进行"体检"，包括机柜的长宽高的测量、布局布线的分析、散热机制和风道设计的分析，为推出新一代基站产品提供了竞争性需求。

12. 现场支持

现场服务工程师（有时是研发工程师）常常被派到客户驻地，提供技术支援，为的是一旦现场出现技术问题，可立即提供解决方案，从而提高客户满意度和忠诚度。这种方法同时也是获取客户服务需求的重要途径，可以通过与客户的交流和现场体验，获得客户的潜在需求、可服务性需求等。华为要求每个研发人员、技术支持人员被派到客户现场时，都必须进行需求收集和记录，并将其作为出差报告的重要内容。

13. 支持热线

很多公司都对客户提供售后或服务支持热线，这种支持热线一般作为受理客户咨询和投诉的一种手段。支持热线提供了一种简便且系统的方法来管理客户需求，并跟踪至问题被解决。虽然支持热线不是获取需求的直接手段，但是，通过定期对来电情况和投诉建议进行统计分析，企业就可以获得相当一部分的改进性需求，而且这些需求通常都非常具体。

14. 参加展览会

参加展览会通常是市场营销的重要工作之一，重点在于提高企业知名度和信誉，获得业界最新消息，收集竞争对手信息，推介新产品。虽然收集客户需求并不是其关注的重点，但也应考虑如何通过展会活动获得关于客户需求的信息。

15. 客户满意度调查

很多公司会定期进行客户满意度调查，企业可以通过客户满意度调查知晓产品和服务方面的现状，明确企业在竞争中的优劣势，也可以利用调查结果来确定改进方向与行动计划。从需求收集的角度看，客户满意度调查结果反映了宏观层面的需求，也有对具体产品线或产品系列的客户反馈，这些反馈信息是进行产品改进的重要依据。

16. 市场例行活动

市场领域的例行活动是了解客户需求的良好机会。例如，日常客户拜访、技术交流会议、投标活动、商务谈判、合同签订、回访等工作，都会从各个方面了解到客户的一些需求信息。市场人员应将这些机会充分利用起来，这是投入少、见效快的需求收集方法。

以上介绍了收集需求的渠道和方法，那么如何应用这些渠道和方法开展需求管理活动呢？下面将以专题形式介绍如何进行日常需求收集管理和专项需求调研管理。

日常需求收集管理

日常需求收集管理，顾名思义，就是如何处理每个员工在日常工作中收集到的各种需求。例如，市场人员在市场例行活动中或者技术支持人员在支持客户时获得的需求就属于日常需求。日常需求主要通过《单项需求采集卡》或其他形式提报公司或产品线的需求处理机构。为了规范日常需求收集活动、提升需求质量，很多公司会规定《单项需求采集卡》的模板，完整、准确地填写可以大大减少后续需求分析的工作量，提高需求的质量。《单项需求采集卡》模板包含的信息主要有以下几点。

1. 需求提报人信息

主要包括姓名、部门、联系方式、后备人员及其联系方式，填写这些信息是为了后续需求处理时能够联系到提报人。

2. 客户识别信息

也就是企业或个人客户信息，包括客户简介、联系方式等。

3. 需求描述

详细描述所提报的需求，使需求分析人员能够全面了解需求，减少厘清需求所花费的时间。需求内容的描述没有固定格式，主要包括需求是什么，为什么提出该需求，实现该客户需求能给客户和公司带来什么好处，客户希望的解决方案是什么，该需求产生的场景是什么，等等。这些信息的完整描述有利于后续的需求分析。

4. 需求分类

对所提交的需求进行初步分类，这样有利于企业安排参与需求分析和决策的专家。例如，可以把需求分为功能性和非功能性需求，还可以进一步把它们分成更小的类别，如将非功能性需求分为可用性需求、服务性需求、性能需求、质量需求、安全需求等。服务性需求可由服务专家来分析，营销类需求可由市场专家来分析。

5. 产品信息

如果客户所提需求与企业某具体产品有关，需要尽可能清晰地描述该产品的产品信息，如哪条产品线、哪个产品或哪个版本，以提高后续需求分析的效率。

6. 优先级顺序

对客户来讲，他们的需求是有重要性排序的，这个排序是公司进行需求优先级排序的参考。客户认为最重要的，未必是公司认为最重要的，公司进行优先级排序需要考虑公司的经济可行性、技术可行性、市场可行性等。

表2-1是某公司《单项需求采集卡》模板样例，每个企业可制定符合自身特

点的需求采集模板并将其 IT 化，通过 IT 电子流程提报需求，这是企业做好需求管理的重要保障。

表 2-1 单项需求采集卡样例

需求编号	OR20180310			
需求属性	☐销售项目		☑非销售项目	
需求类别	☑客户需求		☐市场规划	
需求标题	开发体积小、重量轻的基站，便于安装在狭小的机房			
需求描述	客户业务问题描述	客户是新兴运营商，刚购买了一张 4G 牌照，准备建网。但他遇到了一个一筹莫展的难题——机房空间很小，摆不下第二台机柜		
	客户对解决方案的要求描述	希望基站在不影响基本功能的情况下，体积更小，重量更轻，便于在狭小空间安装		
	当前产品/方案的差距描述	当前基站多数采用宏基站，体积大，机房空间有限，不能满足在狭小空间安装的要求		
	不接纳该需求的影响分析	该需求若不能满足，则客户不会购买华为的设备		
所属片区	欧洲片区	需求来源	☐ icare	
所属客户群	荷兰新兴运营商		☐ Fracas 平台	
需求分析团队	无线 RAT 团队		☐ 专题需求调研	
创建日期	20180310		☑ 高层拜访	
需求提交人	余 X 东		☐ 内部交流	

专项需求调研管理

专项需求调研有别于日常需求收集，通常以项目的方式开展，并输出专项调研报告。通常来说，与产品相关的专项调研活动可以分为 3 种，即市场调研、需求调研和验证调研。

市场调研是为规划未来产品而进行的调研，需要了解市场的宏观形势、竞争的大态势和结构的变化、未来市场的趋势性变化等。专项市场调研的结果是 MM 流程中理解市场阶段的重要输入，将在本书第 3 章进行说明。

需求调研是为定义产品而进行的调研活动，需要聚焦在一些细分市场上，研究某类客户的一些具体行为和困惑，用于定义客户的核心需求，为产品的定义提供思路和方向，其调研结果是产品立项流程的重要输入。

验证调研是为验证客户需求或产品概念设计中的一些难点、问题点、分歧点而进行的调研，为了达到验证的目的，通常调研的内容和形式更有针对性。比如在手机设计方案中，客户到底是希望用 5.8 英寸的屏幕还是 6.2 英寸的屏幕呢？可以拿着不同尺寸的手机手板去和目标客户群进行交流，了解他们对不同产品概念的接受程度。这种调研活动常用于 IPD 流程中的概念阶段。

图 2-7 给出了开展专项客户需求调研的一般流程和常用工具。整个流程可分为 4 个阶段，即确定客户、分析客户、调查准备和实际调查。每个阶段可以使用多种合适的工具和方法，图中列举了部分工具和方法，供读者参考。

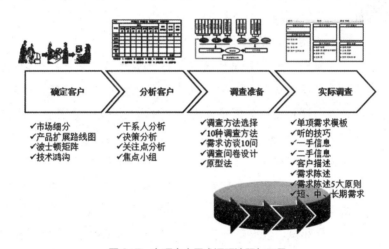

图 2-7　专项客户需求调研流程与工具

在组织客户需求调研活动时，调研团队组建、渠道选择及调研策划工作非常重要，决定着需求调研活动的效果。

调研团队应由市场、研发部门的资深人员，比如产品经理、产品开发项目经理、项目骨干等组成，因为调研结果的有效性和调研者的能力息息相关。调研人员除了要掌握需求调研的一般技巧外，还需具备客户业务、所在行业、竞争情况、产品背景信息等方面的知识和经验。

很多企业一时找不到合适的调研渠道和途径，导致开展专项调研活动困难重重。实际上，渠道的积累也是企业的核心能力，很多公司之所以难以开展需求调研工作，和缺乏调研渠道有很大的关系。但是，"冰冻三尺，非一日之寒"，临时抱佛脚是难以建立调研渠道的。能否建立良好的调研渠道，和企业是否重视与客户的日常沟通、是否有足够的人脉资源有很大关系，其实更好的做法是通过日积月累的方式收集市场信息。

专项需求调研的策划对调研活动的效果起着至关重要的作用，一定要想好了再做，因为调研活动也是一种投资行为。调研方案中一定要明确调研的目的、内容、范围及对象，确定调研团队的构成、调研所采用的方法，制定详细的调研计划和预算。企业要结合调研类型和目的，有针对性地选择合适的调研方法，包括访谈法、问卷法、观察法等，并准备好相应的道具，如问卷、相机、录音笔、录像机等。不管采用哪种调研方法，对于客户都是一种打扰，原则上，打扰越少，客户越愿意配合，也越容易获得真实的信息。

拓展阅读

如何获得客户的真实需求

如何才能在需求调研中获得真实的客户需求，换句话说，如何才能保证调研信息的准确性和真实性？这个问题需要从心理学谈起。按照心理学理论，人的心理地图符合"萨提亚"冰山模型，其中绝大多数信息属于潜意识的层面，主要存在于海面下。而在海面上的意识层面，人们都或多或少存在防卫机制，从而掩盖了海面下潜意识层面的真实意图。也就是说，客户自己其实也难以认识到自己的真实意图。

比如说，当调研一个客户对于个人购买轿车的价格承受范围时，客户可能为了炫耀自己的财富或者保护自己的尊严，不自觉地选择更贵的价格区间，这就是客户对于自己真实想法进行下意识掩盖的一种防卫机制，这种掩饰有时连客户自己都意识不到。在成长过程中，人在潜意识层面建立了各种各样的防卫机制，这就导致通过市场调研获取真实信息往往比较难。

从这个意义上讲，人的防卫机制的存在会导致一般的市场调研方法难以获取真实信息，这就是市场调研方法本身的局限性。各种市场调研和心理学研究方面的专著都介绍了很多专业的用户研究方法，来试图解决这个问题。那我们能做什么呢？笔者的建议是，采取专业的用户研究方法来规避防卫机制，但这种方法往往需要付出较多的成本。另外，还可以将通过不同方式、不同渠道获得的信息进行交互验证，搞清信息真伪，这是企业很常用的方式。

最后，还是建议通过企业日常经营活动来持续收集市场和客户信息，因为在这种情景下，客户需要和厂家进行互动，配合的意愿会更强，提供的信息也会更多、更充分。

综上所述，专项需求调研是一种有效的获取市场和客户信息的手段，但由于人们的配合度等因素，结果往往不尽如人意。从调研人员的培养、调研渠道的选择、调研方案的设计等方面入手，可以提高调研工作的有效性。但获取信息更好的方式还是结合企业的运营体系，建立日常的信息收集机制，以此为基础，有选择地开展市场调研工作，这样效果会更好一些。

DFX 需求及 DFX 能力提升

外部客户需求并不是产品开发的全部需求，产品开发要满足的除外部客户需求外，还包括企业的内部需求，特别是可测试性需求、可制造性需求和可维护性需求等，这些通常被称为 DFX 需求。以产品的可制造性需求为例，它是企业在制造环节中为了提高产品的生产效率、保障生产质量或者降低生产成本等而对产品设计提出的要求，如 PCB 的布局布线、元器件的选择、接插件的安装方式等。成熟企业通常会形成各种 DFX 规范和要求，并落实到产品开发过程中。当然，DFX 需求规划和实现的能力也是逐步建设和提升的，下面介绍实践中 DFX 能力提升的方法和途径。

图 2-8 为某公司 DFX 能力提升的方法和途径。

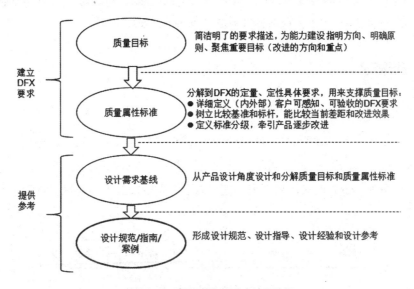

图 2-8 DFX 能力提升方法和途径

（1）建立质量目标。首先通过将自身和竞争对手相比、自身和自身相比，识别企业自身的短板DFX，目的是为DFX能力建设指明方向；然后对DFX能力制定分步走的质量目标。例如，对产品的可安装性提出三年逐步达到Ⅰ级要求、Ⅱ级要求、Ⅲ级要求的质量目标。

（2）制定DFX质量属性标准。要制定衡量DFX质量的各项标准，这些标准应是定量或定性的具体要求，用于支撑质量目标的达成。这些标准应是可被客户感知与验证的。能够明确地衡量出改进前和改进后的差别，能够定义不同分级要求。例如，对于可安装性的安装时间标准，可定义达到Ⅰ级要求的标准是安装时间小于1小时，达到Ⅱ级要求的标准是安装时间小于0.5小时，达到Ⅲ级要求的标准是安装时间小于10分钟。

（3）提出设计需求基线。要达到设置的DFX质量要求，就需要对产品的系统架构进行优化和重构，包括对软件、硬件、结构等各个子系统或部分子系统进行重构，这对产品的系统设计提出了挑战。根据对产品系统架构的优化和重构结果，提出软件、硬件或结构的设计需求基线，供设计新产品系统时作为内部需求纳入产品包需求。

（4）形成设计约束、指南和案例。不断总结公司或产品线中各产品的优秀实践，逐步形成设计约束、设计指导、设计经验和设计参考，供设计新产品时参考借鉴。

这些DFX要求的落地与监控，通常将落实到产品开发流程的TR评审点作为评审要素，通过TR评审去评估和检查DFX要求的落地情况。

需求分析管理

需求分析流程框架

需求分析流程是对需求收集环节得到的需求信息进行加工处理的过程，目的是"去粗取精、去伪存真"。需求分析过程如图2-9所示，包括需求解释、过滤、分类、排序等，最后形成需求列表，进入需求分发阶段。下面对这一过程进行简单解释。

图2-9　需求分析流程框架

1. 需求解释

需求解释就是对客户提出的原始需求进行翻译，翻译成企业内部规划和开发人员能看明白、能听懂的正式需求，尽量减少内部的沟通成本，并且使需求可度量、可验证。通常将未经解释的需求称为原始需求，经过翻译的需求称为初始需求。原始需求并不是一定要翻译成初始需求，需要看原始需求的描述是否清晰、准确。如果不清晰、不准确，就需要需求提报人对原始需求进行讲解，甚至邀请客户对需求进行阐述。

2. 需求过滤

需求过滤活动主要聚焦于判断需求是否对企业有价值，如果需求对企业没什么价值，那么就可以将需求退回去修改或直接拒绝，不进行下一步处理。需求过滤的对象是原始需求或初始需求，需求分析团队可创建符合企业和产品特点的过滤条件，如需求分析要素是否齐备、需求和公司或产品线战略方向是否一致、需求是否已被满足或被重复提交等，目的是让后续分析工作效率更高。

3. 需求分类

需求分类是对正式需求按一定规则进行分类，便于后续采取不同的处理和满足方式。需求分类的方法多种多样，常用的有以下几种。

（1）按客户需求实现紧迫度可分为长期需求、中期需求、短期需求等，不同紧迫度的需求对应不同的实现路径和流程。

（2）按需求属性可分为功能性需求和非功能性需求（如性能需求、可制造性需求、可服务性需求、质量需求等），不同的需求类型对应不同的设计方法和设计组织。

（3）按客户需求涉及的产品范围可分为单版本需求、单产品需求、多产品需求、解决方案需求等，不同的需求类型对应不同的产品与解决方案开发团队。

（4）按需求所属的研发项目可分为新产品开发需求、老产品更改需求、技术平台开发需求等，不同的需求类型对应不同的研发流程和团队。

（5）按需求对客户的价值可分为基本需求（B）、满意需求（S）、兴奋需求（A），这种划分方法也叫 BSA 法。不同的需求类型会影响需求的排序。

另外，按 $APPEALS 模型分类也是常用的分类方法，这种方法常用于和竞品进行对比，并根据不同维度的权重进行需求排序，进而找到竞争性需求。通常在需求提报时，需求提报模板中会要求提交者给出初步的需求分类建议，但并不代表在需求分析活动中就可以省略这个环节。

4.需求排序

需求排序通常是在同类型需求中进行优先级排序，需求优先级高的先开发，需求优先级低的后开发。因为资源是有限的，在资源有限的情况下，需保障优先级高的需求先实现。常用的需求排序方法包括价值分析法、德尔菲法等。需求排序可以影响产品的版本规划和单个版本的需求取舍。经过排序后的需求将进入需求分发阶段，后面将专门介绍需求分发的相关内容。

需求分析活动应保障输出高质量的结果，高质量的需求应能准确反映客户的真实想法，需求表述应明确并具有可验证、可追根溯源、容易理解的特点。为了对需求分析过程进行管理，可对需求的分析状态进行定义，如定义为未处理、正在分析、已经接受、已经拒绝、待修改等状态。实践中通常采用IT电子流程，对需求收集和需求分析活动进行统一管理。表2-2为某无线基站产品的需求分析样例。

表2-2 某无线基站产品客户需求分析样例

需求提交者信息			需求分析信息							
需求提出时间	姓名	所属部门	需求编号	需求场景	需求描述	产品线	需求渠道	$APPEALS	BSA	客户优先级	需求传递路径
2018年3月10日	张三	无线市场部	OR20180310	宏基站体积太大，机房空间狭小	更小的体积，便于机房安装	无线产品线	非销售项目	P-外观、尺寸	B-基本需求	最优	产品立项流程

$APPEALS法

$APPEALS法是IBM提出的客户购买产品的动机模型。该模型将客户购买动机概括为8个维度，也称8要素，即$APPEALS这8个符号和字母分别代表的价格、可获得性、包装、功能/性能、易用性、保障、生命周期成本和社会接受程度。每个要素的名称仅代表一种需求的归集，下面还可以分多个子要素。不同的行业和企业，不同类型的客户，其子要素的内涵是不同的。不同客户群对各个要素的需求权重也是不同的，不同的权重形成的雷达图代表了不同的客户需求特征，雷达图形状差别越大，说明客户群的需求差异越大。

如图2-10所示，实线和虚线雷达图代表了具有不同需求的客户群，他们对不同要素的需求权重是不同的，实线雷达图代表的客户群对外观的重视程度较高，而虚线雷达图代表的客户群对产品的价格比较敏感。如果图2-10所示的雷达图代表的是汽车消费者群体，那么你认为哪个代表的是豪华车消费者群体，哪个代表的是经济适用型轿车消费者群体呢？

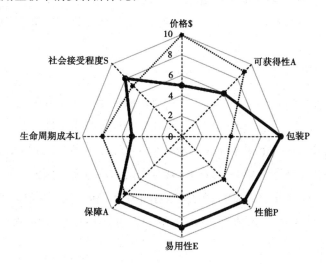

图 2-10　$APPEALS 需求分析法

下面对 $APPEALS 的 8 个要素分别进行详细解释。

1. $- 价格

这一要素表示客户为一个满意的产品希望支付的价格。企业要想满足客户的这一需求，就要考虑产品的定价策略，既要通过定价使企业盈利，又要让客户感觉买到的产品有价值。在基于成本的定价策略中，企业要考虑成本的影响因素，包括新技术的采用、制造成本、营销成本、人工成本、物料成本、运输成本等。基于价值的定价策略，要充分应用价值工程的原理，提升客户的价值感、获得感。

2. A- 可获得性

这一要素表示客户购买产品的方便程度和效率方面的体验。例如，客户希望能方便地获得产品信息、方便地买到完整的产品，以及方便地下单订购。企业要想满足客户的这一需求，就要考虑如何做好产品的宣传和推广，如何提升客户的购买体验，制定什么样的广告宣传策略、渠道策略、区域策略、交付策略。例如，通过产品发布会让客户了解新产品的新特性，通过电商 APP 让客户便捷地下单，免快递费，等等。

3.P- 包装

这一要素表示客户对产品视觉特征的偏好，如产品的外观、风格等。企业要想满足客户的这一需求，就要考虑目标客户对产品的形状、风格、质地、颜色等的偏好是什么，通过这些属性来提升产品的吸引力。例如，手机等消费型电子产品，其产品的外观、颜色和手感等方面特别为客户所在意，甚至成了吸引客户购买的首要因素。

4.P- 功能/性能

这一要素表示客户对产品功能或性能方面的期望。功能或性能通常是满足客户需求的核心内容，是客户购买的真正动机。企业要想满足客户的这一需求，就要真正了解客户购买产品需要完成的任务和购买动机，他们的痛点和兴奋点是什么，以便开发出能够帮助客户更好地完成任务的解决方案。例如，使用大屏智能手机的用户的一个重要痛点是电池的续航时间短，手机厂商如果能开发出大容量、长续航的大屏智能手机，就能很好地解决客户在功能或性能方面的痛点。

5.E- 易用性

客户在接触到新购买的产品时，开始往往有一种陌生感，不会使用也不敢使用，这时他们需要的是尽快消除陌生感，快速上手，让新品帮助他们完成某项任务或解决某个问题。这就在使用的舒适性、快速学习、支持文档、人机交互、输入/输出界面等方面提出了要求。企业要想满足客户的这一需求，就要在设计产品时考虑易于学习和使用、减轻记忆负担、快速上手等方面。例如，苹果的手机、平板电脑等产品就具有非常高的易用性，大人、小孩都能快速上手；中国的每个高铁站都建得差不多，购票、检票、进站流程都一样，大大提升了旅客的适应性。

6.A- 保障

这一要素表示客户对产品的可靠性、安全和质量等方面的需求。企业要想满足客户的这一需求，就要在设计产品时考虑产品的可靠性、安全性、质量保障等符合企业标准、国家标准以及行业标准。例如，对于电信设备来讲，需要满足TL9000 标准，通过可靠性设计工程、可靠性增长实验、EMC/EMI 设计与测试等工程方法，保障产品的可靠性、安全性和质量等。

7.L- 生命周期成本

这一要素表示客户在使用产品的过程中希望减少另外需要投入的成本的需求。在现实生活中，很多产品在购买后是否还需要客户花费金钱，直接影响到客户对产品的购买意愿。例如，汽车购买后的维修成本、汽车每百公里油耗、商品房的物业管理费等，都属于生命周期成本。企业要想满足客户的这一需求，在设计产品时就要考虑产品在投入使用后如何降低客户的使用成本，比如可以进行电器设备的低功耗设计、乘用车的低油耗设计等。

8.S- 社会接受程度

这一要素是影响客户购买决策的心理因素，侧重于满足客户精神层面的需求。企业要想满足客户的这一需求，就要在产品策划营销时考虑如何通过口碑、权威专家意见、企业形象、企业品牌、社会认可、产品定位等要素影响客户的购买决策。例如，塑造企业的品牌定位和形象，让客户心理和品牌形象产生共鸣。

$APPEALS需求分析方法虽然宏观上是8个要素，但每个要素都可划分为不同的子要素，这些子要素在不同的行业、不同的企业和不同的产品上可能有不同的呈现方式，其重要性可能也不同。图2-11所示为汽车产品的子要素分析案例。

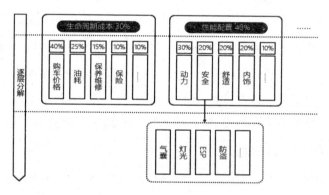

图2-11　汽车产品的子要素分析案例

$APPEALS需求分析法的应用非常广泛，不仅可用于需求分析，还可用于需求调研问卷设计，使问卷内容更全面、更系统。例如，用于市场细分，可识别出不同的客户群，也就是细分市场。比如，有些客户对价格比较敏感，有些客户对品质要求较高而对价格不敏感。

BSA 法

BSA 法（Basic - Satisfier - Attractor）是对客户需求进行优先级划分的需求分析方法。该模型体现了需求满足度和客户满意度之间的非线性关系，如图2-12所示。BSA法将客户需求分为3种类型，分别是基本型需求、满意型需求和兴奋型需求。下面将对每种需求进行详细说明。

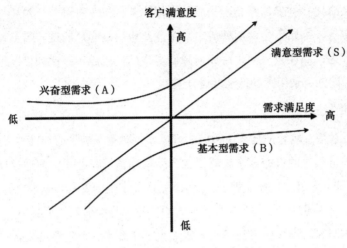

图 2-12　BSA 法

1.B- 基本型需求（Basic）

基本型需求是客户认为产品"必须具备"的属性或功能。当产品不满足客户这类需求时，客户会很不满意，基本不会去购买这个产品；当产品满足客户这类需求时，客户会认为是理所应当的。所以，该类需求是企业必须满足的，该类属性或功能是产品必须具备的。就如同现在的智能手机，拍照、录像、听音乐是最基本的功能，如果不具备这些功能，就没有人愿意去买这部手机。

2.S- 满意型需求（Satisfier）

满意型需求是除基本型需求以外，能向市场细分客户提供附加价值的需求。如果产品不满足客户的这类需求，客户依然可能购买该产品，但满意度不高；反之，如果产品满足了客户的这类需求，就会提高客户的满意度，客户通常愿意为此支付更多金钱。产品满足越多这类需求，客户满意度提升的可能性就越大，因此这类需求往往在产品开发时就要做好权衡和取舍。以手机为例，128G 内存的手机的客户满意度就比 64G 内存的手机的客户满意度高，这也意味着客户愿意出更高的价格购买 128G 内存的手机。当然，如果价格保持不变，那基本上是内存越大越满意。而如果内存容量仅为 32G，那对于现在的智能手机而言只是基本需求而已。

3.A- 兴奋型需求（Attractor）

所谓兴奋型需求，是指本企业产品具备而竞争对手的产品不具备的，能让客户产生兴奋感和尖叫的产品特性。满足这类需求的产品往往是具有"卖点"的产品,如乔布斯时代的苹果产品,每一款在面市前都做足了保密工作,因而让大众的期待值很高。为什么会有这样的效果呢?就是因为苹果产品往往有很多市面上同类产品从来没有的一些功能和特性,而这源于苹果在产品规划和定义上对于"兴奋型需求"的长期研究和投入。实践表明,一个产品不能规划过多的卖点,卖点过多定位就会就模糊,且投入巨大。

产品的卖点不是一成不变的,会随着客户需求的变化而变化。如图2-13所示,左侧的圈表示竞争对手能够做到的,右侧的圈表示自己企业能够做到的,最大的圈是客户需求。基本需求与满意需求是竞争对手和企业自身都能够提供的,是市场的"红海"。"对手卖点"和"自身卖点"部分构成了竞争的差异化。而各企业能力之外的部分是客户潜在的需求,也是客户兴奋型需求的隐藏之处。只是现在还没有产品能够满足这部分潜在需求,这是产品未来的卖点,也是市场的"蓝海"。

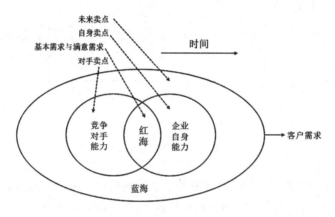

图 2-13　客户需求变化

随着时间的推移,今天的满意需求明天会成为基本需求,今天的卖点明天可能就不是卖点了,未来的潜在卖点会成为现实的卖点。所以图2-13演示的更像是个吹气球的过程,客户需求是在动态地往外扩张的,就像气球一样慢慢变大。气球膨胀的过程也就是客户需求变化的过程。比如手机产品,昨天手机的双摄像头是卖点,今天双摄像头已经成为高端手机的必备功能;假设四摄像头成为新的卖点,那么未来又将成为高端手机的基本功能。什么是未来卖点呢?这就需要企业提前探索客户未来的潜在需求,提早做好技术储备。

BSA分析法综合考虑了企业自身情况、竞争情况和客户需求的变化,识别了客户的基本需求、满意需求和兴奋需求,有助于企业提前规划产品的新卖点,激发和满足客户的潜在需求。

需求分配管理

需求分配的目的是将经过分析的需求恰当地分配到最佳的组织和流程中去处理。需求按组织分配时，关系到企业级、产品线级、产品级三层组织；按流程分配时，主要涉及产品规划流程、产品开发流程和立项流程。根据需求分析的结果，经需求决策组织批准后分发到不同的路径，典型的需求分配路径如图2-14所示。

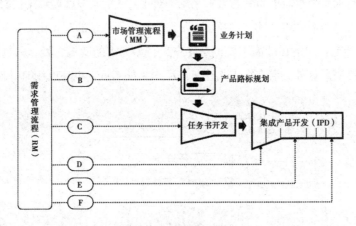

图2-14　需求分配路径

图中共有A、B、C、D、E、F 6条需求传递路径。路径A代表客户和市场的长期需求传递路径，这类需求进入市场管理流程进行处理，如3～5年的长期需求；路径B代表客户和市场的中期需求传递路径，这类需求在业务单元的产品路标规划中进行处理，如1～2年的中期需求；路径C代表客户和市场的短期需求传递路径，短期需求通常是看得见摸得着的，客户和市场希望尽快满足的需求，如1年内的需求，这类需求进入项目任务书开发流程进行处理；路径D和E代表客户和市场的紧急需求传递路径，紧急需求通常需要经过需求变更流程纳入产品开发项目中去处理。特别需要强调的是路径F，在产品的生命周期阶段，产品依然可以接收市场和客户的需求变更，对上市后的产品包业务计划进行变更，如变更营销策略、售后服务计划、供应链管理策略、渠道策略等。

但总体来讲，企业应尽量减少D、E、F路径上的需求比例。因为这几条路径上的需求占比越高，说明企业预测和规划需求的能力越有待提高。

产品包需求及实现管理

需求实现活动是将客户需求转化为产品的过程,这个过程通过 IPD 流程来实现。关于 IPD 产品开发流程,将在本书第 4 章进行详细介绍,本节重点介绍产品包需求及其在产品开发中的实践。

产品包需求及生命周期模型

IPD 产品管理体系中的产品包是指广义上的产品概念,是产品开发团队对客户和下游环节所有交付的统称。图 2-15 所示为整个产品包需求的生命周期模型,从中可看出,产品包需求是在产品规划、立项及开发过程中逐步形成和完善的。通常在产品立项时由立项团队输出初始产品包需求。产品立项后,由 PDT 团队对初始产品包需求进行进一步加工和完善,并加入产品开发需要满足的内部需求,如质量需求、DFX 需求、技术需求、内部规范及产品目标市场的法律法规需求等。在 TR1 时形成较为完善的产品包需求,最终在 PDCP 时输出最终的产品包需求。在产品开发过程的开发和验证阶段,PDT 团队负责完成对产品包的实现与验证,产品开发项目到达 GA 点时,向市场和客户交付完整的产品包。而在产品的生命周期阶段则重点关注产品包的改进与优化,直到退市。

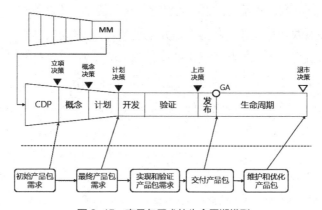

图 2-15 产品包需求的生命周期模型

产品包需求分层描述框架

为了使产品开发真正做到以客户为中心,华为公司创造性地开发了产品包需求分层描述框架,如表 2-3 所示。产品包需求分层描述框架包括客户问题、系统特性、系统需求,以及他们之间的跟踪关系。

表2-3 产品包需求分层描述样例

	分类	定义	产品包需求	基站示例	手机示例
产品包需求	客户问题	主要描述客户面对的挑战和机会，也就是该产品或版本给客户带来的核心价值	客户问题	体积小、重量轻、功能多、方便部署和安装	希望手机具有接近专业相机的摄影效果，在某些场合可以替代单反相机
	系统特性	描述该产品或版本为解决客户问题应具备的重要能力	系统特性	体积小、功耗低、安装灵活、快速部署	高感光、大动态范围、更高的清晰度、防抖
	系统需求	对特性进行分析加工后形成的针对产品的黑盒交付需求，包括功能需求和非功能需求	功能需求 非功能需求	DBS390X采用模块化结构，基带控制单元和射频模块分开部署	徕卡高像素三镜头长焦镜头；f/1.8+ f/1.6+ f/2.4 光圈；1/1.7英寸感光器面积；ISO 102400感光度；AI智能防抖

客户问题即客户的痛点或挑战，这通常也是开发该产品或版本的核心价值点，如手机用户诉说在手机抢红包活动中总是抢不到。系统特性SF是该产品或版本为解决客户问题应具备的重要能力，是对外呈现的能力，不涉及产品的具体实现。如华为手机提供快速抢红包的功能，但并不去描述是如何实现的。系统需求是对特性进行分析加工后形成产品或版本的交付需求。比如为了支撑抢红包功能，要求手机可以下载安装华为红包助手，红包助手能够支持"微信红包"横幅提醒、声音提醒、数量提醒和群统计等功能，并提供支付宝"咻一咻"和微信"摇一摇"的快捷入口。

华为公司要求立项团队在立项材料中列明初始产品包需求，初始产品包需求由初始需求、客户问题、系统特性三部分组成。初始产品包需求一般不涉及产品的系统需求，但要求整理为树形结构，并形成跟踪关系。

初始需求是立项团队对客户原始需求进行分析后形成的科学的、规范的语言描述，称为正式需求。正式需求将被分发到具体产品和版本中等待实现。只有特定人员才能创建正式需求，其他角色只能提交初始需求。

基站产品包需求描述框架

产品包需求描述应从分析客户的业务问题开始,然后确定解决这些问题需要具备的系统特性,最后对系统特性进行进一步细化,形成系统需求。如前文所述,客户购买产品时考虑的维度可用 $APPEALS 模型来分析,因此在分析客户问题时,企业需要排查客户在各个维度上存在哪些问题和挑战。为使产品包需求描述符合企业和行业特点,产品包需求描述框架应被定制化。

图 2-16 是基站产品包需求分层分类模型,该模型共分为三层,分别是客户问题分类框架、系统特性分类框架和系统需求,每一层又从 $APPEALS 的 8 个维度进行分类。

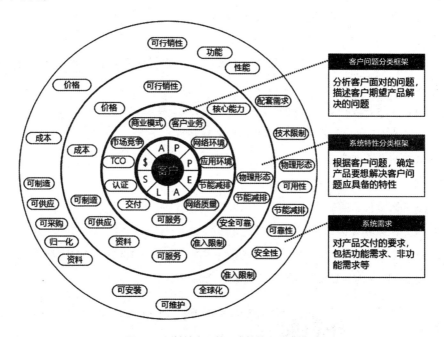

图 2-16 基站产品包需求的分层分类模型

1. 运营商面临的问题与挑战

在华为未推出分布式基站之前,移动通信运营商在部署基站时面临的问题与挑战如图 2-17 所示。

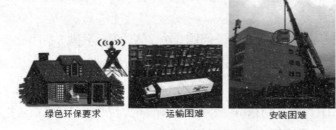

图 2-17　运营商面临的开通运营场景

（1）基站全年全时不间断长期运行，能耗严重。而且对运营商而言，光电费就是不小的支出。

（2）基站较大、较重，要运输到安装地点，特别是偏远山区时，运输成本较高。

（3）基站体积较大，而且需要一定的运行环境，在城市中寻找一个合适的机房比较困难，而且机房租金高。

（4）基站一般较重，对机房楼板有一定的承重要求。

2. 华为DBS390X分布式基站产品的系统特性

（1）站点获取容易。

（2）更少租金和土建成本。

（3）低功耗、高性能。

（4）容易运输和安装。

3. 华为DBS390X分布式基站产品的系统需求（含DFX和法律法规需求）

图 2-18 为华为DBS390X分布式基站产品形态。

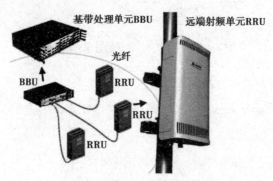

华为DBS390X系列基站形态

图 2-18　华为DBS390X基站

（1）可安装性：BBU 采用 19 寸机柜、2U 空间，RRU 采用室外拉远；紧凑型基站采用小体积设计，RRU 体积为 366mm×490mm×150mm；室外抱杆和挂墙安装；采用射频拉远技术，最远距离 40 公里。

（2）物料成本要求：BBU 和 RRU 的物料成本在上一代模块物料成本的基础上降低 30%。

（3）功能需求：BBU 最大支持 6 小区、36 载频；满足基站基线功能要求；一个 BBU 最大可支持光纤级联 3 级 RRU 及 S12/12/12 配置。

（4）性能需求：静态接收灵敏度达 −113dBm。

（5）配套需求、技术限制和物理形态：BBU+RRU 可以星形、环形、级联组网。

（6）节能减排需求：S4/4/4 配置，功率为 20W；不合路情况下的最大功耗小于 600W。

（7）安全性、可靠性需求：IP65 防护等级，完善的散热管理，拥有防破坏设计和冗余网络设计。

（8）准入标准：满足环保要求以及 ITU 标准、欧盟标准、中国标准、CE/UL 等认证要求。

（9）可制造性要求：BBU 满足华为公司可制造性 II 级要求，RRU 满足华为公司可制造性 III 级要求。

（10）可供应性、归一化、可测试性等 DFX 要求：满足相关规范要求。

（11）资料、全球化：资料包括公司规定的成套要求，语言包括英文、西班牙文和中文。

（12）可维护性要求：支持自动建立远端维护通道，提供组网拓扑扫描功能，系统自动监测网络拓扑结构的变化；具有"一键"升级和自动回退功能；落实公司可服务性要求 II 级标准。

需求验证管理

需求实现与验证 V 模型

产品包需求实现和验证过程遵循图 2-19 所示的 V 模型。从产品包需求实现角度看，整个过程是这样的：首先将客户问题转换为需求提交人的原始需求描述，经过需求分析后形成初始需求，作为企业内部的正式需求，基于此形成产品应具备的满足客户需求的系统能力，也就是系统特性。产品开发团队经过系统的分析与设计，形成产品的系统需求，并逐层分解为构成系统的子系统、构成子系统的模块、模块之间的接口的需求，这些统称为系统需求。这些需求分别由产品的系统架构、子系统、模块和接口的设计方案来满足。从产品包需求验证角度来看，整个过程要经过模块需求验证、子系统需求验证、系统需求验证、特性验证、客户验证等测试验证活动，最终交付满足客户需求的产品。

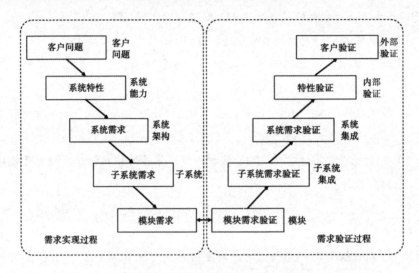

图 2-19 产品包需求实现和验证 V 模型

验证活动包括内部验证和外部验证。内部验证通常叫 α 测试，α 测试活动不仅要保证客户提出的需求得到满足，还要保证客户潜在的需求能够得到满足。例如，客户要求的是 5V 供电的电器产品，那么在超出其供电范围的情况下，产品如何工作？这种问题很多时候需要通过可靠性设计来解决。外部验证即客户验证，也叫 β 测试，是在产品开发验证阶段通过在实际环境下试运行来获取客户试用体验，以此来确认客户需求是否得到满足。值得注意的是，客户验证计划要在产品计划阶段制订，试用期间的问题要做好记录，并为每个试用客户撰写 β 测试报告，闭环跟踪解决。

华为产品测试管理实践

华为公司对产品的测试管理非常重视，建立了非常完善的测试管理体系，针对产品测试开发了 PTM（产品测试管理）流程，并建立了相应的测试管理团队。PTM 是 IPD 流程的子流程。TR4 前的白盒测试主要由开发人员完成，系统级测试主要由测试团队负责。在TR1前，市场人员要完成客户需求的验证，以支撑开发团队完善初始产品包需求。

产品测试管理模型如图2-20所示。

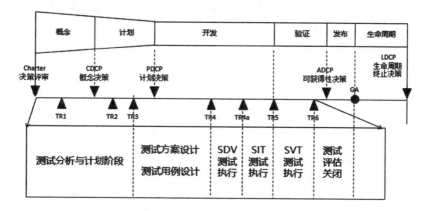

图2-20　基于IPD的产品测试管理模型

在产品开发的概念和计划阶段，测试团队的工作重点是分析测试需求和制订测试计划，输出产品测试需求规格、总体测试方案和测试开展计划。TR4前完成测试方案设计和测试用例设计。TR4转测试后，开展SDV测试、SIT测试、SVT测试。在TR6后进行测试评估，并给出对产品质量的总体评价。

SDV测试是针对原型样机的测试，验证产品是否满足原先提出的功能需求。SIT测试主要对从生产线生产出来的首批产品进行测试，除功能测试外，还包括性能测试、可靠性测试、可制造性测试等非功能性测试。而SVT测试包括在新的生产工艺条件下，进行初始产品功能测试、性能测试、可靠性测试等内部测试，以及客户β测试、标杆测试、认证测试等外部测试。客户β测试用以在客户环境下验证产品是否满足客户需求；标杆测试用以确认产品和竞争对手的产品之间的差距；认证测试则是借助第三方或其他受约束的环境，进行行业标准鉴定测试和准入测试，以获取认证书。

测试团队在华为是一个独立的团队，这样保障了测试活动的客观公正性，避免开发团队为了进度牺牲质量。这种模式带来的问题是，系统中的问题到了TR4以后才被发现，问题发现较晚，造成缺陷累积，形成"鼓包"。解决这一问题的办法是借鉴敏捷的开发模式，让测试团队提前介入，形成"完整团队"，及早发现问题，及早解决。

针对内部测试，华为有完整的测试流程、工具和方法，建立了世界级的专业测试团队，包括系统测试团队、硬件测试团队、软件测试团队、整机测试团队等，强有力地支持了华为各运营商BG、消费者BG等业务的开展。

华为的产品开发非常倡导客户的参与，例如，需求验证、产品概念验证、产品β测试都需要客户的参与。

组建需求管理团队

需求管理是端到端的业务流程，需求来源于客户并在客户处得到闭环。围绕需求管理业务流程，要想有效地组织企业资源，高效、高质量地开展相关需求管理活动，就要处理好企业资源的分工和企业人员的协作问题。例如，谁来负责需求收集和探索、如何传递需求、谁来进行需求分析、谁来进行需求分配和决策、需求质量如何保障，等等。这些都需要对企业现有组织进行调整和优化，构建相应的组织和团队，明确其构成、职责和岗位要求，并通过培训、学习、实践，不断提升组织的需求管理水平，这样才能将企业的需求管理落到实处。

有的企业会设置专职的需求管理岗位，或专门安排部门来进行需求收集、分析、分配、实现与跟踪等需求管理工作，但效果并不理想，出现需求管理部门和产品开发部门"两张皮"的现象。产品开发部门对来自需求管理部门的需求持怀疑、排斥的态度，接纳率非常低，需求管理部门的人员也缺乏成就感。出现这种情况的根本原因是，没有理顺需求管理流程和需求管理组织之间的关系。需求管理流程是端到端的，涉及市场、销售、服务、交付等直接面向客户的部门，也涉及研发、制造、采购、品质等间接面向客户的部门，因此负责需求管理的组织一定是跨部门的。在需求管理流程的各个阶段中，工作内容不同，岗位不同，所需要的专业技能不同，对各跨部门团队成员的要求也就不同。

华为公司在导入需求管理流程的同时，构建了相应的支撑体系，比如运营商BG就围绕需求管理流程构建了分层的需求组织和团队。这些组织包括各职能部门员工、专职的RMT团队、RAT团队、SEG团队、IPMT和PMT，以及需求执行团队PDT、TDT等。华为需求管理流程和组织的对应关系如图2-21所示。

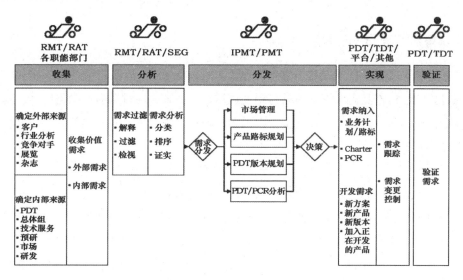

图 2-21　华为需求管理流程和组织的对应关系

需求收集工作是全体员工，包括各职能部门员工和高层管理者的职责，而需求分析工作由专门的 RMT、RAT 或者 SEG 团队来完成，主要承担以下职责。

（1）根据产品规划、产品开发、技术开发的任务，组织专项需求调研。

（2）对收集到的需求进行整理和分析。

（3）对经过分析的需求提出分配建议。

（4）对需求的实现、验证情况进行跟踪。

（5）优化需求管理流程。

（6）对产品/解决方案开发过程中的需求冲突进行决策。

通常 RMT 和 RAT 团队以例会方式运作，由 IPMT 或授权的 PMT 组织来对需求分析结果进行决策，将需求分发到相应的组织和流程中。

需求实现和验证阶段的主要活动的责任主体是 PDT 和 SPDT，也就是产品开发团队和解决方案开发团队，遵循 IPD 流程。团队中的市场代表负责跟踪产品开发过程中需求的实现情况。

关于需求管理组织及其运作方式，需要结合企业的具体业务特点和实际情况，在基本原理的指导下构建。符合企业实际并能带动企业需求管理能力提升的组织运作模式才是最适合企业的。

需求管理流程 IT 化

需求管理流程 IT 化是提升需求管理效率的必经之路。但在 IT 化之前,企业需要将新构建的产品需求管理体系与制度试运行。一方面通过试运行优化流程、制度和模板工具等,另一方面让员工提前习惯新的工作方式,然后再进行 IT 固化,这样才能事半功倍。

华为自引入需求管理咨询项目以来,通过自身的持续优化,已形成完整的需求管理组织、流程和方法,并已实现全面 IT 化运作,大大提升了需求管理的质量和效率。

通过引入 RM IT 平台,华为解决了需求响应的及时性问题,华为的任何员工登录 RM 系统都可以随时随地地录入需求。RM IT 平台解决了需求收集统一入口的问题,成为华为需求处理管道的唯一入口。在电子流中,实现了需求的分层分责,什么样的需求提交到哪里,哪些人负责处理哪些需求都非常明确,提高了需求分析的效率,并支持敏捷开发。

RM IT 平台的引入解决了需求分析、需求分发准确性的问题。通过 RM IT 平台,一线员工可以随时参与需求的解释,整个需求处理过程实现了可跟踪、可追溯,针对解决方案的需求可进行跨组织分解与跨组织跟踪。RM IT 平台具有的需求全景图功能,能够避免需求传递过程中的丢特性现象,DFX 等非功能性需求也被纳入产品包进行监控。

引入 RM IT 平台后,产品开发实现了可视化管理。通过 RM 系统可以将研发和测试打通,研发团队能看到产品的每个测试用例的执行情况,测试团队也可以看到每个特性和需求的实现进展。实现过程中的需求变更也可以在平台上统一管理,需求实现和变更情况对一线人员可见。RM IT 平台还可以管理需求的版本信息及版本配套信息等,将需求的分配和版本之间的关系进行可视化管理。

需求管理流程及其 IT 化的运作和推行都经历了一个不断探索的艰难过程,包括需求流程的不断优化、RM IT 平台的二次开发、推行中的不适应,等等。这些都是变革带来的"阵痛",一旦建成,其产生的价值将是巨大的。

本章小结

- 产品需求管理体系建设解决的是客户所想与客户所得之间的 6 个 "需求落差" 问题，整个产品需求管理流程在逻辑上包括需求收集、需求分析、需求分配、需求执行和需求验证五个过程组。

- 需求收集活动是一个持续的过程，可在不同的价值创造过程中调用。企业应构建企业级的需求 "神经网络" 和符合企业特点的需求收集渠道和方法。

- 需求分析活动包括需求的解释、过滤、分类、排序，企业应构建专业的需求分析团队对需求进行分析处理。

- 需求分配是将经过分析的需求分发到企业中相应的组织和流程中去处理的过程，其流程路径包括产品规划流程、产品路标流程、产品立项流程、产品开发流程等，其组织路径包括跨产品线、单产品线、单产品或某版本。

- "产品包需求" 是 IPD 产品管理模式中最重要的概念之一，是产品开发、测试、交付的依据，也是产品开发需求的全集。产品包需求采用分层描述的方式，这种方式体现了客户问题、系统特性、系统需求以及它们之间的跟踪关系。IPD 流程中的概念阶段形成初始产品包需求，计划阶段形成最终产品包需求。

- 需求验证活动贯穿于产品开发的全过程，包括企业内部测试和企业外部的客户验证。企业构建规范、高效的产品测试管理流程是保障产品开发质量、满足客户需求的有效手段。

- 需求管理流程的落地和执行需要构建责任组织并赋能，符合企业实际并能带动企业需求管理能力提升的运作模式才是最适合企业的。

- 需求管理流程 IT 化是提升需求管理效率的必经之路，但在 IT 化之前，需要将新构建的产品需求管理体系与制度试运行。一方面通过试运行优化流程、制度和模板工具等，另一方面让员工提前习惯新的工作方式，然后再进行 IT 固化，这样才能事半功倍。

第3章

CHAPTER 3

产品战略与规划

> 从 2005 年开始,我们就建立了一个战略营销体系,这个体系聚焦于怎么倾听客户需求,怎么理解客户需求,跟客户探讨他到底要什么,然后来定义我们的产品和产品的规格。我们常说一句话:"在客户恰好要的时候,你恰好推出来,而且恰好满足客户需求,相比竞争对手还有竞争力,那就是最伟大的。"我们的研发体系如果能达到这个目标,那就是最伟大的。
>
> ——华为轮值 CEO 徐直军

引言

　　企业要生存就一定要重视现有产品的生产和销售，满足客户当下的需求；企业要发展就一定要重视未来产品的规划和研发，满足客户未来的需求。现实生活中，有些企业曾经因某一款或某几款产品红极一时，但不注重研究消费者的未来需求，不注重产品未来的规划和研发，等消费者需求和竞争环境发生变化时，就难逃被市场和消费者抛弃的命运。

　　不注重产品规划的企业，产品开发通常是"应急性"的，市场上什么产品好卖就赶快开发什么，或者看到行业标杆企业踏入某个市场领域或推出某款产品就迅速跟进，以此作为产品开发的方向。这种"应急性"的产品开发模式给资源、技术和人才的储备带来了很大的不确定性，有可能市场机会来了，但因没有相应的储备，最终丧失了市场机会。

　　另外，国内一些行业标杆企业的经历表明，虽然这种跟随式的产品战略曾对企业的快速发展起到了重要的作用，但当企业已经成为行业领先者时，就到了无人可模仿和无人可跟随的"无人区"，这时企业就会越来越意识到制定产品战略和规划的重要性，因此应提早培养制定产品战略和规划的能力。

　　本章将介绍产品战略与规划的基本概念和 MM 方法论，在此基础上介绍 MM 方法论在产品线业务规划中的应用方法。

产品战略与规划基本概念

　　本节首先介绍产品战略与规划中的基本概念，读者理解了这些概念，才能更好地理解产品线业务规划的流程、方法和实践。

产品线管理模式

　　产品线管理模式是当今较为流行的产品管理模式，与职能制模式、事业部制模式相比，产品线管理模式是从客户需求到客户满意，是 E2E 的产品管理模式。该模式通过划分产品线，实现了公司业务的分类管理，在公司统一指导下，各个产品线在技术或市场方面可以进行有效的协同。

　　每条产品线的业务都是端到端的，包括产品需求管理、产品线的业务规划、产品线路标规划、新产品开发及上市，以及新产品上市后的经营管理，等等。产品线承接企业的战略目标分解，通过制定产品线的业务规划，不同产品线之间又可以相互协同，实现全公司一体化。

每条产品线都可以被认为是一个独立的虚拟子公司，是企业战略落地及业务经营的基本单元。产品线管理模式实现了产品的聚类、职责的聚类和员工技能的聚类。

1. 产品聚类

不同产品线的产品通常具有较大的差异，而同一产品线内部的同一类产品则具有最大的共用性，这样就非常适合进行产品的平台化管理。例如，缝纫机公司的平缝产品线和包缝产品线，不同产品线的产品对应服装缝制的不同工序，而平缝和包缝设备可以基于一定的平台架构去迭代开发形成系列产品。

2. 职责聚类

通过产品线划分，减少了跨产品线之间人员的工作协同，确保产品线对所负责领域具有独立的经营决策权，真正能对产品线的经营结果负责。例如，华为公司运营商BG，其产品线划分为固网产品线和无线产品线等，每个产品线都相对独立运作，对本产品线的业务目标负责。

3. 团队聚类

通过产品线划分，同一产品线的核心成员和关键技能具有最大的共享性，有利于减少跨产品线之间的人员流动。将一个产品线做实后，资源将被固定在这个产品线内部，员工更能聚焦于特定的业务，对员工的技能提升具有很大的帮助。

一个企业采用什么样的产品管理模式，是事业部制、职能制还是产品线管理模式，需要根据行业特点、业务特点以及企业的实际情况来具体问题具体分析。

市场、细分市场、产品和产品线之间的关系

在产品规划中，市场、细分市场、产品和产品线之间的关系一定要搞清楚，如果不搞清楚就很难理解市场管理（MM）流程和产品线业务规划之间的关系。图3-1为市场、细分市场、产品和产品线之间的关系示意图。该图下方的平面是市场平面，代表一个企业所面对的市场。企业所面对的市场通常是由企业战略决定的，这个战略是企业在成长和进化过程中形成的。在进行企业战略规划时，需要明确界定这个市场的范围，以明确未来的经营范围，也就是做什么和不做什么。在市场平面中，我们定义了A、B、C三个细分市场作为企业已进入或未来可能要进入的目标市场。

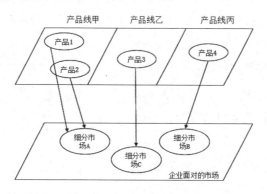

图 3-1 市场、细分市场、产品和产品线的关系

该图上面的这个平面代表企业内部，企业按产品线模式进行业务管理，将产品线划分为 3 个，分别是产品线甲、产品线乙、产品线丙。企业的甲、乙、丙三条产品线分别有产品 1、产品 2、产品 3、产品 4 这 4 种产品。其中产品线甲有两种产品，分别是产品 1、产品 2，产品线乙、产品线丙各有一种产品。将上面这个平面和下面这个平面关联起来，就可以表示市场、细分市场、产品和产品线之间的关系。产品线甲的产品 1 和产品 2 是面向细分市场 A 进行销售的，细分市场 C 和细分市场 B 则分别由产品线乙的产品 3 与产品线丙的产品 4 进行覆盖。

这种产品线、产品和细分市场的对应关系，是企业进行产品线划分和产品线业务规划时要把握的重点。也就是要设立多少个产品线，每条产品线应对的细分市场是什么，应重点规划哪些产品以满足这些细分市场的需求，何时满足，资源如何配置，等等。

SPAN 分析工具

SPAN 的全称是 Strategy Positioning Analysis，即战略定位分析。SPAN 分析工具主要用于选择细分市场。市场那么大，细分市场又那么多，到底选择哪个细分市场作为产品线进入的目标市场呢？可以用 SPAN 工具从"细分市场吸引力"和"竞争地位"两个维度对细分市场进行优先级评估，以确定哪些细分市场可以作为企业/产品线的目标细分市场，并为这些选定的细分市场提供产品和服务。

细分市场吸引力主要从市场规模、竞争程度、市场增长率、市场收益率和战略价值等方面进行评估。竞争地位主要从市场份额、产品优势、品牌优势、渠道能力等方面进行评估。评估的目的就是确认该细分市场有没有盈利潜力，企业能不能获利。

针对不同的细分市场，分别进行 SPAN 分析，可以得到其在 SPAN 矩阵中的位置，如图 3-2 所示。对落入不同象限的细分市场，实行不同的投资策略。

（1）对于处在 SPAN 图右上象限的细分市场，其投资策略是增加投资。例如，扩大产品的分销渠道，扩大针对该细分市场的生产和投资，同时严格控制成本，以获取规模增长带来的收益。在研发方面，应当继续进行投资，规划更多有竞争力的产品，建立差异化的地位。也可以加大对这些细分市场的营销工作，如调整价格、推广促销等。这些行动可以充分利用企业在这个细分市场中的竞争地位，从有吸引力的市场中获得最大回报。

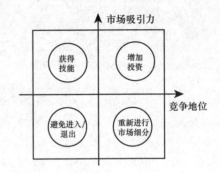

图 3-2 SPAN 分析矩阵

（2）对于处在 SPAN 图左上象限的细分市场，其投资策略是获得技能。由于在这些细分市场中，企业不具备竞争优势，市场机会虽好，但竞争力不行，因此企业的主要行动是对生产、研发和人力进行投资，以建立起竞争优势。在建立起一定的竞争地位之前，企业应严格控制成本，在市场方面应采取积极措施，以扩大市场份额，包括调整定价策略或开展促销活动等。

（3）对于处在 SPAN 图右下象限的细分市场，其投资策略是重新划分细分市场，以获得组合优势。这些细分市场的重点是提高运作效率，包括充分发挥产能及控制成本。在这些细分市场中应当限制营销活动，研发活动也应重点关注降低成本。这些活动的目的在于巩固公司在细分市场上的竞争力，并且防止竞争对手进入这些细分市场。

（4）对于处在 SPAN 图左下象限的细分市场，其投资策略是尽量避免进入这种细分市场，如果已经进入，那么就可以考虑退出了。具体来说，企业应逐渐减少销售投入，大力削减这些细分市场中的固定和可变成本，停止生产，减少对研发、营销和运营方面的投入，将资源分配到其他细分市场中。

在应用 SPAN 分析工具进行细分市场选择时，对每个细分市场的"细分市场吸引力"和"竞争地位"打分，形成 SPAN 中每个"泡泡"的圆心，每个细分市场的相对规模作为"泡泡"的半径。这样每个"泡泡"就代表一个细分市场，对多个细分市场一起分析，就会形成一张"泡泡图"，这样企业很容易看出哪些细分市场更具投资潜力，哪些细分市场应尽量避免进入。

产品竞争力分析工具

产品竞争力分析工具是用于了解企业产品和竞争对手产品在客户端或市场端，哪个更能满足客户与市场需求，差距情况如何的分析方法。前面讲过，影响客户购买行为的要素可以用＄APPEALS模型来分析。通过将竞争对手的产品、自己企业的产品、客户需求在同一个雷达图上进行比较，可以衡量出自己企业和竞争对手、客户需求之间的差距。

不同细分市场的客户需求雷达图的形状具有较大的差异，而同一细分市场的客户需求具有一定的相似性。在采用＄APPEALS模型进行产品竞争力分析时，企业需要找到在这个细分市场中，对客户而言最重要的维度，然后将三者进行对比。在进行竞争力比较时，其比较维度可以进一步细化，抓住客户最关心的维度，对于不是很关心的维度可以不进行比较，以减少分析工作量。这需要企业根据行业特点、产品特点和客户需求提前进行定义，形成符合本行业和本产品品类的＄APPEALS模型实例。

图3-3是产品竞争力分析的案例，该案例以＄APPEALS模型中的"A-保证"维度作为客户最关心的维度进行产品竞争力分析，通过分析可以制定提升产品竞争力的具体措施。

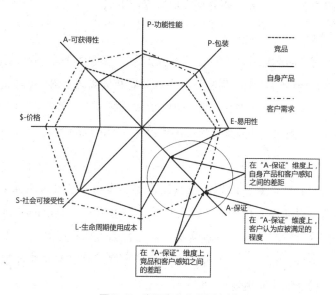

图3-3 产品竞争力分析案例

安索夫矩阵（ANSOFF）

安索夫矩阵是策略管理之父安索夫博士于1957年提出的营销策略模型，该模型以"产品"和"市场"作为两大基本面,提出了 4 种不同组合下的营销策略,是营销分析中应用最广泛的工具之一。其主要逻辑是通过选择 4 种不同的成长性策略来实现企业增加营收的目标。该模型广泛应用于产品线业务计划和营销策略的制定,如图 3-4 所示。

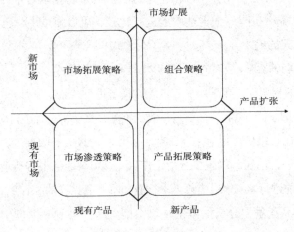

图 3-4 安索夫矩阵

这 4 种组合对应的 4 种策略分别简单解释如下。

1. 市场拓展策略

企业将现有产品卖给新的市场,这样就扩大了市场的范围。其关键点不是开发新产品,而是在新的市场中找到和原有市场具有相同需求的客户群。通常情况下,在新的市场中,老产品的产品定位和销售方法会有所调整,但产品本身的核心技术并没有大的改变。例如,将原来销售市场定位为中国市场的手机卖给印度市场。

2. 组合策略

企业推出全新的产品卖给以前没有进入过的市场。这种策略面临两大考验:一是市场全新,以前没有接触过,没有经验可供参考;二是产品全新,没有经过市场检验。在这种情况下,企业就需要对新的目标市场和产品的技术成熟度进行详细分析,从市场可行性、技术可靠性以及经济可行性等方面综合考虑,制订出恰当的业务开展计划才能实施。

3. 市场渗透策略

将企业现有的产品卖给现有市场,以扩大市场占有率为目标,采取促销或是提升服务品质等手段,从竞争对手手中争夺客户,提高市场占有率。这种策略并不会开发新的产品，而是开发新的营销手段。例如，前几年王老吉凉茶和加多宝凉茶，每年过年前大打广告和开展各种促销活动，销售的还是那些产品，目的就是提升市场占有率。

4. 产品拓展策略

企业向现有市场推出新产品，通常采取产品延伸的策略，以扩大现有产品的深度和广度，推出新一代或是相关联的新产品给现有的客户，提高产品在市场中的占有率。例如，小米在"米粉"中推出一系列小米生态产品。

产品排序方法

产品排序用于梳理企业或产品线中各个产品项目的综合表现，将投资从综合表现较弱的产品转移到综合表现较强的产品上来，让表现好的产品表现更好。用于产品线内部时，可合理调整产品线的结构，维持产品线的长期健康发展。

对产品进行排序时，主要考虑3个维度，即市场吸引力、竞争地位、财务能力。市场吸引力的评价要素主要包括市场规模、竞争程度、市场增长率、市场收益率、战略价值；竞争地位的评价要素主要包括市场份额、产品优势、品牌优势、渠道优势；财务能力的评价要素主要包括开发费用、销售收入增长率、现金流贡献等。这12个主要评价要素的打分标准如表3-1所示。不同企业在应用时，对评价要素可以进行适当调整，选取最符合行业和企业特点的评价要素。评价时，首先要制定不同要素的评分标准，并对每个要素设置不同的权重，通过专家评委的打分，最终算出每个产品或产品线的加权得分，最后进行排序。

表3-1 12个主要评价要素的打分标准示例

评价维度	评价要素	打分标准			
		10	7	4	1
市场吸引力	市场规模	>A亿	B～A亿	C～B亿	<C亿
	竞争程度	相差悬殊，份额相差>40%	相差明显，份额相差>20%	相差不明显，份额相差10%～20%	实力接近，份额相差<10%
	市场增长率	>30%	>20%	>10%	<10%
	市场收益率	>60%	40%～60%	30%～40%	<30%
	战略价值	与公司核心竞争力直接相关的产品	与公司核心竞争力相关的产品	与公司核心竞争力间接相关的产品	与公司核心竞争力无关的产品

续表

评价维度	评价要素	打分标准			
		10	7	4	1
竞争地位	市场份额	>80%	50%~80%	30%~50%	<30%
	产品优势	明显优于同类产品	有部分优势	低于同类产品	质量差
	品牌优势	品牌能够直接带来购买行为	品牌能够促进购买行为	品牌影响力弱	几乎无品牌影响力
	渠道优势	渠道实力优秀,且受控制	渠道实力较好,且能够控制	渠道实力一般或难以控制	渠道实力一般且无法控制
财务能力	开发费用	开发费用占销售额的百分比>10%	开发费用占销售额的百分比6%~10%	开发费用占销售额的百分比3%~5%	开发费用占销售额的百分比<3%
	销售收入增长率	>20%	10%~20%	5%~10%	<5%
	现金流贡献	主要现金来源	非主要现金流来源	盈亏平衡	亏损

在进行产品排序时,需要公司或产品线高层管理者参与,根据行业和企业发展战略一起确定打分标准和评价要素权重。然后结合管理者自身经验和财务数据,给出每个产品评价要素的得分,加权后形成每个产品的最终得分。产品排序打分表模板如表 3-2 所示。

表 3-2　产品排序打分表模板

评价指标	评价要素	权重	产品/产品线得分			
			产品/产品线1得分	产品/产品线2得分	产品/产品线3得分	产品/产品线4得分
市场吸引力	市场规模	$\alpha 1$	$X1$			
	竞争程度	$\alpha 2$	$X2$			
	市场增长率	$\alpha 3$	$X3$			
	市场收益率	$\alpha 4$	$X4$			
	战略价值	$\alpha 5$	$X5$			

续表

评价指标	评价要素	权重	产品/产品线得分			
			产品/产品线1得分	产品/产品线2得分	产品/产品线3得分	产品/产品线4得分
竞争地位	市场份额	$\alpha 6$	$X6$			
	产品优势	$\alpha 7$	$X7$			
	品牌优势	$\alpha 8$	$X8$			
	渠道优势	$\alpha 9$	$X9$			
财务能力	开发费用	$\alpha 10$	$X10$			
	销售收入增长率	$\alpha 11$	$X11$			
	现金流贡献	$\alpha 12$	$X12$			
最终得分		100%	$Q1$	$Q2$	$Q3$	$Q4$
排序		—				

资源配置 721 原则

产品开发是一种投资行为，这种投资不仅表现在对单个产品的投资上，也表现在对公司、产品线资源的合理配置上，通过将有限的资源进行合理配置以期获得最佳的投资回报。这个道理就如同股民买股票一样，别把鸡蛋放在一个篮子里，通过资金的合理配置，一方面规避风险，另一方面谋求最佳的投资回报。

资源配置的 721 原则是通用电气前 CEO 杰克·韦尔奇提出的，起初主要用于对员工的绩效管理。他认为，一个公司里，有 20% 的人是好的，70% 的人是中间状态的，10% 的人是差的。一个善于用人的领导者，必须随时掌握那 20% 和 10% 的员工，以便实行精确的奖惩措施，进而带动中间状态的 70% 的员工。这个用人规律也叫"活力曲线"，就是要激励 20% 的人，激发 70% 的人，激活 10% 的人。后来被广泛用于公司对产品线和产品的资源配置上，以及营销活动对市场区域和渠道的资源配置上。

如果把对产品线、产品、市场和渠道的投资视为一个个投资项目的话，这些项目对公司的发展和价值应具有不同的战略地位。通常可以把这些项目分类为聚焦项目、突破项目和布局项目。

1. 聚焦项目

聚焦项目也就是公司或产品线的现金流项目，如现阶段或近期给公司和产品线带来现金的项目。缺少聚焦项目，公司运营和发展就缺乏财务支撑。

2. 突破项目

突破项目是指市场潜力巨大，但竞争也较为激烈，通过努力可以扩大销售额，有望近期成为明星产品的项目。

3. 布局项目

布局项目是指市场潜力较大，目前竞争尚不激烈，但对公司未来发展具有重大影响的项目。

对于这三类项目，按照721原则，建议资源配置的比例为，70%的资源配给聚焦项目，20%的资源配给突破项目，10%的资源配给布局项目，如图3-5所示。以华为为例，2016—2018年，华为无线的4G产品还是主要的产粮区，属于聚焦项目，应投入70%的资源；5G产品属于重点突破项目，有望成为明星产品，应投入20%的资源；物联网则属于布局项目，应投入10%的资源。

图3-5 资源配置721原则

战略规划（SP）与年度业务计划（BP）

SP（Strategy Planning）是战略规划的英文缩写，可分为公司、产品线和职能部门的SP，是各层组织业务的中长期规划；BP（Business Planning）是业务计划的英文缩写，也称为年度业务计划。公司层面的SP和BP需要分解到各个业务单元和职能部门，才能最终得以执行和实现。MM方法论为各层级进行业务规划提供了一致的方法论，并让所有战略和规划的方向一致。表3-3给出了某公司的SP和BP内容，不同层级的SP和BP的关注点是不同的。

表 3-3　某公司 SP 和 BP 内容

层级	SP（战略规划）内容	BP（年度业务计划）内容
公司	公司价值观、使命、愿景、目标和总体战略； 未来 0～N 年的业务发展方向，关键的市场和产品/技术突破点； 各个产品线和职能部门的长期协同； 跨年度的公司级/跨产品线产品和技术研发项目	公司年度业务计划； 公司年度预算； 公司级/跨产品线解决方案、产品和技术研发项目
产品线	产品线使命、愿景、目标和总体战略，其必须对公司级的 SP 形成支撑； 未来 0～N 年产品线的业务发展方向，关键市场、区域及产品/技术突破点； 产品线的跨年度产品和技术研发项目	产品线年度业务计划； 产品线年度预算； 产品线年度重点产品、解决方案及技术项目
职能部门	部门的使命、愿景、目标和总体战略，其必须支撑公司级和产品线级 SP； 职能部门所负责业务的 0～N 年总体发展方向和规划，关键能力突破点； 职能部门要完成的跨年度重点项目	职能部门的年度业务计划； 职能部门的年度预算； 职能部门的年度重点项目

MM 方法论的核心逻辑与思想

在 IPD 产品管理中，提起 MM（市场管理），通常有 3 层含义，即 MM 方法论、MM 流程、MM 规划体系。MM 方法论来源于 IBM 的实践，起初 IBM 在进行基于 IPD 思想和 PACE 模式的产品与研发管理变革时，总结提炼出了 IPD 体系。MM 规划体系是 IPD 体系的业务规划和产品规划部分，包括规划流程、规划团队和运作机制，后对这一体系进行提炼，形成了 MM 方法论。

MM 方法论来源于规划实践，又反过来指导规划实践。MM 方法论的核心逻辑是对广泛的业务机会进行选择，以市场为中心瞄准最优业务成果，开展战略制定和规划。完整的 MM 方法论包括六大步骤：理解市场、市场细分、组合分析、制订业务计划、融合和优化业务计划、管理和评估业务计划，如图 3-6 所示。这种方法论被广泛应用于公司及业务单元的战略规划、市场规划、产品规划、技术规划、部门规划和产品立项等活动中。

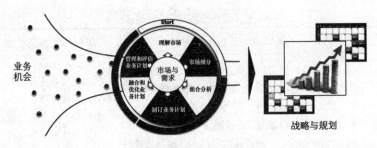

图 3-6 MM 方法论

应用 MM 方法论开展工作时，首先要明确组织的使命、愿景、目标，在此基础上确定组织所服务的对象及其需求；其次确定用什么样的产品、服务或解决方案来满足这些需求；再次明确为了能够满足这些需求，组织应培养哪些能力或采取哪些行动；最后制订相应的计划，并对计划进行闭环管理。这里的组织可以是企业、产品线、职能部门等。

基于 ISOP 的企业战略运营流

什么是战略？哈佛大学的迈克尔·波特教授在其著名的论文《什么是战略》中指出，战略就是定位、取舍和匹配。定位就是确定企业为哪些客户提供哪些区别于竞争对手的独特产品和服务；取舍则是明确做哪些业务和不做哪些业务；匹配即围绕战略定位，组织应开展哪些活动、具备什么样的能力。

企业的运营就是战略制定、战略展开、战略执行和监控，以及战略评估的过程，企业的一切管理活动都应围绕这一战略运营流程开展。华为公司将这条战略运营流程称为 ISOP 流程。华为认为 IPD 实现了各个职能部门在产品实现上的集成与协同，而 ISOP 流程则实现了各个职能部门在管理上的集成，所有的管理活动都围绕公司的战略开展。

图 3-7 展示了华为公司战略运营流程的基本框架。在该框架中，战略与规划不只是业务的规划，还包括组织、人才、流程和管理体系的变革战略与规划。无论是公司、业务单元还是职能部门的规划，都采用统一的规划框架，并相互协同。

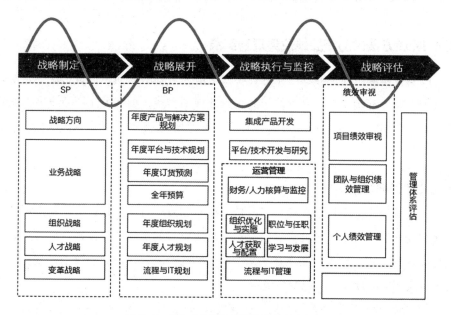

图 3-7 华为公司战略运营流程的基本框架

本节重点介绍以产品线为业务单元的业务规划该如何开展。在介绍之前，首先要清楚企业战略规划、产品线业务规划、产品路标规划之间的关系。如图 3-8 所示，企业战略规划总体框架呈"金字塔"结构，顶端是企业的愿景、使命，以及企业中长期战略目标。产品线业务规划支撑企业级战略规划和企业中长期战略目标的实现，其应该包括产品路标规划、技术与平台规划，以及支撑这些业务规划的资源与能力规划。这种"金字塔"结构体现了企业战略"自上而下"的分解和落实，也体现了各业务单元"自下而上"的支撑作用。

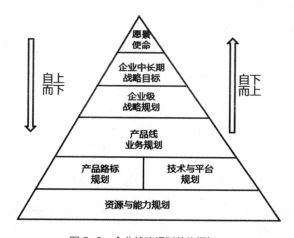

图 3-8 企业战略规划总体框架

基于 MM 方法论的产品线业务规划实践

产品线业务规划是 IPD 产品管理实践中最为重要的活动，也是企业中长期战略规划实现的基础。本节介绍的产品线业务规划实践，重点关注产品线中长期战略规划 SP。BP 则是 SP 分解到年度的详细业务计划，重在与公司高层团队签订"业绩合同"，完成相应的年度业务绩效指标。

产品线业务规划概述

产品线的业务规划是在确定了愿景、使命和战略目标的基础上，对市场环境和客户需求进行分析，结合竞争情况和产品线自身的实际情况，执行严格和规范的 MM 规划流程，形成产品线在未来 3～5 年的产品路标规划、营销计划、服务规划以及相应的预算和资源配置规划。

《产品线业务规划书》是产品线业务规划的承载物。对于研发型企业而言，产品路标是产品线业务规划的重要组成部分，是一个分时间段的产品开发路线图，是产品线产品或解决方案的发展方向和中长期规划。产品路标对外用于企业与客户的互动，以支持销售或获得客户需求；对内主要用于指导 Charter 开发，也对产品线的资源分配决策起支持作用。在一个 SP 周期中，通过产品路标规划逐步调整产品线内的产品结构，给出产品组合的发展方向；而在一个 BP 周期中，也就是一个年度周期中，产品路标规划可以对产品路标进行刷新，使之更加具体，更加贴合市场和客户的需求，最终达到最佳的整体绩效目标。

产品线业务规划流程

方法论是通过流程来运行的，MM 方法论指导下的产品线业务规划流程分为理解市场、市场细分、组合分析、制订业务计划、融合和优化业务计划以及管理和评估业务计划六大步骤。表 3-4 所示的是产品线业务规划流程的主要步骤、关键活动、所使用的主要工具和关键输出。

表 3-4 产品线业务规划流程

步骤名称	关键活动	主要工具	关键输出
理解市场	宏观环境分析 行业竞争分析 市场与客户需求分析 自身分析	PESTEL 5-POWER 3C $APPEALS	SWOT 分析 市场地图 业务设计

续表

步骤名称	关键活动	主要工具	关键输出
市场细分	确定细分市场标准 市场细分 初步分析市场 初步组合分析	3W	初步选定的细分市场 细分市场概述
组合分析	市场吸引力分析 竞争地位分析 战略定位分析 财务分析	SPAN FAN	目标细分市场列表 目标细分市场的市场分析结果与客户需求信息
制订业务计划	制定投资策略 制定创新策略 制订业务计划	安索夫矩阵 4P+2 框架	目标细分市场业务计划 产品族业务计划
融合和优化业务计划	不同细分市场业务的计划融合与优化 不同产品族的业务计划融合与优化	—	产品线业务计划 产品线产品开发路标
管理和评估业务计划	制定项目任务书 产品线业务计划的制订与实施 产品线业务计划的监控、评估与调整	—	项目任务书 DCP 评审报告 业务结果 调整后的产品线业务计划

图 3-9 为产品线业务规划流程和产品立项、产品开发流程的关系。

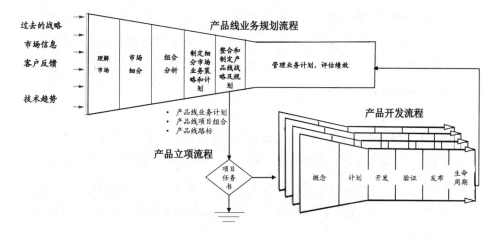

图 3-9 产品线业务规划流程和产品立项、产品开发流程的关系

在产品线业务规划启动之前,首先要明确产品线的愿景、使命和战略目标,这些概念一定要进行清晰的描述,并在产品线内部达成一致。如果这些概念不清晰,或者没有达成一致,将影响到产品线业务规划工作的开展以及规划的落地。产品线使命描述的是产品线存在的目的和意义;产品线愿景描述的是产品线未来要成为什么样子和状态;战略目标则主要通过销售收入、利润、市场占有率等财务指标或者一些具体的技术突破等来描述。

某电动工具生产企业的DIY(自己手动制造)产品线的使命、愿景和战略目标描述如下。

(1)使命。提供超高性价比和良好用户体验的工具和解决方案,让家庭用户享受自己动手的乐趣。

(2)愿景。通过完善产品线,加强新技术研发,成为全球领先的DIY工具及解决方案供应商。

(3)战略目标。

①销售额。2020年自主品牌销售额××亿,2025年××亿,总体实现年均**%的增长。

②市场占有率。2020年,××工具在××市场占有率达到10%,××工具在××市场占有率达到8%。

……

产品线的愿景、使命和战略目标通常是企业的愿景、使命和战略目标在产品线中的分解和细化,与产品线在整个公司的定位、产品线的业务和核心竞争力有关,企业应就此与产品线管理团队进行研讨并达成一致。产品线的愿景、使命和战略目标能够为产品线业务的开展指明方向。

2017年,任正非在华为公司的愿景与使命研讨会上表示,"华为立志把数字世界带给每个人、每个家庭、每个组织,构建万物互联的智能世界。"华为的愿景从此前的"丰富人们的沟通和生活"变更为"构建万物互联的智能世界"。这一改变既体现了华为顺应AI发展大势的敏锐洞察力,又很好地配合了华为在看得见的未来持续增长的目标。

2018年10月10日在上海召开的华为全联接大会上,华为轮值董事长徐直军开场以 AI 的十大主要变革方向为引，阐述了华为 AI 发展战略，并发布了全栈全场景的 AI 解决方案。其中包括全球首个覆盖全场景人工智能的 Ascend（昇腾）系列芯片，旨在让人工智能不再高高在上，走向普惠大众之路。

接下来就详细讲解产品线业务规划流程的六大步骤。

1. 理解市场

理解市场也称为市场评估，MM 方法论是基于市场的规划方法论，因此一定要从市场出发。该步骤的主要内容包括环境分析、竞争分析、市场分析和自身分析。分析的目的是识别企业/产品线所处的市场环境，识别机会和威胁，比较优势和劣势，展开 SWOT 分析，绘制产品线市场地图，并在此基础上进行产品线的业务规划。对于业务成熟的产品线，该步骤主要用于梳理和审核产品线的业务，以期发现新的盈利机会。该步骤使用的分析工具主要包括 3C 分析工具、5-Power 分析工具、PESTEL 分析工具等。图 3-10 将 3 个工具整合在一个逻辑框架中。在该框架中，内圈是 3C 分析，中圈是 5-Power 分析，外圈是 PESTEL 分析。3C 分析所需的信息量和工作量是相对最小的，PESTEL 分析所需的信息量和工作量是相对最大的。工作量越大成本越高，企业可根据产品线的实际情况来灵活应用和选择。

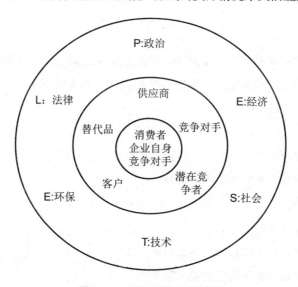

图 3-10　理解市场的逻辑框架

PESTEL 宏观环境分析包含政治、经济、社会、技术、环境、法律 6 个维度，该分析工具提供了进行宏观环境分析的框架，通过这 6 个维度初步识别产品线面临的机会与威胁。如果环境中的一种趋势或一个事件发生，能够对此做出战略响应并带来企业竞争地位上的积极转变，那么这就是一个机会；如果不能对此做出战略响应，就会对企业竞争地位造成消极影响，那么这就是一个威胁。例如，在中美贸易摩擦的背景下，中国消费者更倾向于购买国产品牌手机，这就对苹果手机在中国的销量带来了一定的消极影响。

当企业或产品线要进入一个新行业时，使用 5-Power 工具（也称波特五力模型）进行竞争分析特别有用，如图 3-11 所示。

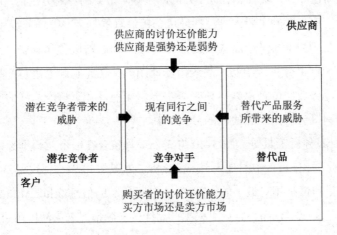

图 3-11 波特五力模型

竞争分析的关键是找对竞争对手，研究他们的战略目标、市场行为、市场份额、销售增长情况、服务定位、业务运作模式以及资源情况等。以下是在竞争分析中需要研究的关键问题。

①谁是主要的竞争对手 / 潜在的竞争参与者 / 替代者？
②他们的规模 / 资源 / 市场份额如何？
③他们的产品 / 定位是什么？他们如何为客户增值？
④他们未来的目标是什么？
⑤客户为什么从 / 不从他们那里购买产品？
⑥他们在哪些细分市场有优势 / 劣势？
⑦他们的活动将如何影响我们的战略？
⑧我们如何能够从他们手中赢得市场份额？
⑨谁是最容易打败的目标对手？

⑩他们对我们的战略有什么应对措施？
⑪他们未来的战略是什么？

竞争分析需要大量的情报信息，并采用专业的数据分析工具，由专门的团队来开展这项工作，这样才能保证分析的效果。有些企业认为自己已经是行业的老大了，国内外都没有竞争对手了，那该如何进行竞争分析呢？这里推荐以下3种办法。

（1）以自身为对手，研究如何打败自己。

华为手机部门成立的蓝军团队是一支专门与华为手机为"敌"的队伍，他们每天站在用户立场，鸡蛋里挑骨头，拿着放大镜去查找华为手机里可能存在的任何瑕疵。他们对华为手机的任何产品都有一票否决权，一旦产品得到他们的认同，就说明这款手机拿到了全球销售的"通行证"。

（2）深入研究第二、第三，关注他们的超越策略。

企业成立情报部，时刻关注行业的第二、第三在做什么。他们是如何研究我们的，他们的超越策略是什么，行业内是否还有新的强有力的进入者，也就是要防范后起之秀超越自己。

（3）从其他行业和领域寻找灵感。

关注其他行业的领先公司怎么做，也就是向行业外的标杆企业学习。例如，很多企业去华为参观学习等，都是通过向标杆学习，寻找提升自身核心竞争力的方法。

产品线的市场分析主要包括产品线的市场总规模分析、各个细分市场的增长率和变化趋势分析、细分市场的渠道分析和客户行为分析。这里的市场分析，不仅是分析自身产品面对的市场，更要关注潜在的大市场。以下是市场分析的一些关键问题，这些问题重点关注由市场、客户、渠道、合作伙伴等组成的价值网。

①市场未来的变化趋势是什么？
②哪些因素会影响到市场的选择？
③细分市场吸引我们的因素是什么（规模/增长/利润率/其他）？
④客户的关键需求是什么？

⑤什么样的产品包是他们最喜欢的？
⑥促使客户做出购买决定的关键因素是什么？
⑦他们为什么要向我们购买？
⑧他们为什么不向我们购买？
⑨哪些渠道对我们来说很重要？为什么？
⑩哪些企业可能会成为竞争对手？

实践表明，在有些行业中，"得渠道者得天下"。例如，某食品企业如果进入沃尔玛、家乐福等大型超市，就比没有进入的企业更具有渠道优势。

除了分析宏观环境、竞争态势外，理解市场还应对产品线的自身情况进行分析，比如产品线结构，各产品的市场地位和市场份额、优劣势等。以下是进行自身分析的一些关键问题。

①我们有哪些细分业务（产品包）？
②我们的市场地位和市场份额如何？
③客户为什么购买我们的产品（优势）？
④客户为什么不购买我们的产品（劣势）？
⑤我们为什么会失去客户？
⑥我们过去做了什么帮助我们赢得客户？
⑦限制我们成功的因素是什么？
⑧我们未来要对什么产品和基础架构进行投资？
⑨如何改进公司内部的业务运作模式？

通过分析企业/产品线所处的市场环境，识别环境中的机会和威胁、企业的优势和劣势，接下来就要进行SWOT分析了。优势就是指产品线在哪些能力、资源、技能等方面达到较高水平，劣势是指产品线在哪些能力、资源、技能等方面比对手差，并会给对手可乘之机。常用的优劣势对比项目包括产品质量、产品价格、成本控制、渠道和销售网络、售后服务、交付周期等。机会和威胁是相对于产品的战略目标而言的，有利于战略目标达成的外部趋势和要素就是机会，不利于战略目标达成的外部趋势和要素就是威胁。

在总结机会与威胁、优势和劣势的基础上进行产品线 SWOT 分析，便可形成初步的业务策略。表 3-5 是可供参考的 SWOT 案例。

表 3-5　SWOT 分析案例

企业内部条件 / 企业外部环境	优势（S）	劣势（W）
	全球创新团队（创新的解决方案） 有针对性的营销模式 ……	主要品类中缺乏有竞争力的产品 ……
机会（O）	SO 战略	WO 战略
五大主要品类的产品市场占有率稳步提升 新兴类别产品成长迅速 ……	如何利用优势，抓住机会？ 加强主要品类及优势品类产品的创新开发和营销推广 ……	如何利用机会，克服劣势？ 加强品类管理（精简产品线）和产品／技术规划，提升主要品类的产品竞争力 ……
威胁（T）	ST 战略	WT 战略
DIY 市场竞争激烈（品牌众多，且历史悠久） ……	如何利用优势，避免或减少威胁？ 利用创新产品和有针对性的营销加强 DIY 产品的竞争优势 ……	如何克服劣势，将威胁最小化？ 通过产品平台规划和品类管理，加强成本管理，提高成本竞争力 ……

进行 SWOT 分析后，就要绘制市场地图了。所谓市场地图，就是对产品线所面对的市场进行扫描，形成关于市场交易行为的可视化地图，地图中包含"谁购买""通过什么渠道购买""买什么"，以及它们之间的行为关系。在绘制市场地图时，企业应从目前行业的业务和市场情况出发，考虑未来发展方向，地图内容包括但不限于产品包、客户群、自身和行业竞争对手的渠道、渠道伙伴和关键客户。最少选择 3 个竞争对手或标杆企业。

市场地图主要用于进行产品线的市场细分和业务设计，如客户选择设计、利润模式设计、战略控制点设计、经营范围设计。图 3-12 是简化的市场地图模型，包含市场中的购买者、渠道和产品包。"买什么"是指本产品线所处行业中所有厂家提供的产品，而不仅仅是本产品线提供的产品；"通过什么渠道购买"是指客户购买产品的渠道；"谁购买"是指客户及客户中的决策者。

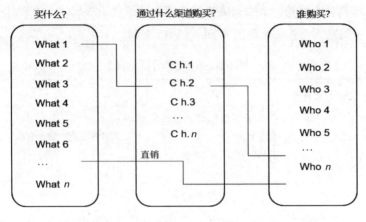

图 3-12 市场地图

产品线的业务设计简单来讲就是在市场地图的基础上，明确图 3-13 中的 4 个问题。而这通常需要产品线管理层集体研讨并达成共识。

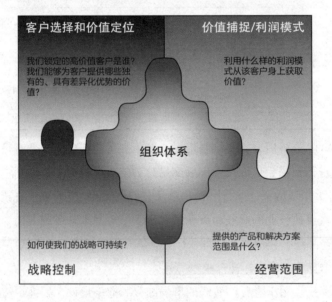

图 3-13 业务设计模型

（1）产品线的客户选择和价值定位。回答选择什么样的客户作为服务对象时，应清楚描述目标客户群的特征和客户群的需求，哪些不作为产品线的服务客户，哪些是本阶段的重点客户。回答我们能够为客户提供哪些价值，就是产品线的价值定位。

（2）产品线的利润模式设计。回答如何通过为客户创造价值而获利，采用哪种利润模式。例如，有的企业通过卖设备来获得利润，有的企业则给用户赠送设备，通过提供增值服务来赚取利润。这就是产品线的营利模式设计。

（3）产品线的战略控制设计。通过进行SWOT分析，识别产品线的优势和劣势，制定相应的竞争策略和战略控制点，打造企业的持续竞争力。在设计时需要考虑：客户为什么会购买我们的产品，与竞争对手为客户提供的价值相比我方有何不同，我方的战略控制点是什么，如何保护产品线的利润流，等等。

（4）经营范围设计。主要考虑产品线在产品链中的位置，产品线提供的产品和解决方案的范围，哪些需要自制，哪些需要和产业链合作。例如，手机厂家主要经营范围为手机整机的设计、开发、销售和售后服务，而操作系统和元器件则采用外购策略，不在企业的经营范围内。

2. 市场细分

市场细分是将产品线面临的市场按一定规则进行细分，目的是找到"又肥又大"的"肥肉"，便于企业把资源集中在高利润的细分市场中，而且这个细分市场中最好没有多少竞争对手"争食"。

营销专家玛尔科姆·马克唐纳曾说："营销并不是企图说服一些毫无特性的客户群体来了解我们，而是与某个具体的客户群体进行的长期对话。你需要深入了解这群客户的需求，并且为他们开发出比竞争对手提供的产品更具优势的独特产品。"

市场细分可按照客户的特征来细分，如客户的规模、行业、决策类型、运营变量、IT背景、销售额等；或者按照客户购买产品的原因来细分，如客户购买的用途、追求的利益、对营销活动变化的反应等。例如，"拼多多"和"京东"的客户群，虽然都是网上购物，但其购买原因却迥然不同，一个追求极致价格，对产品质量要求不高；一个对质量和品牌有一定追求，且希望快递便捷。

下面简单介绍进行市场细分的框架性方法——"七步法"，给市场细分提供一些方向性的指导，如图3-14所示。

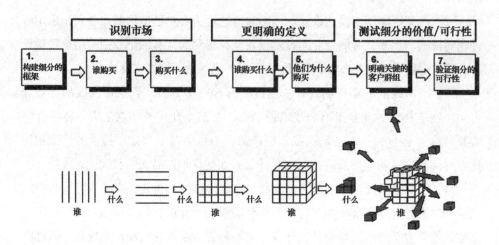

图 3-14 市场细分 "七步法"

采用市场细分 "七步法" 的前提是已经绘制了市场地图,并且市场地图明确了在产品线对应的市场中所存在的交易行为,以及目前企业所处的位置。市场可以从 "谁购买" "购买什么" "谁购买什么" "他们为什么购买" 等多种维度进行划分,找到那些企业对他们具有内在吸引力,同时在他们身上又具有竞争优势的客户群。在这些细分市场划分要素中,识别每个客户购买产品的深层次原因往往比识别 "谁购买" 和 "购买什么" 更有价值。

实际上,并不存在一个 "唯一" "绝对" 的市场细分方法,要想把市场细分做好,最主要的是有大量有关行业、客户、竞争对手的信息和数据做支撑。

华为进入通信市场的时候,中国的电信市场非常广阔,但竞争也比较激烈,尤其是要面对强大的国外和合资品牌厂商。华为作为市场后入者和挑战者,不可能在市话市场上与强大的对手硬碰硬,所以华为选择了对手的弱点——农村市场作为突破口。"以农村包围城市" 正是华为早期的细分市场策略,这时华为进行市场细分的依据是地理差异。

随着实力的增强,华为以接入网逐步切入市话市场,面对竞争对手的远端接入模块,其进行市场细分的依据为 "标准差异",即一个产品可应用于多个市场。强调 "V5 接口有利于建立灵活而相对独立于各制造厂商的接入网体系",从而赢得崇拜这一技术的用户。

当华为以接入服务器进入数据通信产品市场时,其市场细分的依据是 "需求差异",即根据自身对中国电信网络的了解,满足国内运营商对符合国情的接入服务器的需求。

当华为提出"宽带城域网"概念时,其市场细分则综合考虑了"地理差异""需求差异""心理差异"等因素。宽带城域网顺应了城市信息化的发展趋势,满足了运营商网络改造的需求,迎合了国内运营商因担心国外运营商的竞争而"先下手为强"的防御心理。

3. 组合分析

产品线业务规划的第三步是组合分析,重点是从第二步输出的细分市场中选出产品线要进入的目标细分市场,采用的工具是 SPAN。

前面介绍过这个战略定位工具,它包括 2 个维度：细分市场的吸引力和竞争地位。市场吸引力的评价要素主要包括以下 4 个：细分市场规模、市场增长率、盈利潜力和战略价值。其中,细分市场规模为该细分市场相对于其他细分市场的规模大小；细分市场增长率也是相对增长率,并非实际增长率；盈利潜力与该细分市场的竞争激烈程度、进入威胁、客户或供应链等因素相关；战略价值是产品线进入该细分市场对产品线或公司的战略意义。通过对这 4 个要素的评估,可以得出所选细分市场对企业的吸引力如何。

对竞争地位进行评估时,可采用 $APPEALS 工具从 8 个要素中的关键权重要素入手。实践中,评估要素需要进行本地实例化。在评估时,需要识别出业界最佳竞争对手,通过与业界最佳竞争对手的比较,得出本产品线满足该细分市场客户需求的相对能力,从而确定竞争地位。

在进行目标细分市场选择时,需要对每个准备进入的细分市场进行 SPAN 分析,然后在 SPAN 矩阵上画出"泡泡图"。如图 3-15 所示,4 个细分市场分别位于 SPAN 矩阵的不同象限,其对应的策略也是不同的。

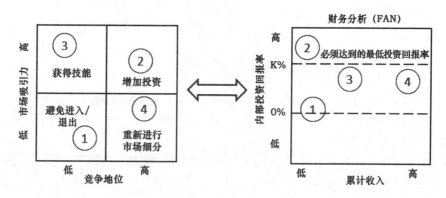

图 3-15　SPAN 评估

每条产品线每年的财务预算是有限的，在有限的财务预算下，企业并不能将所有细分市场全部拿下，需要根据内部投资收益率以及产品线的预计贡献，对候选细分市场进行排序，选择那些投入较少、收益率高且相对产出较多的细分市场作为目标细分市场。所以在选择目标细分市场时，进行财务分析是非常必要的。

4. 制订业务计划

组合分析确定了产品线的业务机会点，也就是目标细分市场，接下来需要对每个目标细分市场制定业务策略。在 MM 流程中，制订细分市场业务计划的流程如图 3-16 所示。

图 3-16　细分市场业务计划制订流程

其中各步骤分别解释如下。

（1）细分市场收入预测。基于当前的竞争地位、市场增长速度和财务地位，对每个细分市场进行收入预测，要求预测结果必须可衡量、可量化，在一定的期限内是可实现且具有挑战性的。预测时要求统计本细分市场所有可能获得收入的产品包的收入之和，进而确定细分市场初步的收入目标。

（2）财务目标差距分析。将细分市场初步的收入目标与产品线的财务目标进行对比，计算其计划缺口，该缺口即为需要通过制定细分市场业务策略来弥补的"缺口"，如图 3-17 所示。

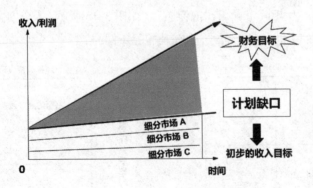

图 3-17　目标细分市场财务缺口分析

（3）目标细分市场业务策略制定。安索夫矩阵提供了支撑财务目标和弥补收入差距的框架。通过对每一个目标细分市场进行安索夫分析，给出细分市场相应的业务策略，细化到每一年的每个细分市场中填补收入"缺口"的关键行动。每个细分市场的行动策略可以采用 4P+2 框架制定。

①产品策略。面向该细分市场应推出哪些新产品？是否要基于老产品进行改进？版本的迭代更新规划是什么？

②渠道策略。该细分市场在渠道方面如何改进？应聚焦哪些渠道、突破哪些渠道、布局哪些渠道？

③定价策略。该细分市场应采取何种定价策略，以实现财务目标？

④综合营销策略。该细分市场有哪些营销手段和方法可以实现业绩目标？

⑤交付策略。该细分市场如何提高订单交付效率？

⑥服务策略。该细分市场的服务如何创新？如何降低服务成本？

（4）产品族组合路标决策。初步确定了每个目标细分市场的策略后，接下来将对产品线的每个产品族所面对的目标细分市场进行综合分析，制定产品族的路标规划。产品族路标规划的制定主要分为 6 个步骤，如图 3-18 所示。下面按顺序介绍每一步。

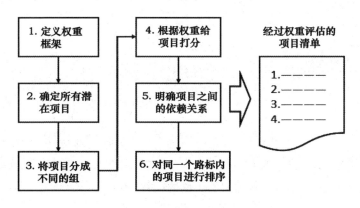

图 3-18　制定产品族路标规划的 6 个步骤

①定义权重框架。

定义权重框架的目的是建立一套相对公平的项目评价标准，以对不同的项目进行分类。其中包括以下 3 个子步骤。

● 确定一种模型，对不同的项目进行分类。因为每个项目的性质不一样，所以需要对不同的要素使用不同的权重方案，最好能够区分项目性质的两个方面，一个是项目的市场,另一个是产品的成熟度。

- 了解一个项目的成本及其可以给公司带来的好处,形成一套评估维度和与其相关的评估要素,对不同的要素进行评估。定义评估要素时要注意,每个要素都应该是独有的。
- 根据对模型的分类,评估要素在不同分类中应该使用不同的权重。例如,对于新市场上的新产品,因为产品的首要目标可能仅仅是打入新市场,让消费者认可,而不是盈利,所以应降低财务要素的权重。图3-19为项目属性与评估要素设计样例。

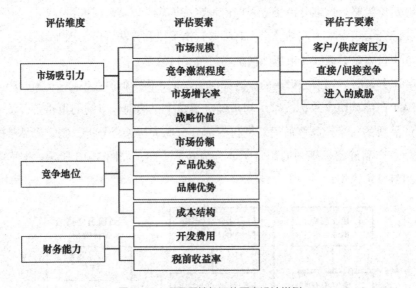

图3-19 项目属性与评估要素设计样例

确定评估维度与评估要素后,从战略定位(SPAN)和财务角度(FAN)给每个维度的评估要素分配不同的权重。图3-20为评估维度及评估要素的权重分配样例,不同的项目分组,每个维度具有不同的权重。

②确定所有潜在项目。

确定各种类型项目的权重框架后,需要对产品族上的所有项目,包括规划中的新项目、现有项目及项目的背景信息进行梳理,如图3-21所示。这些信息应包括项目的所属产品线、简要的项目描述、项目所处的开发阶段、目标GA时间、预期收益、平均税前收益率、开发费用等。

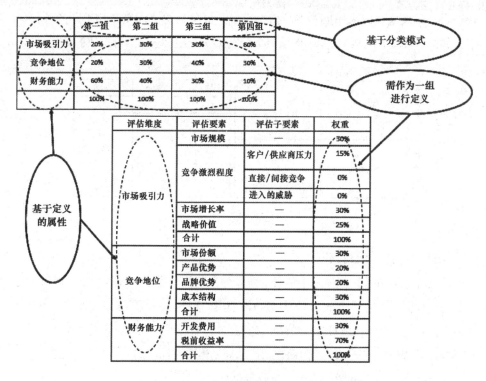

图 3-20 评估维度及评估要素的权重分配样例

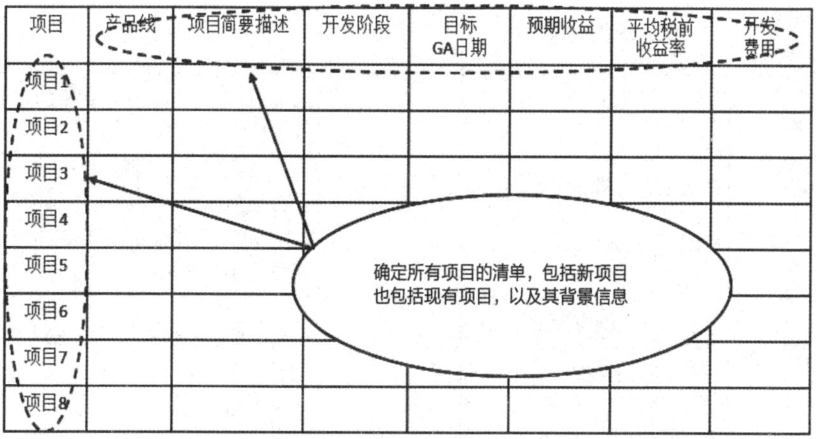

图 3-21 项目清单及背景信息样例

③将项目分成不同的组。

根据安索夫矩阵,将所有现有或潜在的项目进行分组,确定哪些项目属于市场渗透项目,哪些属于市场拓展项目,哪些属于产品拓展项目,哪些属于组合策略项目。每组项目内采用同样的评价标准,不同项目组之间则采用不同的评价标准。如图 3-22 所示,P1、P2 及 P5 项目都分在第 1 小组,它们具有一致的评价标准。

	现有产品	新产品
现有市场	第1组 市场渗透	第2组 产品拓展
新市场	第3组 市场拓展	第4组 组合策略

小组	项目编码	项目
1	P1	项目1
1	P2	项目2
3	P3	项目3
2	P4	项目4
1	P5	项目5
4	P6	项目6

图 3-22 项目分组

④根据权重给项目打分。

采用专家打分法,根据每个项目的背景信息,结合项目的权重框架,对每个项目的每个评估要素进行打分。这种打分可以使用"高—中—低"来定性评估,当然也可以采用定量评估。经过打分,最终形成产品族所有项目,包括现有项目和潜在项目的排序。这种打分方法也就是前面介绍产品规划概念时提到的"产品排序"法。

表 3-6 所示为市场吸引力的评分标准样例。

表 3-6 市场吸引力评分标准样例

市场吸引力评估要素	要素描述	分值	评分标准
市场规模	市场的相对规模	高、中、低	高:相对于其他细分市场的市场规模占比大于70% 中:相对于其他细分市场的市场规模占比为30%~70% 低:相对于其他细分市场的市场规模占比小于30%
竞争的剧烈程度	来自客户/供应商的压力 直接/间接竞争 进入威胁	高、中、低	3个子要素一起考虑,根据对市场情况的了解,给出一个高、中、低的定性评估
市场增长率	市场的相对增长率	高、中、低	高:大于80% 中:20% ~ 80% 低:小于20%
战略价值	公司进入该细分市场的战略价值	高、中、低	根据产品的定位给出一个高、中、低的定性评估

表 3-7 所示为竞争地位的评分标准样例。

表 3-7 竞争地位评分标准样例

竞争地位评估要素	要素描述	分值	评分标准
市场份额	公司（产品）的市场份额	高、中、低	高：大于 50% 中：20% ~ 50% 低：小于 20%
产品优势	与竞争对手的产品相比的优势	高、中、低	根据与竞争对手产品相比较，给出一个高、中、低的定性评估
品牌优势	与竞争对手相比的品牌优势	高、中、低	根据与竞争对手品牌相比较，给出一个高、中、低的定性评估
成本结构	公司产品的成本结构	高、中、低	根据与竞争对手成本结构相比较，给出一个高、中、低的定性评估

⑤明确项目之间的依赖关系。

产品线项目之间的依赖关系将影响产品族的组合路标。分数高的项目不一定就是优先级最高的，该项目可能对某个低分项目具有很大的依赖性，因此并不一定优先开发。

确定项目之间的依赖关系通常需要绘制一个项目依赖关系图。如图 3-23 所示，项目 10、项目 15、项目 17 无论分值多少，都是要作为关键项目对待的，因为很多项目对它们具有很高的依赖性。

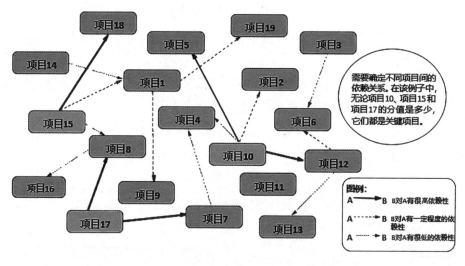

图 3-23　项目依赖关系

⑥对一个路标内的项目进行排序。

经过打分排序和依赖性分析后,还需要综合考虑产品族的资源和盈利能力,才能输出产品族的项目清单。B-H-W-S方法是一种可供选择的组合决策工具。使用B-H-W-S方法时,需给所有的项目标上标签,标签可分为以下4类。

- 买入(Buy)。投资该项目,确定其为重点项目。
- 持有(Hold)。继续投资该项目并监控进展情况。当资源开始紧张时,应首先从组合中剔除该项目。
- 观望(Watch)。留待下一时期再评估,到时再决定是接纳还是拒绝该项目。若拒绝了,当资源充裕时,可将该项目加回项目组合中。
- 卖出(Sell)。拒绝将该项目纳入项目组合中。

进行排序决策前,可根据可获得的资源建立投资"红线"。这个红线可能包括时间、开发预算、人力资源等。在红线之上的新项目和现有项目应包含在路标中,红线以下的现有项目,确定是否要将它们保留在项目组合中。如果决定要保留,需要重新调整红线,如将时间延后、预算增加。

5. 融合和优化业务计划

通过以上步骤,就列出了每个产品族的项目清单。产品线的项目清单则是通过整合各个产品族的项目清单形成的。一旦确定了各个产品族的项目,所有跨产品族的项目就需要从产品级角度来调整,这个过程如图3-24所示。整个产品线层面的项目优先级排序,不仅与项目在产品族中的项目优先级顺序有关,还和各个产品族在产品线中的定位有关,定位不同其权重也不同。例如,布局产品族的项目,其权重通常会略低于聚焦或突破产品族的项目,因为产品线需要按721原则去配置资源。

最终的产品线项目清单需要经过"管道管理"进行协调,根据资源情况安排各个项目的启动和结束时间,形成产品线项目的路标。

在产品路标规划中经常会遇到"版本"这一概念,版本是具有特定特性和功能的产品。面向具体的某一类细分客户群,产品的版本规划就是按时间的先后顺序,向不同的目标客户群交付具有不同特性和功能的产品,如华为终端针对欧洲消费者和中国消费者发布不同硬件配置和软件配置的P30手机,就是P30手机的不同版本。产品路标规划需要考虑的因素有以下几个。

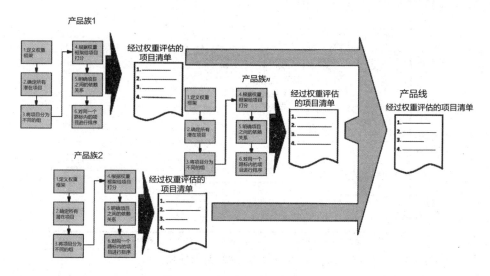

图 3-24 产品线级项目清单的整合

（1）产品的延续性。产品的下一个版本应建立在当前版本的基础上，在技术、价格等方面存在相似性。很多公司没有考虑产品的延续性，一开始就想搞个颠覆式的创新型产品，这种想法是不切实际的。

（2）产品的营销策略要考虑如何提升老客户的忠诚度。由于路标产品具有延续性，客户需求不会有非常大的变化，因此新版本的产品在吸引新客户的同时，要考虑如何提升老客户的忠诚度，让老客户购买新产品。

（3）统筹考虑整个产品线的最佳组合方式，尽可能和本产品线的其他产品形成互补关系，而不能形成竞争关系，除非是进行新老产品的切换。

（4）当客户需求发生较大变化时，就需要推出新的产品。这种新产品可能涉及特性和功能上的较大变化，从而带来产品架构上的大调整，企业甚至会开发新的平台，而不是基于原平台进行简单升级。

图 3-25 是 IBM 笔记本产品线的产品路标规划示意图。该产品线分为高档、中档、低档 3 个不同的产品族，每个产品族推出了不同的产品版本。从 2002 年到 2010 年，高档产品族推出了 11 个版本，中档产品族推出了 5 个版本，低档产品族推出了 6 个版本。不同的产品族分别以 7、5、3 打头的型号来代表其所采用的平台版本。

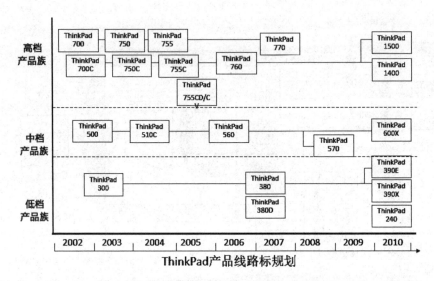

图 3-25　IBM 笔记本产品线的产品路标规划

6. 管理和评估业务计划

制定项目任务书，并监控每个产品包业务计划和产品线业务规划的执行情况，特别是重点项目的立项管理，产品开发过程中的 DCP 决策评审，执行中的产品业务计划的定期审视和调整，以及在产品生命周期中的产品的市场表现和财务状况评价。关于产品立项管理、产品开发管理以及生命周期管理，本书将在后续章节中分别进行专题介绍。

本节重点以产品线的业务规划为例介绍了 MM 方法论在业务规划中的应用，给出了规划流程、方法和步骤。在实际的规划工作中，除了掌握流程、工具和方法外，可靠的数据和信息是规划工作的基础，否则就是对一些虚假数据的"加减乘除"，因此规划工作要有可靠的数据来源。而这些数据和信息的积累，以及对数据信息的准确判断，是体现一个规划团队成熟度的重要标志。

在 IPD 产品管理实践中，掌握方法论是做好规划的必要条件，而非充分条件。特别是在未来较长时期的规划工作中，规划周期越长，不确定性就越大。但随着规划团队对方法论的掌握以及对行业和市场的洞察能力的提升，规划的准确性将大大提高。所以，企业应从"老板拍脑袋规划""集体拍脑袋规划"发展到"规划团队按流程规划"。

本章小结

- MM方法论是MM流程和MM规划体系的基础，它以市场为中心，对广泛的业务机会进行选择，瞄准最优业务成果，进行战略制定和规划。这种方法论被广泛应用于公司及业务单元的战略规划、市场规划、产品规划、技术规划、部门规划和产品立项等活动中。

- 公司级业务规划通常分为中长期规划（SP）和年度规划（BP），公司层面的SP和BP需要分解到各个业务单元、各个职能部门，才能最终得以执行和实现。通过体系化运作才能保障整个公司战略与规划的落地。也就是说，公司级业务规划既要有方法论，还要有体系，要通过业务规划实现全公司一体化。

- 产品线的业务规划是在确定了愿景、使命和战略目标的基础上，对市场环境和客户需求进行分析，结合竞争情况和产品线自身实际情况，通过执行严格且规范的MM规划流程，形成产品线在未来3~5年的产品路标规划、营销计划、服务规划，以及相应的预算和资源配置规划。产品线业务规划流程分为理解市场、市场细分、组合分析、制订业务计划、融合和优化业务计划，以及管理和评估业务计划六大步骤。

第 4 章

产品开发管理

我们从 1998 年开始到现在不断在优化 IPD 研发流程，不断在优化组织，不断在提升研发能力，从来没有停止过。从创意走向产品，对整个管理体系、流程、工具、能力的提升，华为从来没有停止过。不管有多少人，我们的管理也不会有问题。能够有序地运作，确保把产品做出来，而且做出来的产品是稳定的、达到质量要求的，这就是我们这么多年优化管理体系和研发流程的结果。

——华为轮值 CEO 徐直军

引言

产品开发管理是产品管理的重要组成部分，高效的产品开发管理体系和机制是产品战略与产品规划落地的重要保障。很多企业的老板经常抱怨新产品开发周期太长、研发效率低、产品成本过高没有竞争力、上市后产品质量不稳定、缺乏明星产品等。深入分析其原因，就是缺乏正确的产品开发理念，以及没有建立一个良好的产品开发管理体系，主要表现为以下几个方面。

缺乏完整的产品包概念

站在客户角度来看，完整的产品包括核心产品、形式产品、附加产品和心理产品。企业交付给客户的不仅仅是具有一定功能和性能的产品实体，还应包括产品的其他属性，如产品的品牌、易用性、配套服务、使用安全性、质量与可靠性等。这就是IPD产品管理体系中的重要概念——产品包。如果产品开发只考虑功能、性能，而没有考虑其他非功能性需求，那么客户肯定不会埋单。这就是为什么功能完全一样的产品，质量好、售后好、品牌响的产品更受消费者欢迎的原因。

没有将产品开发当作投资行为

很多传统企业并没有把产品开发当作投资行为来看待，认为将产品做出来就算产品开发成功了，并不关注产品销量和盈利情况如何，也没有将产品成功与市场成功相关联，对产品开发过程中的投资情况缺乏有效的监管，立项和开发很随意。正因为企业对产品开发的投入与产出缺乏应有的关注，才导致很多项目不能产生销量和盈利。

某企业表面上非常重视新产品开发，每年为此投入大量研发经费，然而对产品开发项目缺乏有效的管控，"立项"和"结项"评审过程流于形式，开发过程缺乏管理，领导重视的项目开发进展好一些，领导关注度不高的项目开发进度则一拖再拖，导致结项遥遥无期。所谓"结项"主要是指完成企业内部的实验室验证，验证报告通过公司内部评审。但这些"结项"的项目在批量生产和市场推广时问题频出，不是不能批量生产，就是上市后不能满足客户需求。企业真正的明星产品少之又少，新产品贡献率连续两年不足5%。

没有将产品开发项目化运作

产品开发工作具备典型的项目特征，具有唯一性和临时性，应作为项目进行管理。但并不是所有企业都认识到了这一点，很多企业仍然用运营的思路来管理产品开发项目，公司总经理或高层亲自协调各部门工作，而不是授权给产品经理或项目经理进行项目化运作。因为没有把产品开发作为项目进行管理，产品开发过程中涉及的职能部门成员并没有形成真正的项目团队。他们虽然名义上是项目组成员，但实际上是"眼睛盯着领导，屁股对着项目"，团队缺乏凝聚力，产品开发困难重重。

某企业在产品开发过程中缺乏项目管理的意识，也没有合格的项目经理，通常是任命一些技术能力较好的研发人员作为项目组组长。这些项目组组长通常没有经过专业的项目管理基本技能训练，只是一边做具体的开发工作，一边协调项目组工作。他们进行部门内部协调还相对容易，但对于跨部门的协调工作则大多是通过高层领导去推动，也就是请自己部门的老大去协调其他部门的老大，通过其他部门的老大来驱动项目组的成员开展工作。

缺乏结构化的产品开发流程

所谓结构化的产品开发流程是指将产品开发看作一项系统工程，与产品开发相关的各项工作按一定的组织原则形成一个系统架构。在这个系统架构中，每项工作都有其目标，所有参与人都清楚他们所参与的是什么工作，用什么工具与方法去完成，要输出的结果是什么，客户是谁。结构化的产品开发流程只有明确地将这个系统表达出来才能指导产品开发工作。

在某些公司中，产品开发流程是非结构化的，没有一致的术语，大部分工作未能清晰地被定义，每个项目小组单独定义自己的工作，没有一个共用的架构。每次产品开发采用不同的方式就会导致两种情况，第一种是产品开发没有积累的经验可参考，当项目较大时，开发周期不可控；第二种是项目成功的经验和优秀的实践无法标准化并被推广到其他项目中，工作过程难以评估并加以改进。产品开发流程没有结构化，导致项目组每个成员都在忙碌，但不清楚所负责的工作怎样与项目整体相关联；并导致欠缺有效的产品开发过程文档，高层管理者大部分时间都花在帮助项目团队"救火"上，没时间做该做的管理工作。

还有一种情况是产品开发流程过度结构化，企业定义了产品开发流程中的每个环节、每项活动的流程、方法和模板表单，并要求员工严格遵照执行，导致每个人都花费大量的时间在填写模板表单上，而没有时间从事创造性的工作。过于烦冗的过程文件使管理和审批变得非常烦琐，产品开发速度变慢，影响了正常的产品开发效率和进程。

某家电设备制造企业借鉴了"标杆"企业的做法，制定了完整的产品开发流程体系，包括10个技术评审点的产品开发主流程和支撑主流程的30多个子流程，以及大量的模板、表单和管理制度。而这些流程、制度、模板主要是由企业的流程管理部门单独完成的，各职能部门很少参与。在执行过程中，开发人员怨声载道，认为大部分时间都花在填写模板表单上了，而这完全是为了应付质量部门的流程审查。这种做法不但抑制了开发人员的创造性，还让他们的工作效率和工作情绪受到了极大的影响。最后因为流程过度结构化且不太符合企业的业务实际，没有得到业务人员的支持，这些流程文件和制度不久就形同虚设了。

IPD产品开发流程体系通过定义适当程度的开发过程系统架构，实现了规范性和灵活性的平衡。产品开发过程以领域、过程和层次来定义流程构架，从阶段到活动，再到子活动，在原则和创新之间达成了一种平衡。它允许项目组把精力聚焦到开发产品这个实际工作上，并不需要每次开发都重新定义开发过程，从而让项目组能将更多的时间花在创造性的增值工作上。

没有将产品开发当作全公司的事

产品作为商品，在满足内外部客户需求的同时，还必须满足企业的盈利需求或战略需求，这就要求产品开发必须是跨部门的共同行为，光靠研发部门或某个部门是搞不定的。遗憾的是，很多企业的高层管理者还认为产品开发的成败是研发部门的事，这常常导致研发部门的老大承受着极大的压力。其他部门则"各家自扫门前雪"，产品开发不出来、上市不成功，就把责任全部甩给研发部门。各部门之间相互抱怨：生产部门抱怨研发部门设计的产品生产不出来，产品直通率上不去；销售部门抱怨新产品不能满足客户需求，卖不出去，影响销售业绩；研发部门则抱怨销售部门只喜欢卖老产品，新产品推销不"给力"。这样相互抱怨的结果就是没有人真正对产品的市场成功负责。

没有清晰定义高层管理者在产品开发中的角色

研发是一种投资行为,对产品开发的投入是要考虑投资收益的。高层管理者作为投资方或投资方的代理人当然要关注产品开发的投资收益,因此必须通过合理的方式介入产品开发过程。但问题来了,高层管理者在产品开发过程中该如何介入?什么时间介入?介入之后做什么?又应该承担什么样的角色?很多企业的高层管理者并没有想清楚这些问题,主要有两种表现,一种是高层管理者对产品开发介入太多,什么都管,包括技术方案、物料选型、生产线设置等都要去管,最后高层领导承担了开发团队的责任,产品开发团队成了领导们的执行者;另一种是高层管理者介入太少,产品开发过程中根本不过问产品做得怎么样了,到哪个阶段了,产品开发项目的投资收益如何,只关心新产品有没有出来,美其名曰:"我只关注结果。"这些问题的根源在于管理者不清楚产品开发流程中的关键活动和他们所扮演的角色及要承担的职责。只有清楚地定义高层管理者在产品开发过程中的角色,以及其参与产品开发活动的方式,才能正确地界定管理者和开发团队的职责,而不至于出现角色错位的情况。

没有厘清项目经理和职能部门经理的关系

在产品开发过程中,项目经理主要对产品的成功上市负责;职能部门经理的主要职责是培养员工的能力和协调资源,派出本部门的代表参与到产品开发项目中,让其在项目经理的带领下,成功地开发出产品。也就是说,职能部门经理主要对人和其专业能力负责,项目经理主要对事负责。只有厘清了项目经理和职能部门经理之间的权责关系,项目开展才会顺利。很多企业没有厘清这两者之间的关系,项目经理组织和协调项目资源非常困难,职能部门经理对项目干预过多,不肯放权,导致项目的决策效率低下。很多企业实行"矩阵制"管理失败,主要原因就是没有处理好业务线和资源线的关系。

没有将技术开发和产品开发相分离

产品开发是面向市场的投资行为,具有明确的目标,以及周期、质量与成本要求。很多企业在产品立项时,没有对产品开发项目的技术可行性进行分析,以识别其中的技术难点和风险,导致在产品开发过程中需要花费大量精力去攻克以前从来没有遇到的技术难题,使得项目开发进度一再拖延。如果他们在产品规划和立项时提前进行关键技术的分析,对关键路径上的技术难点单独立项,先消除技术风险再进行产品立项,那么项目的技术可行性就会大大提高。很多研发管理能力比较成熟的企业,会在研发体系中成立专门的预研团队和技术开发团队,提前进行技术规划和技术开发,目的就是解决未来产品开发中可能遇到的技术难题,实现产品开发计划的可控性,减少因技术问题未提前解决而造成的项目延期。

在华为公司的研发体系中,有专职部门进行技术预研和技术开发工作,将开发的成果作为"货架技术"用于未来的产品开发。例如,前面提到的分布式基站产品,为了提高其PA(功率放大器)效率,降低功耗,华为俄罗斯研究所对其中的CFR压缩算法提前进行攻关,保证了其按计划推出,并达到了具有挑战性的功耗指标要求。

企业缺乏一致的产品开发流程体系

缺乏一致的产品开发流程体系,会使整个公司对产品开发流程、阶段划分、里程碑节点、工程或过程活动的认识不一致,沟通起来效率会非常低下。为了提高沟通效率,便于管理层对研发项目的管理,采用一致的产品开发流程体系非常重要。

某企业由于规模快速扩大,招聘了很多来自不同公司的高层、中层和骨干员工,他们各自按照原企业的产品研发流程体系去工作,合作起来自然比较麻烦。有的产品线借鉴日资企业的产品开发流程和经验,而有的产品线采用欧美企业的流程和经验,没有形成一致的、符合企业特点的产品研发流程。总经理在研发项目的管理上非常头疼,迫切要求咨询公司帮忙梳理产品开发业务流程,统一大家的产品开发流程体系。经过咨询公司导入IPD产品开发体系,形成了符合该企业特点的研发流程体系后,各产品线形成了一致的开发流程框架,大大提升了沟通效率。

对于企业在产品开发管理中的这些问题,IPD产品开发流程体系给出了完美的解决方案,下面我们重点介绍这种产品开发管理方式。

IPD产品开发流程体系

IPD产品开发流程体系源于美国PRTM公司的"产品生命周期优化法",该体系集成了多个迄今为止最好的产品开发实践方法。也就是说,其源于实践活动,又反过来指导实践。据PRTM公司统计,通过成功实施IPD,产品投入市场的时间缩短了40%～60%，产品开发浪费减少了50%～80%，产品开发生产力提高了25%～30%，新产品收益占全部收益的百分比增加了100%。后来IBM采用该方法，从流程重整和产品重整两个方面缩短产品上市时间并提高产品利润，最终完成了由技术驱动向市场驱动的商业模式转型。

从1998年开始，华为和IBM合作，引入IPD咨询项目，经过20年的持续推行和优化，华为的产品研发管理取得了巨大的成功。正如华为前常务副总裁费敏所言："IPD的流程体系和管理体系，使得公司在产品开发周期、产品质量、成本、响应客户需求、产品综合竞争力上都取得了根本性的改善，从依赖个人英雄转变为依靠管理制度来推出有竞争力的高质量产品，有力地支撑了华为的快速发展和国际化扩张。"

IPD首先是一个商业流程，关注的是商业结果。它将产品开发作为一项投资进行管理，广泛采用跨部门团队，汇聚各个功能代表及其专业领域的智慧和资源，使其形成合力，共同担负对产品成功的责任。它的整个流程是结构化的流程，作为投资方的IPMT和作为承诺方的PDT通过DCP节点进行互动，实现资源的分批投入，既达到了项目的进度要求，又避免了投资风险。

IPD产品开发流程的逻辑结构

典型的IPD产品开发流程分为6个阶段，分别是概念阶段、计划阶段、开发阶段、验证阶段、发布阶段和生命周期管理阶段。图4-1是产品开发流程的逻辑模型，从逻辑图看，IPD流程包括了"业务计划线"和"产品包实现线"两条主线，这两条主线也正是"产品开发是一种投资行为"和"基于需求的开发"两大IPD核心理念的体现。

在"业务计划线"中，开发的对象是产品包业务计划；在"产品包实现线"中，开发的对象是产品包。随着产品开发过程的推进，产品包业务计划和产品包都逐步成熟。在IPD流程中，设置了若干商业决策评审点（DCP）和技术评审点（TR），分别检查产品包业务计划的成熟度和产品包的成熟度。在进行决策评审时，由企业高层决策团队（IPMT）来对产品包业务计划进行评审，并给出决策结论，决定是否继续投资，以此来控制产品开发的投资风险。在TR评审时，由各领域专家对产品包的成熟度及风险进行评审，评审不通过的产品包会被打回去重做，以此来控制产品包的实现风险，确保开发的产品满足最终客户的需求。

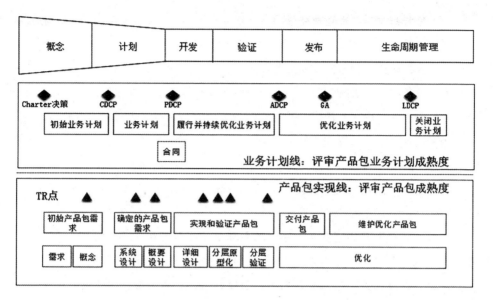

图 4-1 IPD 产品开发流程的逻辑模型

IPD 产品开发流程各阶段的目标、输入/输出和实践要点

IPD 产品开发流程是结构化的产品开发流程，每个阶段有明确的输入/输出和关键活动。只有明确了这些，才能以阶段目标为导向做好每个阶段的质量控制。

下面以华为公司的 IPD 产品开发流程为例，介绍产品开发流程中各个阶段的目标、输入/输出及关键活动。每个企业应结合行业、企业和产品特点，形成符合自身实际的产品开发流程。

1. 概念阶段

目标：该阶段的主要目标是回答"做什么"的问题。为此需要分析市场机会和客户需求，定义产品包需求，并形成满足产品包需求的概念方案。

输入：初始产品包业务计划、项目任务书、客户需求清单、产品线路标。

输出：优化的产品包业务计划、端到端项目计划概要、产品包需求、设计需求、产品概念以及概念决策评审材料和决议。

实践要点

（1）对初始产品包需求进行完善和确认，包括增加内部需求等。

（2）针对产品包需求形成多种备选概念，并形成最优的产品包概念。

（3）对产品架构及 CBB 重用进行分析。

（4）进行知识和智力资产分析。

（5）进行 TR1 评审。

（6）细化和优化初始产品包业务计划。

（7）遵循"渐进明晰"的原则，制订整个项目的项目计划概要。

（8）整合各领域业务计划，形成 CDCP 决策评审材料，并进行内部评审。

（9）进行 CDCP 决策评审汇报。

2. 计划阶段

目标：该阶段的主要目标是回答"怎么做"的问题。为此需要制定产品总体方案和详细的项目开展计划，形成最终的产品包业务计划，并签署合同。

输入：优化的产品包业务计划、端到端项目计划概要、产品包需求、设计需求和产品概念方案，以及经过 IPMT 批准的概念决策评审材料和决议。

输出：最终的产品包业务计划书、项目合同、产品规格、端到端详细项目计划、生命周期计划和早期客户清单。

实践要点

（1）制定产品总体方案，并形成产品规格。

（2）进行需求分解分配，并形成各个子系统的方案概要。

（3）进行 TR2、TR3 技术评审。

（4）进一步优化产品包业务计划书，并形成最终的产品包业务计划。

（5）IPMT 和 PDT 签署项目合同，IPMT 应承诺提供后续的投资和开发资源，PDT 应承诺按照最终的产品包业务计划和详细的项目计划开展后续活动，合同内容应包括项目进度、质量、成本以及业务结果等。

（6）制定早期客户清单，清单应包括早期的目标客户清单以及产品验证阶段进行 β 测试的客户清单。

（7）制订更加详细的项目计划，项目计划应精确到开发、验证、发布等阶段中各个领域主要活动的起始时间、结束时间、责任人、所需要的资源、面临的风险及规避措施等，以保障后续的开发活动不会有大的风险。这也体现了 IPD 倡导的"想好了再做，而不是边做边看"的理念。

（8）进行 PDCP 决策评审汇报。

3. 开发阶段

目标：该阶段的主要目标是把产品做出来，为此需要进行产品包开发，研发设计并集成满足产品规格的产品，构建产品原型机或样机，市场、制造和服务等职能部门进行相关开发和准备工作。

输入：最终的产品包业务计划书、项目合同、产品规格、端到端的详细项目计划、早期客户清单。

输出：可以用于β验证的产品包（包括产品实体、服务和制造等领域的开发交付件）、β测试的客户名单、内部测试验证报告、销售道具包、详细的产品发布计划。

实践要点

（1）按项目计划开展项目管理。

（2）监控目标成本和项目预算。

（3）监控项目开发过程。

（4）产品的详细设计、开发和单元测试、产品功能测试及性能测试。

（5）制造和测试等环节的工装夹具开发。

（6）物料采购、新物料认证和供应商认证。

（7）样机试制。

（8）进行产品级 TR4、TR4A、TR5 技术评审。

4. 验证阶段

目标：该阶段的主要目标是回答"做得对不对"的问题。为此需要验证产品的功能、性能、批量一致性，以及客户环境下的需求满足度等，并验证生产供应系统的准备情况。

输入：样品、详细的产品发布计划、β测试地点和客户名单、产品的相关资料和销售道具。

输出：可以量产的产品、制造能力和量产计划、最终的产品发布计划、更新后的产品生命周期计划、ADCP 决策评审材料和决议。

实践要点

（1）小批量生产和验证。

（2）对生产工艺、生产工装夹具、批量生产能力的验证，保障批量供应能力。

（3）完成对新物料、新供应商的认证工作。

（4）完成β客户的测试验证，并将发现的问题进行闭环处理。

（5）进行 TR6 技术评审。

（6）完成发布前的准备工作。

（7）编制 ADCP 汇报材料，进行 ADCP 决策评审。

5. 发布阶段

目标：该阶段的主要目标是将经过验证的产品发布出去。为此要让产品发布活动高质高效，这样有助于产品发布后的销售和推广。同时要确保订单履行、服务及销售渠道畅通，确保上市后客户能毫无障碍地买到、用到、被服务到。

输入：最终准备上市的产品包、制造能力及量产计划、最终的产品发布计划。

输出：产品批量生产准备就绪，产品上市。

实践要点

（1）批量生产，以满足上市订单需求。
（2）召开新品发布会。
（3）开展营销计划中的各种营销活动。
（4）销售人员启动新品销售。
（5）解决产品上市初期出现的各种技术问题，直到产品的市场表现稳定下来。
（6）开展初期服务支持活动。

6. 产品的生命周期

目标：按生命周期计划进行管理，在产品生命周期中获得最大的收益。

输入：产品上市计划、产品生命周期计划。

输出：更新后的产品生命周期终止计划、更新后的产品目录、更新后的产品基础架构、总结的经验教训、更新后的项目文件、产品的生产经营和财务指标、市场需求和竞争情况。

实践要点

（1）按订单履行生产交付活动。
（2）进行产品包需求的优化，适时启动新版本的开发。
（3）按服务计划开展服务活动。
（4）定期监测产品的生产经营和财务指标、市场需求和竞争情况，以在恰当的时候优化市场策略或改进产品。
（5）适时进行 LDCP 决策，给出何时停止销售、停止生产、停止服务的计划。
（6）关注新老产品切换管理，包括明确产品范围和切换范围、做好市场销售的控制、新老物料的齐套性和库存管理，避免出现青黄不接的情况。

结构化的 IPD 产品开发流程文件体系介绍

结构化的 IPD 产品开发流程文件体系通常分为 4 层：IPD 流程概览卡、阶段流程图、支撑流程/制度、文档模版，如图4-2所示。

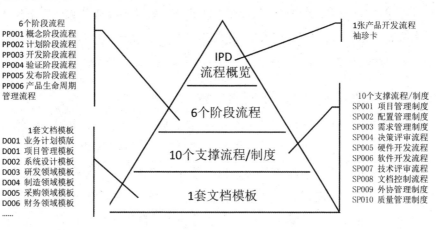

图4-2 IPD产品开发流程体系结构样例

1. IPD流程概览卡

IPD流程概览卡可以快速浏览产品开发全流程，主要包括流程的阶段划分、流程中的关键活动，以及这些活动都由什么角色来完成，活动什么时候开始、什么时候结束，各领域之间的活动如何配合等信息。因为可以做成卡片大小放在口袋里随时拿出来浏览，所以也称为产品开发流程袖珍卡。

2. 阶段流程图

袖珍卡在指导产品开发方面还不够具体，可操作性也不强，所以针对袖珍卡的每个阶段进行细化和展开，就形成了阶段流程图，用于指导产品开发团队对项目进行管理。阶段流程图展示了产品开发项目中的所有任务，并描述了任务间的依赖关系，建立了流程和子流程、模板等之间的关系，包括各个活动的输入与输出，是对袖珍卡中各个活动的进一步展开。阶段流程图能够帮助产品开发团队进行项目任务的分解分配和项目计划的制订。

3. 支撑流程和制度

IPD产品开发流程体系包括相应的支撑流程或子流程、制度，用来支撑IPD主流程高效运作。这些流程、制度是各个职能部门开展具体工作的指导文件，如硬件开发流程、软件开发流程、项目管理制度、技术评审流程、决策评审流程、项目管理制度、质量管理制度、配置管理制度等。

4. 文档模板

支撑主流程的各种文档模板、表单等都属于 IPD 流程文件体系的重要组成部分，是开发人员可执行、可操作的"物理层"工具，常常是前人在执行流程过程中的经验总结和优秀实践的固化。

结构化的 IPD 产品开发流程文件体系案例

华为 IPD 产品开发流程文件体系可以用上页图 4-2 所示的金字塔结构来表示。从图 4-2 中可以看出，整个 IPD 的流程框架分成四个层次：最上层是 IPD 流程概览卡；第二层是阶段流程图，包括概念阶段流程、计划阶段流程、开发阶段流程、验证阶段流程、发布阶段流程、产品生命周期管理流程；第三层是指导各个职能部门开展具体工作的流程文件和相关制度；第四层是支撑流程的文档模板。

图 4-3 为产品开发流程袖珍卡示意图（完整且通用的产品开发流程袖珍卡样例详见《华为能，你也能：IPD 重构产品研发》第 91 页，这里仅说明其构成要素）。袖珍卡的横轴为产品开发流程的阶段划分，纵轴为参与产品开发的各主要角色。从袖珍卡中可以看到每个角色在产品开发流程中的关键任务，以及该任务大致什么时候开始、什么时候结束，以及各项任务之间的相对关系，为不同领域之间的跨部门合作提供了初步的流程指导。另外，袖珍卡也明确了产品开发过程中两种评审点（技术评审点和决策评审点）的数量和位置。

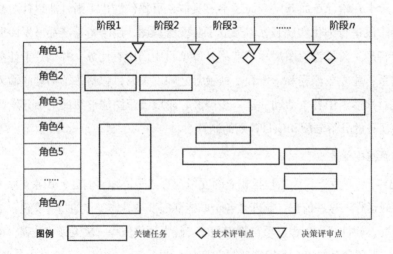

图 4-3　IPD 产品开发流程袖珍卡样例

图 4-4 是产品开发流程阶段详细流程示意图。阶段详细流程图是对产品开发流程袖珍卡的"放大",它将袖珍卡中的任务划分为更加具体的活动,并明确各个活动之间的输入输出关系、活动责任主体,并将关键交付件放置于关键活动的右下角,表明流程要求在此处输出交付件。在详细流程中,对每个活动都标了一个活动序号,这个序号通常由三部分组成,即角色—阶段—活动序号。这样就可对每个活动进行精确定位,该活动由谁主导、什么阶段做、活动的先后顺序是什么,如图 4-5 所示。

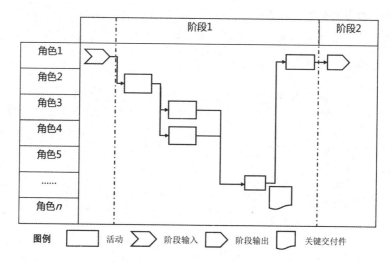

图 4-4　IPD 产品开发阶段流程图样例

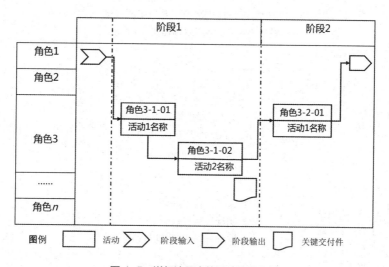

图 4-5　详细流程中的活动编号示例

阶段详细流程图解决了很多企业抱怨的"职责不清晰、任务不明确、配合不主动"等问题。值得注意的是，流程文件只解决了"做什么"的问题，没有解决"怎么做"的问题。"怎么做"的问题需要通过流程中的每个活动的描述文件和操作指导书或规范来解决。这些描述文件和操作指导书或规范通常作为该流程的配套文件，需要在IPD流程的深入实践中不断完善。

图4-6是某公司IPD产品开发流程关键活动的描述样例，这个活动描述表信息量非常大，包括活动的执行角色、活动编号和名称、输入交付件、活动描述或关键步骤、输出交付件及其是否为模板、关键干系人等，都写得一清二楚。

这样就将产品开发中的各个领域或部门的职责和所要完成的任务，以及产出物都描述清楚了，这样的流程才具有指导价值。

表4-1　IPD产品开发流程中的关键活动描述样例

角色	活动编号	活动名称	输入交付件	活动描述	输出交付件	是否为模板	关键干系人
IPMT	IPMT-1-10	下达项目任务书	《初步业务计划书》	立项决策评审通过后，由IPMT下达项目任务书	《项目任务书》	Y	LPDT、IPMT
IPMT	IPMT-1-20	CDCP评审	《初始产品包业务计划书》《CDCP汇报材料》	1. 按DCP操作指导书召开DCP决策评审会议；2. 由IPMT对初始业务计划书进行评审决策，并给出明确的结论（Go/No Go/Redirect）	《CDCP评审报告》	Y	LPDT、IPMT、职能领域主管
LPDT	IPDT-1-10	组建项目组	《项目任务书》	依据项目任务书，组织关联领域或相关部门负责人并告知任务书相关内容，同时要求领域/部门提供项目组成员名单，经LPDT核准后编制项目组成员任命书，并报IPMT批准后实施	《项目计划》（包含项目成员名单）	—	PDT
LPDT	IPDT-1-20	项目启动		1. 筹备项目启动会；2. 明确项目目标；3. 明确项目组成员职责分工	NA	—	PDT

续表

角色	活动编号	活动名称	输入交付件	活动描述	输出交付件	是否为模板	关键干系人
LPDT	IPDT-1-30	制订项目框架计划及概念阶段详细计划	《项目任务书》	1. 各领域代表依据项目任务书内容和现有资源进行可实施性分析，确定需要投入的资源，并确定时间节点； 2. LPDT组织各个领域核心代表进行讨论，输出本项目的里程碑节点及概念阶段的详细计划，并达成一致	《项目计划》	Y	PDT
	IPDT-1-40	参与TR1评审	《TR1汇报材料》	参与评审，并给出评审的结论（通过/带风险通过/有条件通过）	NA	—	PDT

需要指出的是，这里的领域是按照产品开发中的功能域进行划分的，和企业中的部门没有直接对应关系。也就是说，不管有没有这个部门，都需要完成这个领域的工作。以初创阶段的企业为例，该阶段企业人员少，部门还没有划分，通常公司总经理承担了很多领域的角色，如采购、财务、销售、市场。当企业壮大以后，随着专业部门的出现，这些领域的工作才逐步被分配到相应的职能部门，这时总经理将相关职能进行授权，这些角色就由各职能部门去承担了。这种领域与部门之间的关系，可以通过项目任命书进行明确，即明确开发项目中的哪个角色由哪个职能部门的哪个岗位的哪个人来承担。

IPD产品开发流程的子流程建设

IPD产品开发流程是一个产品级、系统级的产品开发主干流程，它需要项目级、功能级的过程管理流程来支撑，如项目管理流程、营销管理流程、质量管理流程、研发流程、采购开发流程、制造开发流程、服务开发流程、财务管理流程等，如图4-6所示。这些功能级流程有时也称为IPD的使能流程或子流程，每个子流程都可以由更细化的专业级流程提供支撑。

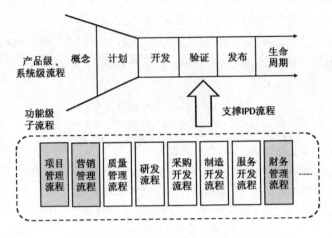

图 4-6 IPD 主流程的功能级子流程

本节重点对基于 IPD 产品开发流程的质量管理流程、研发流程、采购开发流程、制造开发流程和服务开发流程做简要介绍。项目管理流程、营销管理流程和财务管理流程将分别在"产品开发项目管理""产品营销管理"和"产品开发成本、费用与财务管理"章节中进行详细介绍。

质量管理流程

基于 IPD 产品开发流程的质量管理流程模型如图 4-7 所示,对应 IPD 主干流程的各个阶段,其质量活动可概括如下。

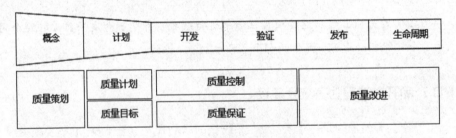

图 4-7 IPD 质量管理流程模型

1. 概念阶段

本阶段主要完成质量策划工作,即依据公司的质量要求、目标客户的要求和期望、过去的成功经验和失败教训、IPD 产品开发流程体系、企业度量体系和相关团队成员的技能现状,对质量目标及实现质量目标的过程进行策划,形成产品开发过程和结果的质量目标,并明确实现目标的关键措施和所需要的资源、环境、工具等。质量策划活动的关键结论需要并入产品包业务计划书中,作为质量域的业务计划部分。

2. 计划阶段

本阶段的关键目标是对概念阶段形成的质量目标和措施进一步细化和优化,形成可以达到的质量目标且可以落实的质量计划。质量目标和质量计划要并入最终的产品包业务计划中,作为质量域业务计划。

3. 开发和验证阶段

质量域的关键活动在于根据质量计划开展质量控制工作。质量控制主要体现在对开发过程中 DCP 决策质量的控制,TR 及 Sub-TR 评审质量的控制,以及各领域关键活动的质量控制,如设计、开发、产品集成与验证等工程活动。另外,在每个阶段,专业的质量管理人员应通过流程引导与培训、度量和审计等质量管理手段防患于未然,通过过程控制确保产品开发的结果满足质量目标的要求。最终 ADCP 给出质量计划完成情况的评估结论。

4. 发布和生命周期阶段

本阶段的主要工作是进行质量改进类的活动,如对上市后的产品质量进行跟踪,对产品质量问题进行分析,并推动闭环改进。

研发流程

研发流程的复杂度和产品的复杂度与专业划分息息相关。例如,华为公司的研发域流程划分为系统设计子流程、硬件开发子流程、软件开发子流程、结构开发子流程以及算法开发子流程、集成与验证子流程、研发维护子流程等,各个子流程之间通过 IPD 主流程相连接,实现不同专业团队之间的业务衔接。其研发管理流程模型如图 4-8 所示。

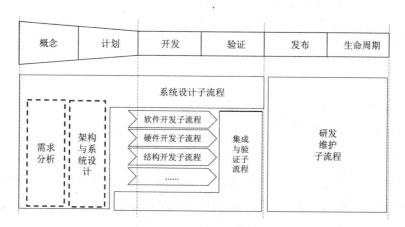

图 4-8 研发管理流程模型

1. 概念和计划阶段

本阶段主要由系统设计团队进行需求分析和产品架构设计，确定产品规格和产品总体方案，将需求分解到各个子流程，包括硬件子流程、软件子流程等。

2. 开发与验证阶段

本阶段主要由各个专业团队根据系统设计团队制定的分解方案，完成子系统的设计、开发和单元测试、模块测试、子系统测试，并进行各个模块、子系统的原型构建和功能验证、集成验证。而系统设计团队则跟踪产品需求的满足情况，组织解决产品开发和验证中出现的问题。

3. 发布和生命周期阶段

研发团队或研发专职维护团队遵循研发维护流程，对产品上市后出现的问题进行解决和持续改进。

采购开发流程

基于 IPD 产品开发流程的采购开发流程模型如图 4-9 所示，对应到 IPD 主干流程的各个阶段的活动可概括如下。

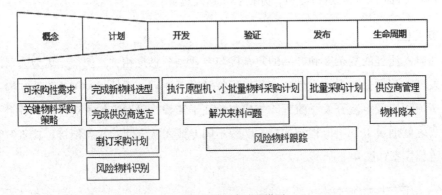

图 4-9　采购开发流程模型

1. 概念阶段

提出可采购性需求，确保将其纳入产品包需求并被准确完整地转化为设计要求，制定关键物料采购策略。

2. 计划阶段

确保可采购性需求被转化为总体设计和设计规格，完成新物料的选型和新供应商的选定，识别风险物料，并制订采购计划，重点关注原型样机、小批量或提前发货物料的采购。

3. 开发与验证阶段

执行原型机、小批量发货的物料采购计划，解决开发过程中的来料问题，进行供应商认证，跟踪所识别的物料风险，进行新物料和新供应商的认证。

4. 生命周期阶段

持续进行供应商管理，执行批量物料采购计划，制定物料降本措施，满足成本要求。

制造开发流程

基于 IPD 产品开发流程的制造开发流程模型如图 4-10 所示，对应到 IPD 主干流程的各个阶段的活动可概括如下。

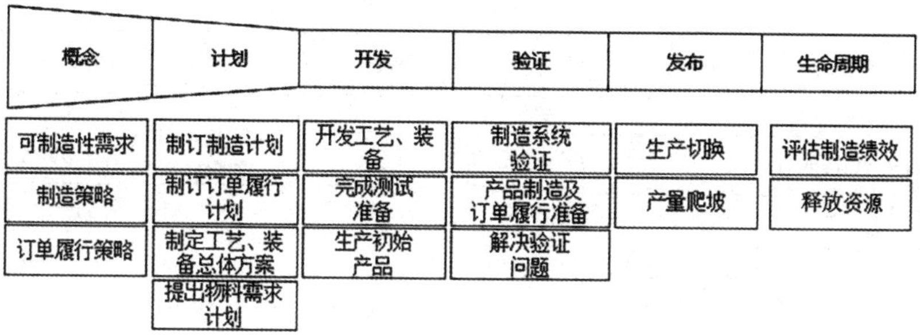

概念	计划	开发	验证	发布	生命周期
可制造性需求	制订制造计划	开发工艺、装备	制造系统验证	生产切换	评估制造绩效
制造策略	制订订单履行计划	完成测试准备	产品制造及订单履行准备	产量爬坡	释放资源
订单履行策略	制定工艺、装备总体方案	生产初始产品	解决验证问题		
	提出物料需求计划				

图 4-10 制造开发流程模型

1. 概念阶段

提出可制造性需求，确保将其纳入产品包需求并被准确完整地转化为设计要求，制定制造和订单履行策略。

2. 计划阶段

确保可制造性需求被转化为设计规格和总体设计，制订制造计划和订单履行计划，制定工艺、装备总体方案，提出物料需求计划。

3. 开发阶段

确保可制造性需求被正确完整地实现，开发制造工艺和生产测试设备，完成生产线测试准备，执行相应阶段物料计划，生产初始产品。

4. 验证阶段

进行制造系统验证，确保其能达到既定目的，关注产品质量并确保影响产品制造和订单履行的问题得到解决，完成产品发布的制造和订单履行准备。

5. 发布阶段

确保所有制造、订单履行准备全部完成，并向生产流程切换，以使各业务按既定的制造计划、订单履行计划执行，进行产量爬坡并启动产品包的量产。

6. 生命周期阶段

持续评估制造业务绩效，确保客户满意，依据 LDCP 的决议制定生产停止方案和计划，并依据 EOP（停止生产）计划释放制造资源。

服务开发流程

基于 IPD 产品开发流程的服务开发流程模型如图 4-11 所示，对应到 IPD 主干流程的各个阶段的活动可概括如下。

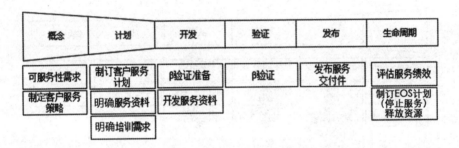

图 4-11 服务开发流程模型

1. 概念阶段

提出可服务性需求，确保将其纳入产品包需求并被准确完整地转化为设计要求，制定客户服务策略。

2. 计划阶段

确保可服务性需求被转化为设计规格和总体设计，制订客户服务计划，明确客户服务资料和客户培训需求。

3. 开发阶段

确保可服务性需求被正确完整地实现；开发客户服务资料；进行客户服务 β 验证准备，如 β 验证的测试用例；刷新可服务性需求列表。

4. 验证阶段

开展 β 验证，确保服务活动满足客户和既定的需求。

5. 发布阶段

发布服务交付件。

6. 生命周期阶段

持续评估服务绩效，确保客户满意；依据 LDCP 的决议制定服务停止方案和计划，并依据 EOS（停止服务）计划释放服务资源。

IPD 产品开发流程的功能级子流程具有非常强的实践性，每个企业要根据产品和业务特点进行定制。如果说 IPD 主流程是一串美丽的珍珠项链，那么各个领域的子流程就是项链上的珍珠。通过 IPD 主流程将各个领域的子流程集成在一起，共同为产品开发服务，这也是集成产品开发模式中的"集成"之所在。

IPD 产品开发管理中的商业决策机制

建立产品开发管理中的商业决策机制，主要是为了解决 IPMT（集成组合管理团队）在产品开发项目中何时介入、如何介入、介入之后做什么的问题。在 IPD 产品开发管理体系中，决策评审的对象是产品开发团队开发的产品包业务计划，这里首先对产品包业务计划和各个决策评审点的评审意义进行说明，然后以华为为例介绍 DCP 决策评审机制。

产品包业务计划

产品包业务计划是 IPMT 对项目进行投资决策的依据，也是各个领域制订项目计划和管理项目的依据，体现了开发团队对商业机会的分析和评估，以及基于此制定的各个领域的运作策略和计划，目的是保障产品能够取得商业成功。产品开发团队开发产品包业务计划从某种程度上讲是在做"证明题"，证明某个商业机会的可行性或不可行性，并给出决策建议。PDT 在汇报时要将产品包业务计划浓缩成汇报材料，汇报材料包括但不限于供 IPMT 进行决策的必要信息，如市场分析的结论、产品包描述、上市策略和各个职能领域计划、财务分析和盈利分析、存在的风险、资源需求等。

产品包业务计划的制订是在产品开发过程中逐步完成的。起始点是产品开发团队接受项目任务书，经过概念阶段，对初始产品包业务计划进行进一步优化，然后进行 CDCP 决策评审，评审通过后进入计划阶段，到 PDCP 时形成最终的产品包业务计划。很多推行 IPD 的企业通过模板来指导产品包业务计划的开发，这样可以帮助 PDT 团队有效地提高开发效率和质量。下面以华为的产品包业务计划模板为例做简单介绍,各企业可根据实际情况进行定制。

产品包业务计划模板

产品包业务计划汇报模板一般包括 8 个部分:组合与项目概述、市场分析、产品包描述、上市策略和计划、职能领域策略和计划、业务盈利计划、财务分析、决策建议,如图 4-12 所示。下面对各个部分进行简要说明。

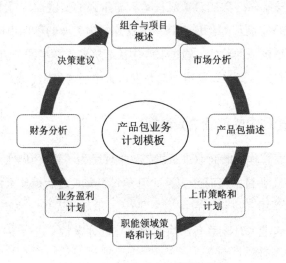

图 4-12　产品包业务计划模板样例

1. 组合与项目概述

这部分包括产品/版本的开发计划。这个产品/版本和其他产品/版本的替代关系。产品线的各个产品版本之间的组合分析、收入与投资分布、开发某产品/版本需要的人力资源、项目关键里程碑节点计划和进度情况、未来资源需求和风险评估结果等信息。这部分是对整个产品包业务计划书关键信息的提炼,主要由产品开发项目经理来完成。

2. 市场分析

这部分包括目标细分市场概况、竞争分析、产品定位、客户核心需求及优先级排序、目标市场的市场策略和销售策略等。这部分是对市场领域业务计划的提炼,通常由产品的市场代表完成。

3. 产品包描述

这部分是对 IPD 两条主线中产品包线的概况描述,包括每个阶段的产品开发情况和验证情况、交付件的进度和质量（资源需求）、TR 技术评审情况和专业领域的评审情况、产品的测试验证结果情况等。通过产品包描述，可以将技术线的实现情况向 IPMT 决策团队反馈。这部分通常是由产品开发团队的 SE 组织完成的。

4. 上市策略和计划

这部分包括上市计划综述、区域营销计划和渠道计划、整合营销宣传计划、教育培训计划等，主要由市场代表完成。

5. 职能领域策略和计划

这部分是各个职能领域的业务策略和计划，如技术支持策略、技术支持计划、采购策略、采购计划、制造策略、制造计划、质量计划与质量目标等，主要由各个职能领域的代表完成。

6. 业务盈利计划

这部分包括目标市场的市场份额分析、市场机会趋势分析、产品定价策略和战略定价模型、市场区域的销售预测、目标细分市场的销售预测、收入与销量预测、价格与成本预测等，通常由市场代表和销售代表共同完成。

7. 财务分析

这部分包括研发费用预算、目标成本预测、物料成本预测、生产制造成本与服务成本等预测，以及 ADCP 与 PDCP 的差异分析。该部分内容主要由财务代表负责完成。

8. 决策建议

这部分是整个产品包业务计划的最后一部分，该部分主要由 PDT 经理带领领域代表一起识别出资源需求和风险，并给出风险的应对措施，以及明确的决策建议。

DCP 决策评审点

IPD 流程中的 DCP 决策评审点是用来控制产品开发的商业风险的。在产品开发管理体系的建设中，应定义产品开发过程要设置多少个 DCP 评审点、每个决策评审的含义和评审要素。每个推行 IPD 产品管理体系的企业，通常都会制定适合本企业的 DCP 点和评审要素。图 4-13 所示为 IPD 流程中典型的 DCP 和 TR 点设置。

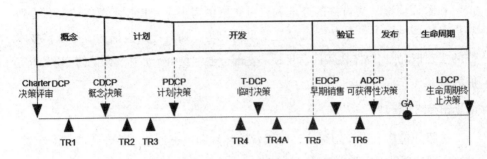

图 4-13　IPD 流程中典型的 DCP 及 TR 点设置

下面简要介绍典型的 IPD 流程中各 DCP 决策评审点的含义，可供各企业在设置 DCP 评审点和评审要素时参考。

1. Charter DCP

这个评审点是立项流程和产品开发流程之间的衔接点。有些企业的立项流程没有单独拎出来，而是将立项和产品开发的概念或计划阶段合在一起了。有些企业特别重视产品立项，成立专门的立项团队开发项目任务书，输出的就是初始产品包业务计划和项目任务书（下一章重点介绍产品立项流程）。在这种情况下，立项团队输出的初始产品包业务计划需要经过 IPMT 的决策评审，评审通过后才能正式立项，成立 PDT 团队，项目才能进入 IPD 流程的概念阶段。

2. CDCP

在概念阶段结束时要召开一个概念决策评审会，PDT 正式向 IPMT 报告进一步优化后的业务计划，由 IPMT 来决定项目是该继续还是该终止。若该继续，IPMT 将做出下一阶段开始前所需的承诺，项目进入计划阶段。

3. PDCP

在计划阶段结束时，PDT 向 IPMT 展示最终的业务计划和产品开发项目合同，由 IPMT 做出继续/终止的决策。如果业务计划获得批准，则 PDT 与 IPMT 签订合同，合同中会列出一些关键指标和要求，以及允许出现的偏差，然后项目正式进入开发阶段。合同代表了 IPMT 和 PDT 的相互承诺。IPMT 承诺为 PDT 团队提供必要的资源和指导，并在合同完成后给予奖励，而 PDT 将承诺按合同要求完成项目的所有目标。

4. ADCP

这是产品即将推向市场时的决策评审点，需要 IPMT 明确做出项目是继续还是终止的决策。ADCP 评审的主要目的有两个：一个是证实项目在计划阶段制订的业务计划是否有效，避免由于市场发生变化而带来商业上的投资风险；另一个是评估产品发布前各个领域是否准备就绪。若 ADCP 评审通过，则由 IPMT 分配资金，项目正式进入发布阶段。

5.LDCP

这是设置在产品生命周期即将结束时的决策评审点，由产品开发团队或生命周期管理团体（LMT）根据生命周期管理计划或产品的市场绩效表现，向 IPMT 提出产品生命周期终止计划和建议，并由 IPMT 做出同意/不同意的决策。IPMT 在做出决策时必须审核产品生命周期终止是否与公司或产品线的战略一致，是否会对现有以及潜在客户满意度造成影响，以及如果造成影响该如何弥补。

6.T-DCP

在 PDCP 和 ADCP 之间没有常设的业务决策评审点，IPD 针对复杂程度高、预测难度大、项目周期长等特殊项目，允许在项目具体操作时设置临时性的决策评审点，即 T-DCP。临时决策评审有计划性和非计划性这两种形式，对于计划性的临时决策评审点，要求在项目的计划阶段给出该临时决策评审点的时间节点；而非计划性的临时决策评审，则可以在 PDCP 后的任何时间点申请。

7.EDCP

正常情况下，产品开发到 GA 状态时才能进入正常的销售和发货阶段，但是由于客户和市场的原因，很多时候产品没有经过 GA 评估，就开始进行市场销售了。在这种情况下，就需要设置一个 EDCP 决策评审节点来控制产品的商业风险。在该决策评审点上，IPMT 应关注该产品是否只对特定客户销售，有没有质量风险，风险的影响范围有多大，等等。很多企业为了赶市场"机会窗"，经常把没有达到质量要求的产品大范围销售，导致产品上市后问题频发，公司不得不大批量召回。在华为的产品开发流程中，也允许 EDCP 的存在，但规定 EDCP 只能存在于 TR5 到 GA 之间。也就是说，早期销售的产品必须达到 TR5 的质量要求，并且销售范围可控，而且是友好客户，还必须得到 IPMT 的批准。

DCP 决策评审主要围绕产品的市场、策略、资源、前景以及产品本身这 5 个维度进行评审，不同的 DCP 阶段关注的重点是不同的，每个企业可根据自身的业务特点来制定 DCP 评审要素和评审通过要求。

DCP 决策评审的三个结论

在 IPD 体系中，对每个 DCP 决策评审的结论进行了明确的规定，即只有三种结论：Go、No Go、Redirect。其含义分别如下。

1.Go

如果评审结论是 Go，代表 IPMT 认可该阶段 PDT 开发的产品包业务计划，接受项目计划往下进行的建议，并承诺提供下一阶段项目所需要的资金和资源。

2.No Go

如果评审结论是 No Go，代表 IPMT 接受 PDT 团队给出的终止该项目的建议，同意项目以有序的方式终止，然后由 IPMT 将资源重新分配给其他项目。

3.Redirect

如果评审结论是 Redirect，代表产品包业务计划中的信息和数据不足以支撑 IPMT 给出 Go 或 No Go 的决策结论。PDT 需要收集更多的决策信息，完善汇报材料后再开会，由 IPMT 做出决策。

IPMT 高层决策机制

IPMT 是高层决策组织，在 IPD 流程的 DCP 节点对 PDT 开发的产品包业务计划进行评审，以控制产品开发的商业风险。这个决策评审会如何开是非常有讲究的，如果形似而神不似，那只能是走过场。根据华为的实践经验，要想开好这个 DCP 决策评审会，IPMT 决策团队需要在三个层面做到一致：人理层、原理层和物理层，如图 4-14 所示。

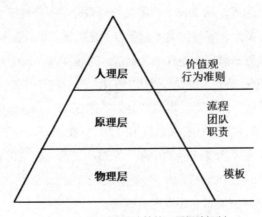

图 4-14　IPMT 高层决策的三层保障机制

人理层一致要求高层团队成员具有一致的行为准则和价值观，否则将会给决策的效率和质量带来负面影响，甚至影响到跨部门之间的合作，因为高层的行为会直接影响到其所管理部门的员工的行为。

以下是华为制定的 IPMT 的共同行为准则，该行为准则具体而明确，值得很多企业参考借鉴。

（1）必须将 IRB（投资评审委员会）/IPMT 会议作为头等大事来看待。

（2）当 IRB/IPMT 成员无法出席或通过电话会议参加会议时，允许该成员指定一名专门的代表来出席，代表享有与成员一样的权利，成员不能改变代表的立场。

（3）若超过会议开始时间 10 分钟，到场的 IRB/IPMT 成员还不及总数的 75%，取消会议并重新安排会议时间。

（4）至少要在约定的 IRB/IPMT 会议一周前，将所有做出投资决策所需的文档交到 IRB/IPMT 成员手中。若文档未按时交付，将取消或重新安排 IRB/IPMT 会议时间。IRB/IPMT 秘书负责协调会议时间、议程和文档的准备情况。

（5）若汇报人或赞助人无法在安排的时间出席会议，将取消或重新安排 IRB/IPMT 会议。

（6）若与会人员未做好相应的会议准备工作，IRB/IPMT 主任可以终止 IRB/IPMT 会议。

（7）每位 IRB/IPMT 成员都要在会前仔细阅读先前提交给他们的材料，为决策会议做好充分准备。当一位或多位成员没有做好相应准备时，IRB/IPMT 主任应该终止会议。

（8）每次汇报都必须包括提供给 IRB/IPMT 的明确建议，如果没有提出建议，应该结束会议，要求汇报人回去准备好明确的建议后再来重新开会。

（9）将与 IRB/IPMT 议题并非直接相关的问题记录下来，并安排单独的会议进行讨论，必须执行"题外话不超过 5 分钟"的准则。

（10）当所需的资源（技术、资金或测试量等）无法获得时，IRB/IPMT 不能批准项目；当项目具有吸引力，但无法获得资源时，应该将此项目排在后面或直接取消。

（11）在做决策时，IRB/IPMT 必须尽量达成一致，当出现僵局时，由 IRB/IPMT 主任做出最终决策。

（12）当 IRB/IPMT 会议的决策是"终止项目"时，IRB/IPMT 必须指派一个人（通常是IRB/IPMT主任）快速实施取消项目的工作。取消项目的目的是在尽可能短的时间内停止支出，重新分配资源。

（13）与现有任何产品线都不相符的项目建议将导致出现新的产品线，这种情况必须由IRB/IPMT做出投资决策。

原理层要求每个IRB/IPMT成员按照DCP决策评审的流程、岗位职责和运作要求来开展决策工作，每个成员应对IPD体系以及决策评审机制有深入的理解。华为规定，凡是IRB/IPMT成员，必须学习IPD流程知识并通过上岗考试，否则不能参与IPMT决策。

而物理层则重点规范DCP决策评审的工具模板等，如决策评审要素、业务计划汇报模板、会议纪要模板、决策决议模板等。这些制度、模板、表单等大大降低了决策评审的随意性，保障了决策评审的效率和质量。

图4-15是华为DCP决策评审的过程框架，该框架将整个决策评审过程分为三个阶段——会前、会中和会后，并明确了IPMT团队、PDT经理、PDT核心代表、领域主管每个阶段做什么，相互之间如何配合。下面进行详细介绍。

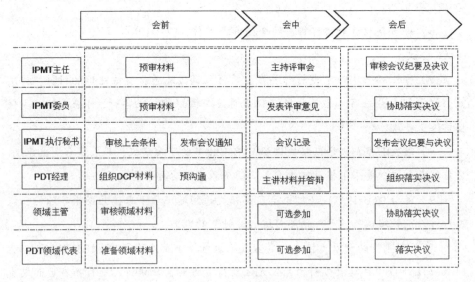

图4-15 华为DCP决策评审过程框架

1. 会前阶段

IPMT的DCP会议通常不是单独就一个项目的一次汇报开一次会，而是以会议日历的方式在固定的日期召开。这样做的好处在于，IPMT可以集中进行很多项目的 DCP 评审，IPMT 委员也可以提早安排自己的日程，PDT 团队可以按照 DCP 会议节点排定项目计划。

IPMT 主任是 DCP 会议的主持人，在会前审核整个会议的会议议程，对提交上来的 DCP 汇报材料进行预审，给出评审意见和是否同意上会（IPMT 有固定的开会时间，如果会前预审通过，则允许排入会议议程中，预审没有通过就不会排入议程中。这是在具有固定的 IPMT 例会机制的情况下的一种说法，即允许该决策评审议题列入会议议程中）的明确答复。

IPMT 委员作为 IPMT 成员，需要在会前预审 PDT 经理提交的 DCP 评审材料，给出评审意见和是否同意上会的明确答复。特别是对业务计划书的本领域业务计划进行重点审核，有问题及时和 PDT 的领域代表进行沟通，在本领域内解决，不能在会上再提出。

IPMT 执行秘书是 IPMT 高效运作的有力支撑，重点对 PDT 经理提交的评审材料的格式、规模以及是否属于本级 IPMT 决策进行检查，对 IPMT 预审和沟通情况进行跟踪，对汇报材料的简洁性和文档规模进行控制，上会前检查汇报材料是否附上了各位评委的预审意见以及 PDT 团队对预审意见的处理结果，若没有则不允许上会。确定会议召开的时间、地点、参加人员和主要议程，并提前 3 天发送会议通知，在开会当天发通知提醒。

PDT 经理是 DCP 决策评审的汇报人，会前组织 PDT 各代表输出各自领域的业务计划材料，并按模板要求整合为符合 IPMT 要求的 DCP 汇报材料。DCP 汇报材料在提交 IPMT 执行秘书前应在 PDT 核心团队内评审通过。DCP 材料在会前必须经 IPMT 评委预审，预审意见和答复要记录在 DCP 汇报材料中。

领域主管是 PDT 领域代表的直接主管，PDT 各领域代表的直接主管可能是 IPMT 委员，也可能不是。PDT 领域代表的直接主管要特别关注 DCP 材料中本领域的交付部分，经审核后才能提交给 PDT 经理。因为该交付件不仅代表核心代表本人的承诺，也代表整个部门对该业务计划的承诺。

PDT 领域代表作为 PDT 的核心成员，在会前要根据 DCP 材料的要求输出相应的交付件，并确保符合质量进度要求。

2. 会中阶段

IPMT 主任在会议召开期间是整个会议的主持人，应带头遵守 IPMT 决策会议运作规范，按议程开展会议。IPMT 委员按固定顺序发表个人观点，IPMT 主任最后发言。决策表决应通过投票或举手等方式进行，表决环节应体现"民主集中制"

和"少数服从多数"原则,决议获得半数以上赞成才能通过,主任具有一票否决权,没有一票通过权。

IPMT委员在会中按议程安排发表意见,应言简意赅、开诚布公地表达观点,把话讲在台面上,即使有不同观点也要在会上表达出来,并严格遵守"5分钟原则"。会上一旦做出最终决定必须严格遵守。如果IPMT委员不能参加DCP会议,必须委托固定授权代表参加,固定授权代表享有IPMT委员所拥有的全部权利,IPMT委员不得改变固定授权代表的立场。

IPMT执行秘书在DCP会议召开期间,需要真实记录会上各评委的观点和讨论结论,以及最终的决策结论,同时对遗留问题及责任人、完成期限等进行记录和现场确认。

PDT经理作为DCP评审的主讲人,在汇报时要抓住重点,对评委熟知或没有疑问的部分可以快速介绍,把控汇报的时间。在回答IPMT主任及委员的提问时要给出充分的理由和证据,必须有文字性的材料支持,而不能信口开河,必要时可请本PDT核心成员或专家代为回答。因此在汇报时,PDT经理可带1~2名代表参加会议。

领域主管和PDT领域代表可根据需要参加DCP会议,但不具有投票权。

3. 会后阶段

在DCP决策评审会后,IPMT执行秘书需要及时整理会议纪要,并将其和会议决议一起提交IPMT主任审核,审核后向IPMT决策团队、PDT团队、相关领域主管以及遗留问题责任人发布《XXX项目DCP会议纪要》与《XXX项目XX决策评审报告》。一般要求会后三天内发布并存档,需要控制发布范围,以避免信息泄密,发布后要对决策进行跟踪。各IPMT委员和领域主管在会后要协助PDT经理落实IPMT会议决议,并提供必要的资源以支持遗留问题的解决。

PDT经理在会后带领PDT团队执行IPMT的决议。如果会议结论是No Go,就要有序解散项目团队,将相关文件归档。如果是Go,则可以得到IPMT承诺的资源,开展下一阶段的工作。如果结论是Redirect,则需要组织团队重新讨论、修改,争取尽快完成修改并再次进行会议决策。

通常会设置一些绩效指标来衡量IPMT的运作健康度,如IPMT会议日历的执行率、IPMT委员的现场出席率、委派代表率、预审及时率等。而对于PDT来说,也有一次提交合格率、一次通过率等指标来衡量PDT对于DCP的准备情况。如果DCP材料准备不充分被Redirect,也会影响项目的进度指标。因此,PDT经理一般都非常重视 DCP 汇报材料的准备。图 4-16 为 DCP 决策评审会的简要流程示例。

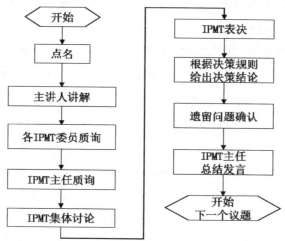

图 4-16　DCP 决策评审会流程

从 DCP 会议的流程可以看到华为开会过程的"职业化",这种职业化体现在会议操作规范、文档写作规范、报告提交规范、会议跟踪规范等规范中,规范做事的结果就是简单高效。华为总裁任正非曾说过,所谓职业化就是用更低的成本做事。华为可以说将 DCP 决策评审做到了极致,比如 DCP 会议汇报材料全部实现了模板化,并规定了 PPT 的页数,精确到每页写什么内容,使整个会议的流程标准化,这样就减少了汇报人的随意性。只有通过这些细节的执行,才能最终将整个管理体系的核心思想落实;有思想也有执行,整个体系的威力和作用才能真正发挥出来。

IPD 产品开发管理中的技术评审体系

在典型的 IPD 产品开发流程中设置有 7 个 TR 评审点来控制产品开发的实现风险。表 4-2 为典型 IPD 流程中的 7 个 TR 评审点的关注内容。

表 4-2　典型 TR 评审点关注内容

技术评审	TR1	TR2	TR3	TR4	TR4A	TR5	TR6
关注点	产品包需求、产品概念	产品级规格,产品级概要设计	各个子系统的概要设计	详细设计、BBFV 测试结果	SDV 测试结果、初始产品的准备情况	SIT 结果	β 测试结果、制造系统验证、认证测试结果

需要指出的是,并不是所有行业和企业的技术评审点都是7个。技术评审点的设置数量取决于两个方面,一个是产品开发的复杂度,另一个是客户需求和质量的要求程度。要根据企业实际并综合权衡产品开发的复杂度来设置评审点,不能"一刀切"。但作为企业产品开发的基础流程,技术评审点的设置要照顾到大多数新产品开发的通用情况。这里的TR技术评审点是一个产品级的技术评审,这些评审点的位置通常设置在产品的技术状态发生改变的节点,如从产品概念方案到产品总体方案、从产品原型验证到产品工艺验证之间。通过这样设置TR技术评审点,可以避免将技术风险带入下一个阶段。

在IPD体系中,TR评审被定义为通过召集企业内、外部专家资源,对产品开发过程中的技术要素进行一系列分层次、跨领域、多角度评审的活动,目的是保证产品开发过程中的质量。IPD没有把技术评审看成一个独立的活动,而是看成一套体系。下面详细介绍这个体系的原理。

为了描述技术评审体系的原理,这里引入"系统"的概念。一个系统和一个产品的最大区别在于,系统的目的不在于交换,而产品的目的是面向市场获取利益。因此,除去产品的商业目的,可以将其简化为一个系统,然后从系统工程的角度去分析。图4-17是一个抽象的产品系统架构模型示意图。

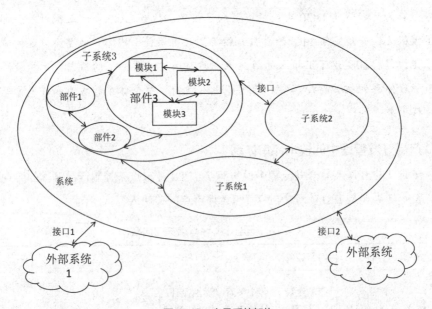

图4-17 产品系统架构

从系统角度看,产品由各个子系统和外部接口组成,子系统由模块及部件组成,相互之间有内部接口,整个系统通过外部接口与外界产生交互,内部的子系统和子系统之间、模块和模块之间通过内部接口相互关联。在现实世界中,大部分人造产品都可以抽象为一个系统。这些子系统或模块是完成一定功能的实体,这些实体之间的关系就构成了系统的架构。

满足同样需求的系统可具有不同的架构,但优秀的架构应遵循"高内聚、松耦合"的原则,也就是构成系统的子系统或模块,其内部的功能应尽可能地相互关联,而不同子系统或模块之间应尽量减少相互的耦合,这样子系统或模块可独立由专门组织完成,相互之间的需求分解分配及系统的集成都会比较方便。例如,软件和硬件子系统的解耦,可通过软件人员和硬件人员独立完成,接口也相对容易清晰地定义。

要保障系统的质量,也就是满足产品开发的需求,需要进行基于过程的分层评审。产品级 TR 评审包括三个层次:模块级评审、子系统级评审和系统级评审。各评审之间的关系可以用图 4-18 所示的金字塔结构表示。

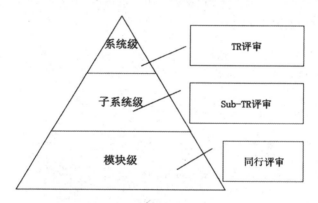

图 4-18　TR 技术评审的三个层次

1. 系统级技术评审

系统级技术评审是对各领域在产品开发过程中关键路径上的关键交付件的综合评审,涉及系统层面的需求评审、方案评审、设计评审、测试评审等。这个系统级的评审在 IPD 中就是 TR 技术评审,这个评审主要由产品开发项目组及领域技术专家完成。

2. 子系统级技术评审

子系统级技术评审是指对组成系统的各个子系统的评审,如通信系统中对硬件子系统的评审、软件子系统的评审、结构子系统的评审、电源子系统的评审等。

产品系统的子系统划分方法决定了有多少子系统技术评审点,这些评审通常在领域内进行。子系统级技术评审也叫 Sub-TR 评审,由子项目的项目经理组织完成。

3. 模块级技术评审

模块级技术评审是对组成子系统的各个模块的评审,如构成硬件系统的电源模块、交换模块、通信硬件模块,构成软件系统的某调度算法模块、某排序模块等的技术评审。模块级技术评审通常称为同行评审,主要由相关领域的专家团队进行完成。

以上三个层次的评审可以认为是从模块到子系统,再到系统级的分层评审体系。而在实际开发过程中,这些模块、子系统、系统都是从不同领域逐步开发并集成的,因此从系统的动态形成看,产品开发过程是各个领域的子开发过程的集成。因此,在进行系统级的 TR 技术评审前,要先完成各领域的子过程活动,并通过领域内小组评审、领域内跨项目的同行评审等形式完成领域内的子评审(也叫 Sub-TR),才能进行系统级的 TR 技术评审,以保障 TR 评审的质量。整个 TR 技术评审动态过程如图 4-19 所示。

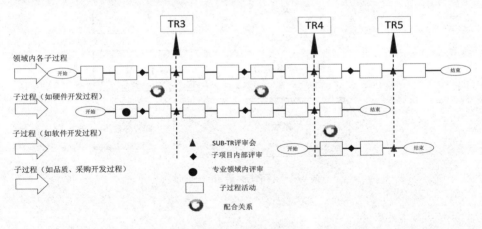

图 4-19 技术评审过程

值得注意的是,不同领域的子过程并非是相互独立的,它们之间常常有接口,通过接口进行交互,如图 4-19 中的配合关系。这种交互关系就要求不同领域的子过程在评审过程中要相互评审,才能保障这种配合得以正确实现。

技术评审中常见的问题

技术评审是产品开发过程中重要的技术和质量保障手段,但实践中很多企业的技术评审形式化严重，没有起到应有的作用。归纳起来主要存在以下问题，读者可以对照一下，看看所在企业是否存在同样的问题，如果有，那么就需要建立起科学、规范的 TR 评审机制了。

1. 技术评审和决策评审没有分离

决策评审主要从业务角度看这个项目赚不赚钱，评审对象是产品包业务计划。技术评审主要评审的是产品包的成熟度。很多公司将业务决策会议和技术评审会议合在一起开，既有技术专家参与评审技术问题，又有高层领导从市场、财务、盈利等方面进行业务评审，导致评审主题不明确，结果哪个方面都没有起到很好的评审作用。甚至开发团队迫于行政压力，只好听领导的指示，因为这样如果出了问题就是领导的责任；不听领导的，如果出了问题，自己就要挨板子。因此，建议没有做到将两者相分离的企业尽快建立技术评审机制，将两者分开。领导只参与决策评审，不要参与技术评审，即使参与也是以专家的身份，而不是领导的身份。

2. 将技术评审会议开成解决方案讨论大会

这种情况往往是因为没有将技术评审看成一个系统级的评估会、检查会，而是作为一个方案讨论会议。IPD 体系下的 TR 评审不是用来讨论方案的可行性或解决技术难题的，而是作为系统级评估产品包成熟度的会议。

3. 没有制订技术评审计划

技术评审计划对于做好事前准备工作非常重要，包括整个项目中有几个 TR 评审点、几个 Sub-TR 评审点，每个评审点的时间、地点、关注的内容、参与的专家都需要提前做好计划。只有做好评审计划，团队才能有明确的目标，也才能避免选出的专家不合适。特别是有些专家在异地工作，要提前预约，请过来也需要做很多准备工作。

4. 专家选择不当，以行政职别代替专家职别

这个问题在很多企业中是很常见的，什么评审都把领导请过去，也不去评估领导是不是这方面的专家，领导去了以后发言不是，不发言也不是，而且还承担了一定的责任。有些评审会甚至开成了批斗大会。笔者参加过某企业的一个产品技术评审会，"一把手"亲自参加技术评审，2 个小时的评审会几乎成了批斗大会，研发人员被骂得一言不发。散会后他们跟我说这样的情况经常发生，都习惯了。

5. 没有预留足够的预审时间

没有留足够的时间给评审委员和评审专家去预审，导致评委和专家不能发现

深层问题，评审质量难以保障。

6. 没有充分的准备，技术会议变成科普会

评审会前没有跟各位评委专家充分沟通评审的内容、目标和关注要点，或者评审专家在会前没有认真阅读评审材料，导致评审会议变成科普会，会议结束的时间到了，专家还没有搞明白要评审的内容。

7. 只有会议而无结论

这主要是由于技术评审没有明确的主持责任人，没有将 TR 技术评审当成一个重要的里程碑事件，也可能是由个别企业的会议文化造成的。其实每一次开会都需要高昂的成本，如果开会没有结论，就是对公司资源的浪费。

8. 评审过程中争执过多，占用了大量的时间

有争执是正常的，但过多的争执就说明在会前没有做好预审，没有把有争议的地方在小范围内解决掉，这也是没有做好评审计划的表现。

9. 评审过程偏离了主题和重点

这种情况主要是因为没有明确评审目的。在 IPD 中，每个 TR 评审点都有其关注的重点，对偏离主题的讨论，评审会主持人要及时把讨论方向拉回来。

10. 没有严格根据评审要素表的指导，在不适当的时间提出不适当的问题

评审要素表是一个非常有用的评审工具，将公司相关领域经常犯的错误和容易遇到的风险作为提醒项列成一个评审要素表或检查表，可以大大提高评审效率，也能避免评审时提出不适当的评审意见。例如，在 TR1 时提出一些详细的设计方案上的问题就不合适了。

11. 评审中发现的问题没有得到闭环跟踪

对评审发现的问题进行闭环处理才能真正将评审决议落到实处。有些企业的评审就是走形式，评审出来的问题由问题提出人去跟踪，被评审者不愿更改，特别是在产品开发后期，迫于进度的压力，在管理机制不完善的情况下，就带着问题"一路绿灯"通行。

TR 评审会的流程

基于 IPD 体系 TR 技术评审会的一般流程如图 4-20 所示。首先要制订 TR 技术评审计划，评审计划是保障每个 TR 技术评审会的质量和效率的必要条件。开会前，PDT 团队的各个领域代表都要对照评审要素表进行领域自检，确保领域内

的遗留问题得到解决，如果确实有不满足的自检项，应给出原因，供评审会评审。PDT 的 SE 组织准备 TR 评审会汇报材料并组织预审，确保在会前将预审发现的问题处理完毕，然后才能启动 TR 技术评审会。

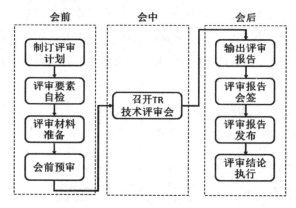

图 4-20 TR 技术评审会一般流程

TR 评审会一般由系统工程师 SE 来主持，各 PDT 核心代表和被邀请的专家参加，由 PQA 来组织，整个 TR 评审过程要求有规范的议程。IPD 体系规定 TR 技术评审有三个明确的结论，分别是 Go、Go with Risk、Redirect。值得注意的是，TR 技术评审没有 No Go，也就是 TR 不能决定项目是继续还是终止。这三个结论的含义如下。

1.Go

评审结论为 Go，代表评审没有发现遗留问题，或者只发现了一些可以很快解决的问题，项目可以进入下一个阶段。

2.Go with Risk

评审结论为 Go with Risk，代表评审发现的遗留问题解决起来存在一定的风险，但不会影响下一阶段的活动，可以在保证能够解决的前提下进入下一个阶段。

3.Redirect

评审结论为 Redirect，代表评审发现的遗留问题将影响下一阶段的活动，必须先解决问题，否则不能进入下一个阶段。

TR 评审会后，PQA 负责输出评审报告（一般在两个工作日内），并组织评审委员和专家会签，会签完毕后向项目组和相关干系人发布评审结论，PDT 根据评审结论执行后续活动。

华为 TR 评审实践

电信设备的质量要求是非常高的，因此华为的 TR 评审通过标准也非常高。以华为某产品线的 TR 评审为例，顺利通过 TR 评审需要经过图 4-21 所示的六道"关口"。首先 PQA 要进行上会条件审查，如果不满足上会条件就不能召开 TR 评审会。有的项目还规定，产品遗留缺陷密度（DI 值）必须小于某个值才能启动 TR 评审，评审会前要进行评审要素自检，如自检不通过则不能召开。开会以后需要评审委员投票表决给出评审意见，并对遗留风险进行评估，最终由 PDT 经理从质量、进度、风险等方面进行权衡，才能给出最终的评审结论。在一些重大项目中，还可能要通过研发质量部部长的审批，确保评审过程的严谨、客观、公正。

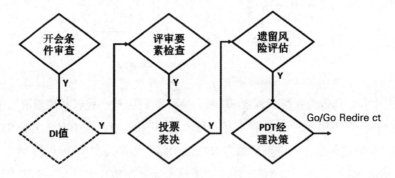

图 4-21　TR 评审的"六道关口"

TR 评审要素表

TR 评审要素表是提升企业 TR 评审质量的重要工具，也是 IPD 产品管理中技术评审要求落实的重要实践总结。TR 评审要素表是企业产品开发过程中的知识传承与经验总结，包括高频、关键的风险点，关键的开发设计准则，设计过程的规范。创建 TR 评审要素表的目的是提升 PDT 团队的工作效率，帮助团队通过自检发现问题，使各评审专家聚焦于相关技术领域，识别项目风险。

TR 评审要素表需要 TRG（技术评审专家团队）定期维护和优化，以便适应成熟度不断提升的产品开发团队。经过优化的评审要素表要定期发布，保障每一次评审都可以站在前人的肩膀上，不断积累企业的智力资产。

很多企业开始并没有评审要素表作为评审工具，评审要素表的创建、维护、优化实际上也是一个逐步积累和完善的过程，随着企业研发团队的不断成熟，其会逐步由初级阶段向高级阶段发展。笔者初步总结了不同阶段的团队成熟度对应的评审要素表的主要关注点，如图 4-22 所示。

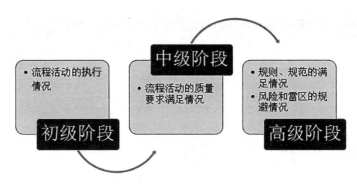

图 4-22 TR 评审要素表的三个阶段

1. 初级阶段评审要素表

重点关注流程活动有没有做，特别是检查是否缺少流程规定的某些关键活动。在初级阶段，由于流程刚刚梳理完善好，流程中的关键活动通常就是企业以前做得不够的地方，所以一定要把这些活动做好。

2. 中级阶段评审要素表

重点关注流程中的关键活动是否做到位了。在中级阶段，企业通常要形成流程中关键活动的质量要求和标准，这些质量要求和标准要通过 TR 评审要素去检查。

3. 高级阶段评审要素表

重点关注活动规范和设计准则是否落实了。在高级阶段，很多企业会形成产品开发过程中关键活动的规范或设计准则，如可制造性设计规范、可维护性设计规范、系统架构设计规范等。此外，开发过程中出现的一些雷区或风险点都可纳入评审要素中予以规避。这些雷区通常是一些开发过程中的教训和总结，最终会纳入产品开发流程或设计规范，通过执行流程规范来规避。

通过评审要素表和产品开发流程的相互配合，就能有效降低产品开发结果的不确定性。

TR 评审要素表样例

表 4-3 所示的是某产品线 TR1 评审要素表的模板样例，主要由评审要素、检查项目、类别、自检结果和评审结论构成，其他 TR 点的评审要素结构类似。

表 4-3 某企业产品线 TR1 评审要素表（局部）

序号	评审要素	检查项目	类别（A/B）	自检结果	评审结论
1	SE	产品包需求是否清晰并依据产品包需求模板进行了整理？			
2		需求是否确定了优先级？			
3		选择的产品备选概念中的关键设计点是否可行？是否存在高风险？是否对高风险进行了记录？			
4		产品备选概念是否考虑了今后平台性的衍生？			
5		所有和产品包需求、设计需求、产品备选概念相关的问题是否被记录并进行了风险评估？			
6		产品包需求是否充分转换成了设计需求？			
7		是否对先前开发类似产品时所积累下的经验和教训进行了分析？			
8		在开发过程中，准备选用的关键芯片所需要的供应商支持是否违反公司安全规定？			
9		信息安全需求是否已经考虑？			
10		系统的设计需求是否有抗反向工程的措施？			
11		产品备选概念和设计方法是否考虑了环保需求？			
12	硬件	硬件概念使用的 PCB 和芯片技术及其成熟度是否满足开发和交付的需要？			
13	软件	是否分析了 CBB 软件使用方案，明确了有哪些 CBB 可用并制订了使用计划？			
14		是否有第三方软件使用计划？			
15	UCD	所有可用性需求是否得到了满足？			
16		是否针对关键用户进行了任务分析，并定义了用户使用场景？			
17		是否已经完成前一版本的可用性问题分析，并作为可用性需求的输入？			
18		对关键用户交互场景的定义和概念设计是否可行？是否存在风险？			

续表

序号	评审要素	检查项目	类别（A/B）	自检结果	评审结论
19	总体	是否制订了共用的硬件和软件使用计划概要（含目标）？			
20		是否制订了智力资产计划概要？			
21		是否制订了详细的 CBB 软件共用清单和计划？			
22		是否输出了明确的器件复用清单？			

（1）"评审要素"列。指对应领域所关注的评审要素。

（2）"检查项目"列。指对应的评审要素有哪些检查项或考虑项。

（3）"类别"列。指该评审要素检查项属于"A：必须满足"项还是"B：非必须满足"项。

（4）"自检结果"列。要求领域负责人按要求说明本领域的交付件在会前进行自检的情况，如果自检结果不符合要求，需要在"自检结果"列中说明原因。

（5）"评审结论"列。该列填写 TR 评审时评委们达成的一致意见，是满足还是不满足，有无风险。

打造技术评审专家团

技术评审专家团（TRG）是企业对产品技术和质量把关的专家团组织的英文缩写，在很多企业成为保障产品技术和质量的重要组织。TRG 是指由 PDT 成员以外的各专业领域专家所组成的评审专家资源池，包括企业内部各领域资深专家，有些企业可能会将外部专家也纳入资源池进行管理，构建开放式的创新资源平台。企业是否成立 TRG，取决于其是否有足够的、合格的专家资源。也就是说，实施 IPD 的企业不见得都要成立 TRG 组织。

TRG 是一个虚拟组织，要发挥其作用并使其良好运作，需要由 TRG 主任进行统一管理，保障 TRG 专家真正承担起参与或主导 TR 评审、提供技术建议、建立和维护 TR 评审要素表等重要职责。TRG 的组织结构如图 4-23 所示。TRG 参与或主导的技术评审包括但不限于产品级的 TR 评审、子系统的

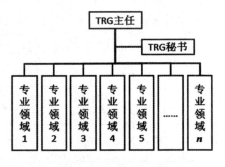

图 4-23　TRG 组织结构

Sub-TR 评审以及同行评审等。TRG 的另一项重要活动是建立和维护公司级或产品线级的技术评审要素表,使得这个评审工具可以根据公司产品和技术以及组织成熟度进行更新,做到与时俱进。

TRG 专家参与 TRG 活动时,如参与 TR 评审、评审要素表的维护和评审,以及其他 TRG 活动时,应做好跟踪和记录,以对专家成员的贡献进行评估。

产品开发项目流程定制

企业在制定产品开发流程时,通常会以最典型的全新产品作为蓝本,但这样的流程显然不能"一刀切"地应用于所有项目,因此就需要根据每个项目的特点进行流程的定制,以使开发的流程适合特定项目,保障质量和效率的平衡。这个定制化的过程通常称为流程裁剪。

这个定制过程并不是随意的,应该遵守一定的规则,这个规则就叫流程裁剪规则。流程裁剪规则使流程裁剪"有法可依",既提高了开发效率,又能保障产品开发的质量,避免了"一刀切"。

流程裁剪规则案例

华为终端作为消费类电子产品,虽然和运营商 BG 的设备有着不同的开发流程,但同样是按照 IPD 模式运作,并且都制定了流程裁剪规则,用以指导不同类别的项目开展流程裁剪活动。其裁剪规则中的关键原则可列举如下。

(1) Charter DCP、PDCP 和 ADCP 不可裁掉,CDCP 可以和 Charter DCP 或者 PDCP 合并。

(2) 对于 A+/A/B/C/D/S 类项目,其业务计划线的活动不可裁掉,需输出业务计划和汇报材料。

(3) 技术线上的各个关键活动不可裁掉,可根据项目类别合并 TR 评审点,但评审点上的评审要素和交付件文档清单必须核对与交付。

图 4-24 为流程裁剪规则的制定及应用示意图。

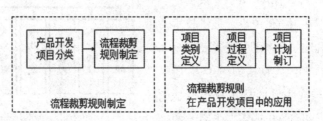

图 4-24 产品开发流程裁剪与应用

在 IPD 流程的推行期间，考虑到整个公司对于流程的理解还不太到位，建议此时选取合适的项目进行全流程运作，目的是让员工全方位地理解 IPD 产品开发流程，对流程有了深刻理解后再制定流程裁剪规则。

流程的裁剪要注意以下事项。

（1）裁剪者要充分理解流程的精髓，特别是要掌握 IPD 的核心思想。

（2）将流程的裁剪规范化、制度化，使得流程裁剪的权力受控、过程受控。

（3）具体裁剪时，需要将公司的研发项目进行分类，对不同类别的项目制定相应的裁剪规则。

（4）流程裁剪的范围包括阶段、DCP 点、TR 点及相应的流程活动与交付件。

（5）项目在启动时就要对"走何种流程、裁剪哪些活动"进行严格评审，这就需要规定裁剪的流程和组织，即谁来定义项目过程、谁来进行审核，不同企业应根据组织结构和岗位职责进行定义。

流程定制过程案例

某家电控制器企业将其产品开发项目划分为四类：全新/基本型、换代型、衍生型、小版本改进型。针对不同的项目类型，制定不同的裁剪规则。在制定项目流程时，首先由产品开发项目经理和 PQA（质量保障工程师）来确定项目类别并定义项目过程活动。项目经理在 PQA 的指导下，在基础流程的基础上，根据流程裁剪规则，制定出适合本项目的流程，并给出裁剪理由。制定的流程和裁剪理由由产品经理进行审核，审核通过后才由项目经理组织项目团队一起制订该项目的项目计划。整个流程如图 4-25 所示。

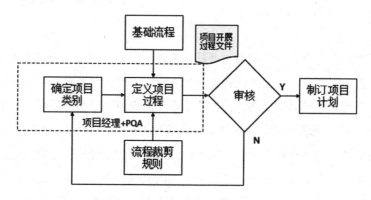

图 4-25 某企业产品开发项目过程定制流程

敏捷化的 IPD 产品开发管理

传统的 IPD 开发模式是一种"瀑布"式的开发模式，随着市场变化越来越快，在客户都不清楚自己要什么的情况下，要形成完整的产品包需求就变得越来越困难。这时传统的 IPD 就显得过于"厚重"，而这种"厚重"影响到了企业对市场和客户的快速反应。随着软件开发中敏捷思想的流行，IPD 也开始抛开繁重的评审和决策，逐步轻量化起来。客户需求不再是一次性全部满足，而是逐步满足、迭代交付，在交付周期内频繁发布新版本，对于不确定的需求则进行快速试错。

这种开发模式避免了开发团队为了一次性满足客户的所有需求，求多求全，造成的需求过载的问题。所谓需求过载也就是开发需求的工作量大大超出了团队的交付能力，使开发陷入缺陷数量多、系统设计差、埋下长期隐患、缺陷修复时间长、团队疲劳的恶性循环。要想打破这种恶性循环，首先要解决"过载"问题，简化需求，降低开发的复杂程度。这不是简单地拒绝需求，而是对客户的价值需求进行排序，按价值交付刚刚好的产品，同时匹配团队的资源和能力，从"尽力而为"转变为"说到做到"。图 4-26 所示的就是由于版本过载带来的恶性循环。

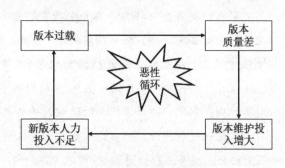

图 4-26 版本过载的恶性循环

基于 IPD 的传统项目管理关注产品包需求、成本、进度，强调在 PDCP 前将需求和方案一次性确定，业务计划也一次性确定，产品包需求和设计规格强调基线化。而产品开发项目敏捷化后，更关注客户的价值、产品的质量，注重开发过程"小步快跑"。敏捷化倡导个体和交互胜过过程和工具，可以交付的产品胜过面面俱到的文档，和客户合作胜过合同谈判，响应变化胜过遵循计划。这种敏捷化思想对传统的基于 IPD 的组织架构提出了新的挑战。华为为了适应新的形势，快速响应客户的要求，从 2009 年开始，就对传统的 IPD 产品开发流程逐步实施敏捷化变革。下面简要介绍华为的 IPD 敏捷化三步走策略。

2009年，华为产品与解决方案团队（PSST）发文，明确了华为实施敏捷战略的三步走策略，如图4-27所示。

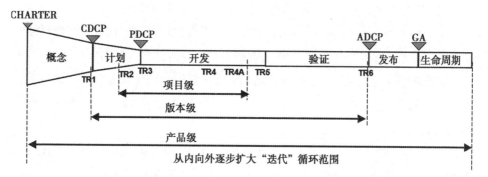

图4-27 华为敏捷开发三步走策略

1. 三步走核心思想

敏捷转型成功的关键是团队意识的转变和能力的提升，通过三步走的策略，实现人员技能、工程能力、流程管控、工具等方面的积累，在风险可控的情况下逐步达到全面敏捷的目标。

2. 项目级敏捷

实施的范围限定在TR2～TR4A，聚焦单个项目组或多个项目组协同的开发过程和能力改进，对IPD流程的对外交付点及非研发领域（用户服务、Marketing等）没有影响。

3. 版本级敏捷

版本级敏捷实施的范围扩展到TR1～TR6，对架构、设计、非研发领域协同等多个方面的能力提出了更高的要求。版本级敏捷具备按特性向最终客户分批交付的能力，加快了对用户需求的响应速度（版本级敏捷下的TR1定义和当前IPD流程中的TR1定义将会有所区别）。

4. 产品级敏捷

实施范围扩展到产品的全生命周期（含所有版本），以更小的需求包接纳用户需求，给用户提供更快的市场响应速度，这将给项目规划、组织结构、主流程、市场、财务、供应链、商务等方面带来巨大挑战。

由此可见，华为的产品开发敏捷化也是基于IPD的基本逻辑和理念，是对IPD的延伸。经过十年的敏捷探索和实践，华为已经从项目级敏捷过渡到了产品级敏捷,并逐步向与客户共创的商业级敏捷进发。

敏捷 IPD 下的产品开发团队和 IPD 模式下的产品开发团队（PDT）结构也有所不同,前者引入了 PO、Scrum 教练、Team 三个重要的角色。

（1）PO（Project Owner），类似于 IPD 模式下的 PDT 经理,同时承担项目经理的角色,对产品投资回报负责。PO 负责确定产品发布计划,在 SE 的协助下,定义产品需求并确定优先级,验收迭代结果,并根据验收结果和需求变化刷新需求清单及优先级。除了客户需求之外,内部任务如重构、持续集成环境搭建等也由 PO 统一管理。

（2）Scrum 教练,确保团队正确地做事,辅导团队正确地进行敏捷实践,引导团队建立并规则,推动解决团队遇到的障碍,类似于传统 IPD 模式下的 PQA 角色。

（3）Team（开发团队），负责产品需求实现。负责估计工作量并根据自身能力找出最佳方案去完成任务且保证交付质量,向项目经理和利益相关人展示工作成果。敏捷开发团队是一个具有自我管理、自我组织能力的跨领域的团队,他们通常需要坐在一起工作,有共同的目标,共担责任,团队成员严格遵守团队规则,形成一个完整团队。系统组、开发和测试等跨职能部门团队进行密切协同,团队成员包括需求分析师、设计师、开发人员、测试人员、资料人员等,遵循同一份计划,服从同一个项目经理。这样的完整团队有助于团队成员形成共同的目标和全局意识,促进各职能领域的沟通和融合;还有助于通过面对面沟通提升沟通效率,实现团队成员的高度协同,支撑高密度的、持续的、短周期的交付。华为的实践证明,完整团队不仅要有形,还要真正地起到整合团队的作用。这需要团队成员来自多职能领域,每个人都有自己的专长,团队中的技能和资源能够互补,并且能够无障碍地沟通,这种团队完成任务就像一个人一样在高效地运作;团队成员还要保持相对稳定,因为临时组建的团队生产效率较低,团队的稳定在敏捷开发中非常关键。

不同业务模式下的敏捷 IPD 产品开发实践

本节简单介绍敏捷化的 IPD 在纯软件、纯硬件以及软硬件混合模式下的开发实践,作为案例分享,供读者拓展思路,灵活应用。

1. 纯软件项目的敏捷 IPD 实践

纯软件项目的敏捷 IPD 实践如图 4-28 所示。

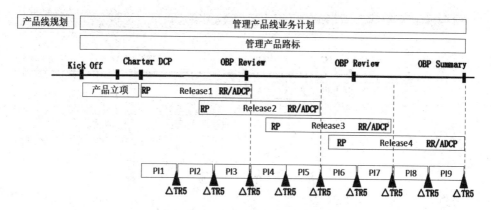

图 4-28 纯软件项目的敏捷 IPD 实践

传统 IPD 强调商业决策和技术决策相分离，但软件产品具有特殊性，更容易实现需求的最小闭环验证和交付，所以对相对稳定的组织（如产品线、产品族）和相对稳定的商业计划书（OBP）开发完成后，可以通过规划不同的产品版本 RP（发布计划）来实现不同的需求包。每个版本的 RR（发布评审）都要达到 TR5 受限发布水平，即每个版本都是一个简化的 IPD 子项目，直到所有规划的版本都发布完成，最终达到商业发布水平。这就要求企业在和客户签合同的时候要进行谈判，明确要通过多少轮交付最终完成整个商业合同。通过和客户的互动，及时进行版本需求列表的刷新，并增量交付。因此针对该客户持续发布的版本，其需求是不断地进行规划，不断迭代开发和持续发布。

这种开发模式对于 2B2C 企业十分有效，因为终端需求变化剧烈，客户也在"摸着石头过河"。这种模式下的产品规划就是在不同时间推出满足不同需求的版本，而版本规划就是对需求进行管理，包括需求收集、分析、排序并将需求分配到不同的版本中去实现。

2. 纯硬件项目的敏捷 IPD 实践

纯硬件项目的敏捷 IPD 实践如图 4-29 所示。

这里的硬件项目指的是纯机械产品、纯电子产品等项目，如电动工具、非智能电冰箱等。项目 1 可作为基础产品或平台产品，首先要确保具有明确的产品定位，满足明确的产品包需求，产品开发走传统的 IPD 流程。而后面的项目 2 需要继承项目 1 的产品包需求，并收集和定义增量的产品包需求部分，形成项目 2 的产品包需求。项目 2 的产品架构也可以继承项目 1 的产品架构，作为衍生型项目，遵循裁剪后的 IPD 产品开发流程。如果产品架构有大的调整，建议按全新的产品开

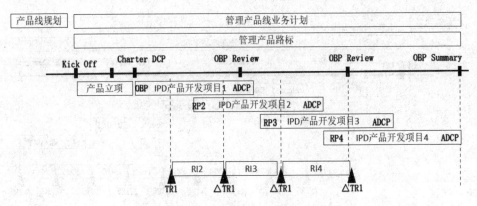

图 4-29　纯硬件项目的敏捷 IPD 实践

发流程进行。以此类推，每一个迭代产品的推出，都需要通过 ADCP，每个迭代产品的产品包需求都包括继承部分和增量部分（RI），沿用传统 IPD 产品开发流程，最终达到商用发布水平。

3. 软硬件结合项目的敏捷 IPD 实践

软硬件结合项目的敏捷 IPD 实践如图 4-30 所示。

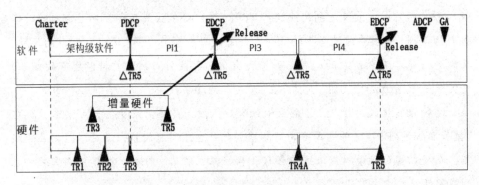

图 4-30　软硬件结合项目的敏捷 IPD 实践

对于软硬件结合的产品，要做到敏捷化交付，首先要在架构上为后续的快速交付打下基础，包括进行软硬件解耦设计，只有这样才能实现异步开发。另外，在软件上，各个模块要松耦合、支持按组件独立开发验证。对于软件特性的实现，支持持续规划多个 PI（增加项目），每个 PI 达到 TR5 标准后交付，支持持续交付、多次商用发布。

新硬件平台的项目按照传统 IPD 模式开发，将依赖硬件的新特性匹配到标准 TR5 后启动外部交付。基于成熟硬件平台的增量硬件则快速增量开发、快速上市。

本章小结

- 先进的产品开发管理模式，将产品开发作为一种投资行为，基于需求进行开发。结构化的产品开发流程将整个开发过程划分成概念、计划、开发、验证、发布和生命周期 6 个阶段。

- IPD 的产品开发流程同时考虑商业和技术两条主线，通过 DCP 决策评审点和 TR 技术评审点分别控制产品开发的商业风险和技术风险。

- IPD 集成产品开发模式是并行工作模式，每个领域都负责开发产品包的一部分，从而有效缩短产品开发周期。

- IPD 产品开发流程文件体系由 IPD 流程概览卡、阶段流程图、支撑流程和制度以及文档模板构成，为产品开发构建了统一的创新语言。

- IPD 产品开发流程是各领域支撑流程的集成，这些领域流程包括项目管理流程、营销流程、研发流程、质量管理流程、采购开发流程、制造开发流程、服务开发流程和财务管理流程等。

- 流程的裁剪规则是平衡产品开发质量和效率的重要依据。

- 产品开发过程中的高层 DCP 决策机制包含产品包业务计划、DCP 决策评审含义及通过标准、行为准则和 DCP 操作指南。

- 产品开发过程中的技术评审是保障产品包成熟度的重要手段，评审过程分会前、会中、会后，TR 评审要素表及技术评审专家团是评审效率和质量的有力保障。

- 产品开发敏捷化是在面对市场变化越来越快且客户自己都不清楚自己要什么的情况下，对 IPD 流程的轻量化。通过"小步快跑"、迭代交付，快速满足客户需求。本章分别介绍了纯硬件、纯软件以及软硬件结合模式下的敏捷开发实践案例。

第 5 章

CHAPTER 5

产品立项管理

> 研发首先要有一个很好的组织流程和团队,这样产品才能做得出来。有了这个以后,就要不断提高效率。接下来,"做什么、什么时候做、什么时候做出来"就成了最核心的问题。
>
> ——华为轮值 CEO 徐直军

引言

产品开发是一种投资行为,既然是投资,就要讲回报,一旦正式进入产品开发阶段,就意味着要投入大量的研发资源。很多公司在正式研发之前,会成立一个由"精锐部队"组成的产品立项团队(CDT)去研发项目任务书(Charter),确保产品研发方向正确。因为如果立了错误的项目,往小了讲,带来的是研发资源的浪费;往大了讲,会直接影响到企业的生死存亡。而如果立了一个好的项目,则会给公司带来巨大的利润,让公司有飞跃性的发展。正如我们的一位客户董事长所言:"最怕立了不该立的项目,错过不该错过的机会。"

摩托罗拉铱星系统的最初构想是其公司的一名工程师在加勒比海度假时产生的。从1987年开始有构想到1991年正式立项,再到2000年3月18日正式破产,摩托罗拉公司背负了40多亿美元的债务。

在华为也曾存在大量的低效产品和产品的低效特性,正如中国电信科技委主任韦乐平所言,华为提供的上万种业务套餐中,使用80%以上功能的用户不到10个人,浪费了无数昂贵的资源。而华为的无线产品线,当时每年有成百上千块硬件单板被开发出来,但之后都没有发货或只是少量发货,造成了极大的浪费。

而我们的很多客户企业,由于缺乏严谨的立项评审,导致每年所立的新产品开发项目很多,但真正产生销量的拳头产品却寥寥无几。在每年的营收中,新产品的贡献率微乎其微,基本全靠历史沉淀出的老产品打天下。难怪某企业中层领导以一种"恨铁不成钢"的心情说,如果把现在正在研发的新产品开发项目全砍掉,也不会对他们企业的整体业绩产生影响。

我们常说对于一个人的成功来说,选对方向比个人努力更重要;对产品管理来说,立项比产品开发更重要。本章以产品立项中常见的两类项目来说明如何进行产品立项管理,一类是自主规划、自主开发的产品项目,另一类是客户定制类产品项目。前一种在B2C企业中较为多见,而后一种在B2B企业中较为多见。

自主产品项目 Charter 开发流程建设

自主产品项目是指企业根据自身对市场机会的判断和对客户需求的洞察,主动规划或开发的产品项目，面向的是具有共性需求的细分市场。这种项目要求企业具有较强的市场和客户需求管理能力。自主产品 Charter 开发的目标就是要确保产品开发的方向正确、节奏准确，不能太超前，也不能太滞后。太超前，市场需求没有被激发，需要大量的前期市场预热时间，有可能成为"先烈"；太滞后也不行，市场机会窗已经过去，产品研发出来不能实现利润最大化。

有人可能会问，既然规划流程已经输出了产品路标，为什么还需要 Charter 开发流程？因为产品路标是基于客户需求的长期规划，市场环境和客户需求都无时无刻不在发生变化，即使按照产品路标去开发产品，也需要对该产品路标项目进行重新分析，分析市场情况和客户需求，制定开发该产品的初步策略和计划。另外，对于那些市场或客户的短期需求或者某个突出的创意和想法，也不能因其没有被纳入产品路标而白白浪费，可以启动一个 Charter 开发项目去评估其可行性。实际上，在企业规划能力较弱的情况下，后一种情况往往是最多的。这样一来，自主产品的 Charter 开发项目将有两条触发路径，一个是公司或产品线的产品路标触发，另一个是市场机会、客户需求、某个创意或想法触发。Charter 开发流程为准确识别和捕获这种短期需求提供了流程路径。产品路标、立项和短期需求之间的关系可参见第 1 章的图 1-2，图中的"短期需求"包含了市场机会和客户的短期需求，以及企业内部的创意和想法。

实质上，Charter 开发流程和业务规划流程一样，融入了 MM 方法论，是简化的市场管理流程。Charter 开发流程也称为 CDP 流程，包含市场分析、需求定义、执行策略制定以及 Charter 移交 4 个阶段，其基本逻辑框架如图 5-1 所示。下面重点介绍每个阶段的关键内容和要求。

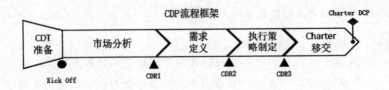

图 5-1　CDP 流程的基本逻辑框架

市场分析阶段（Why）

该阶段重点回答关于 Why 的问题，也就是为什么要开发这个新产品，主要进行宏观环境分析和行业分析，确定目标细分市场和目标客户，描述目标细分市场的特征和目标客户群面临的主要问题和挑战。例如，新的产品能给客户和自身发展带来什么价值、能解决客户的哪些痛点、能给企业或产品线带来哪些能力方面的提升；目标细分市场中的主要竞争对手有哪些；新产品有何优势；新产品的定位是什么；在该市场中新产品如何盈利，盈利模式是什么。

需求定义阶段（What）

该阶段重点回答关于 What 的问题，即产品开发出来要满足什么样的需求，主要针对客户的核心需求及产品特性展开描述。例如，客户核心需求产生的场景是什么，这些需求的优先级顺序是怎么样的；产品具备哪些特性来帮助客户解决遇到的问题；客户可接受的价格是多少；产品的关键卖点是什么。在这个阶段，为了探索和验证客户需求，有些企业会制作手板或局部手板，有些企业甚至会形成原始的样机，而有些企业则只需要"纸上谈兵"，不同行业有不同行业的特点，其目标都是探索和验证客户的需求。

执行策略制定阶段（How/How much/When/Who）

该阶段主要回答关于 How/How much/When/Who 的问题。How 主要描述如何保障产品能成功开发出来，例如，研发的技术可获得性分析，初步的制造、采购及营销策略的制定等；How much 主要描述初步的研发费用、销量及盈利预测等；When 主要描述该产品的关键里程碑阶段及生命周期；Who 主要描述构成 PDT 的核心成员名单。

Charter 移交阶段

该阶段主要明确 CDT 和 PDT 之间所需的交付件及交接方式和交接时间等，并确保两个团队对立项材料和信息的理解一致。如果 CDT 团队和 PDT 团队是同一批人马，则该阶段可以省略。

CDP 流程的输出为《初始产品包业务计划》《项目任务书》以及客户核心需求列表。《初始产品包业务计划》要清晰地回答关于 Why/What/When/Who/How/How much 的问题，并整理成 Charter 汇报材料然后提交 IPMT 进行 Charter DCP 决策评审。

定制产品项目 Charter 开发流程建设

对定制类产品项目而言，其立项过程和销售签单有关，这和自主产品立项有很大的区别。定制项目的立项过程通常是下面这样的。

（1）销售人员在市场人员的指导下，寻找符合产品目标客户特征的潜在客户。

（2）将企业在售的产品或在研发的产品样品或手板作为销售道具，寻找与潜在客户的合作机会。

（3）与潜在客户沟通、交流后，达成初步的合作意向。

（4）销售部门在企业技术、市场、财务、交付等部门的配合下，制定针对客户需求的初步解决方案，并对合作项目的技术、财务、资源需求等方面进行评估。

（5）和客户进行商务谈判后，签订合作意向合同。

定制项目的立项与开发流程参见图 5-2。合作意向合同的签订代表着定制产品项目通过了 Charter DCP 评审，通常会输出《产品需求说明书》《技术规格》《初步解决方案》《产品开发任务书》，以及双方签署的《产品定制意向合同》。在产品开发的概念和计划阶段，企业应邀请客户参与到产品开发过程中，经过系统地设计，形成定制产品详细的技术规格和交付标准，由双方进行确认，并签署详细商务合同。详细商务合同的签署意味着定制产品项目通过了 PDCP 评审，此时企业和客户将按合同履行各自的商业承诺。

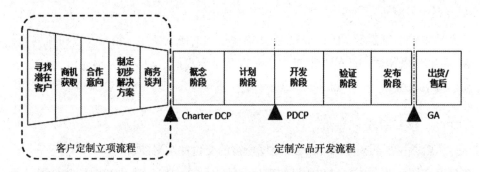

图 5-2　定制类产品立项与开发流程

实践中有些 B2B 企业非常重视定制产品的开发，却忽略了自主产品的开发，大部分开发项目满足的是客户短期、紧急的定制需求，结果就是研发项目越多，开发人员越累，质量和交付时间成了"瓶颈"。其实自主开发项目和客户定制项目是相辅相成的，如图 5-3 所示。自主开发项目为定制项目提供平台、架构基础，增强了定制化产品项目的快速交付能力。自主开发项目开发过程中的样品和上市后的产品可作为寻找定制项目潜在客户的"道具"，提升了订单获取能力，增强了企业将市场机会变现的能力。而定制项目获取的需求和制定的解决方案又为自主开发项目提供了识别共性需求的能力和解决方案的重用模块。

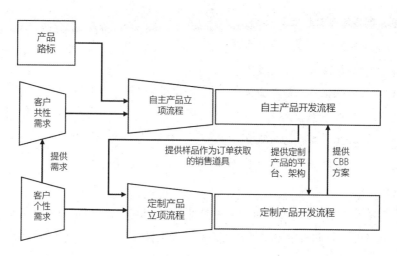

图 5-3 定制类产品与自主产品立项和开发流程的关系

华为 Charter 开发质量保障实践

Charter 开发流程的目的是确保产品开发的方向正确。虽然理念是好的，但如果执行不到位，效果可能还不如"拍脑袋"立项。所以正确地执行立项流程，保障 Charter 输出的高质量是非常关键的。从华为开发 Charter 的经验来看，Charter 整体的高质量来源于整个开发过程的 4 个高质量：输出高质量、活动高质量、评审高质量、管理高质量。

输出高质量

要求 Charter 材料要清晰地向 IPMT 展示产品的价值、产品的构想、产品的节奏、产品的实现路径和产品的盈利策略，要能回答以下问题。

（1）产品的目标客户是谁。

（2）开发该产品能够给客户带来什么价值、能给公司带来什么价值。

（3）产品要做成什么样子。

（4）产品的成本、外观形态如何。

（5）产品具备什么样的功能、性能。

（6）产品能满足哪些可服务性、可制造性需求。

（7）未来产品的演进方向如何。

（8）产品的质量等级要求是什么。

(9)产品什么时候能做出来。

(10)关键里程碑节点是什么时间。

(11)产品的生命周期有多长。

(12)如何保证产品能做出来。

(13)采用哪个平台。

(14)关键芯片和核心技术是什么,如何获取。

(15)将来产品的商业模式和价格策略、上市策略是什么。

……

要回答这些问题,需要 Charter 开发团队具有很强的专业能力。把这些都想清楚了,产品开发的成功率才可能会高,如果没有想清楚,那就叫"撞大运"。

活动高质量

高质量的 Charter 来源于 Charter 开发过程中的每一个活动,如客户真实需求的获取、对客户面临的问题和挑战的掌握。以这些需求为基础跟客户进行互动,设身处地地为客户着想,围绕需求、产品构想与客户进行反复沟通,以保证正确理解客户需求,使新产品符合客户期望。同时要分析竞争对手的产品战略控制点、预测竞争对手未来动向、剖析竞争对手产品、评估产品组合竞争力,将分析结论体现到新产品构想中,保证新产品竞争力。也就是说,定义产品规格时要做好防御措施,这是产品规格的底线。每个活动的高质量是 Charter 开发中活动高质量的基础,为此需要对每个活动事前有策划、事后有检查。华为在有些重大项目的立项团队中会配备专职的质量人员,提供专业的质量策划和指导,帮助团队做好每一个活动。

评审高质量

在 Charter 开发过程中的关键节点要对交付件进行评审,并明确产品管理部部长应对 Charter 评审质量负责,选择最好的评审专家,发挥专家团的作用,保证评审会的效果好,不走形式。华为认为,Charter 的开发进度不是第一位的,不能因为赶时间而忽视评审,降低评审要求。这也体现了华为对立项工作的重视,因为做正确的事比正确地做事更重要!

管理高质量

管理 Charter 开发项目要像管理产品开发项目一样规范、严谨。华为要求对于按照产品路标启动的 Charter 开发工作，大的 R 版本开发周期要长达半年以上；而平台类或反映行业重大变化的版本，其 Charter 开发周期更是长达 1～2 年。时间充裕是保障做好 Charter 的必要条件。同时华为还要求开发 Charter 的团队一定是跨部门的重量级团队。什么是重量级团队呢？就是团队中的每个成员都是各自领域的牛人，并且 Charter 开发项目的项目经理和 PDT 经理一样，需要重点选拔。最后输出的 Charter 要经 IPMT 集体评议。

立项阶段是一个需要公司重兵投入的阶段，要保证骨干人员的投入，只有确保活动的高质量，才能有可靠、可信的立项决策。很多企业在 CDP 流程试点期间，抽调大量新人加入 CDT 团队，或者有经验、有能力的骨干成员投入不足，导致整个团队缺乏战斗力。这样即使流程再好，也很难输出高质量的 Charter，不能给立项决策带来高质量的输入。因此，这样的立项项目只是蜻蜓点水，既没有效果，也培养不了人才，最终还可能立了一个错误的试点项目。

W 公司某手机项目立项案例

W 公司手机的 ODM 设计制造商，主要面向品牌手机厂商或电信运营商定制手机产品，包括设计、制造和交付，拥有上千位研发人员和数十条手机生产线，但手机是以品牌手机厂商的名义出货。多年来，公司被产品立项所困扰，选择什么样的客户，接什么样的单子，全凭自己和销售部经理们"拍脑袋"决定，完全没有章法。为了不错过任何一次机会，经常什么样的单子都接，结果立的项目非常多，但真正发货量大的项目却非常少，对研发资源也造成了很大的浪费。总经理对这种现象非常痛心，决定引入 IPD 管理咨询项目，重点协助梳理立项流程，提升立项项目的成功率。

经过近半年的理念导入培训、业务流程梳理和再造，在咨询公司的协助下，W 公司形成了符合自身业务特点的 CDP 流程和相应的裁剪规则，同时也培养了一批拥有 IPD 思想的业务骨干。

在 CDP 流程试点启动会上，总经理任命市场部业务骨干小白为 CDP 试点项目经理，老张为 PQA，负责流程引导，研发部小杨为系统工程师。另外还分别任命了市场代表小曾、采购代表老刘和制造代表老侯作为 CDT 团队成员，财务部也派出代表加入了 CDT 团队。试点项目的目的是对一款面向海外市场的旗舰级手机 W201 进行前期可行性分析。小白在会上表示，非常感谢领导的信任，决定将学到的 CDP 知识和这次的实践结合起来，输出高质量的 Charter 材料。会上大家一起确定了 CDT 团队的运作规则和过程要求。各位 CDT 代表所在的职能部门主管也在会上表示，坚决支持本次的 CDP 试点，保证这些代表 70% 的精力都会投入到 CDP 试点项目中。

CDP 准备

在项目经理小白的协调下，CDT 项目申请了一个专门开展项目组工作的"作战室"，规定每周的固定时间在"作战室"开展团队工作。

小白在 PQA 老张的协助下，根据自主产品开发流程制订了试点项目的详细项目计划，张贴在"作战室"正中央的墙上，要求各位成员按照计划开展工作。如有困难和问题及时求助，共同想办法，必要时可求助职能部门主管或总经理。

"作战室"讲究面对面交流，保障了各领域工作的及时沟通，大家感到团队在一起办公，工作效率和工作氛围都比以前大有提升。小白又给大家申请了服务器和共享文件夹，要求大家及时将工作成果及记录上传和共享。

市场分析

市场分析阶段的重点工作是确定目标细分市场，以及对目标细分市场的竞争性进行分析，确定该产品在目标细分市场中的定位。

经过第三方数据分析，团队发现海外智能机市场增长迅速，海外运营商对高端手机的需求强烈。高端产品对应高销售额以及高利润，客户推出高端手机能够获得较高的产品溢价，同时有助于提升客户品牌形象。在对海外主要手机增长区域进行分析后，团队初步确定了将非洲、东南亚、印度和欧洲作为目标细分市场。

市场代表小曾为了对每个目标细分市场进行详细分析，调研了所有的主要客户，了解每个主要客户的历史销售机型，每种机型的销量、主要竞争对手、售价等信息。为了收集这些数据，小白不分昼夜地与当地办事处的客户经理进行沟通，要求他们提供数据，在没有数据的情况下就查阅各种行业资料，想各种办法确保市场数据的准确性，最终输出了每个目标细分市场的详细数据，并给出了未来产品的预期价格和目标市场预期份额。图 5-4 是印度市场某重点客户的数据分析示例。

客户品牌Inx		Inx智能机产品构成					
品牌产品容量	出货量分解	4寸		4.5寸		5寸	
		约140K/月		130K/月		130K/月	
智能机出货量为400K-700K/月（补充：其中3.5寸低端出货量为100K/月）	Brand (ODM)	Aqua 3G+	Aqua A1	AquaY2Pro	Aqua 4.5 E	AquaStar5.0	AquaPower
	售价	XX	XX	XX	XX	XX	XX
	CPU	SC7715	6572M	6572M	6572	6582M	6592M
	LCM	4.0 wvga	4.0 wvga	4.5 FWVGA	4.5 FWVGA	5.0 FWVGA	5.0 FWVGA
	Memory	4+512	4+512	4+512	4+512	8+1	8+1
	Camera	3.2mp+vga	5.0 mp+vga	5.0 mp+vga	5.0 mp+2.0	8.0 mp AF+2.0	8.0 mp AF+2.0
	OS	4.4	4.4	4.4	4.4	4.4	4.4
	Battery	1400	1400	1600	1600	2000	4000
	ID卖点						
	备注	1月出货90K	1月出货20K	1月出货80K	1月出货60K	1月出货32K	1月出货41K
	上市日期	XX.XX.XX	XX.XX.XX	XX.XX.XX	XX.XX.XX	XX.XX.XX	XX.XX.XX

图 5-4　印度市场某重点客户的数据分析

小曾在市场分析阶段投入了大量的精力，对每个目标细分市场的每个主要客户进行了项目的数据分析和竞争分析，掌握了大量的数据，并初步制定了定价策略和盈利目标。

市场部经理主持了 CDR 1 评审会，公司总经理和职能部门主管也参加了评审。市场代表流利地回答了评委提出的关于市场分析的问题，得到了总经理的表扬。

需求定义

需求定义是自主产品 Charter 开发流程第二个阶段的主要内容。实际上，细心的小曾在市场分析阶段就对主要目标细分市场的目标客户的需求进行了研究，并经常和系统工程师小杨进行讨论，确定哪些是核心需求、哪些不是核心需求、哪些是必要的基本需求。在不确定的情况下，小曾跟驻海外办事处的客户经理进行了确认，在客户经理也不确定的情况下，还和相关人员进行了沟通。

系统工程师小杨除了和市场人员、客户经理确认核心需求外，还对满足未来需求的手机方案进行了可行性分析，包括选择什么样的屏幕、什么样的电池、什么样的堆叠方案，以及采用 MTK 中的什么套片。同时，他还和采购代表一起排除物料的采购风险，探寻相应的规避措施和替代方案；和制造代表一起研究提高直通率和制造效率的措施，决心在本次手机开发中解决以前出现的影响直通率的因素。最后，系统工程师小杨主导完成了 CDR2 评审材料,并顺利通过了评委会的评审。图 5-5 是系统工程师输出的手机外观和初步堆叠方案示例。

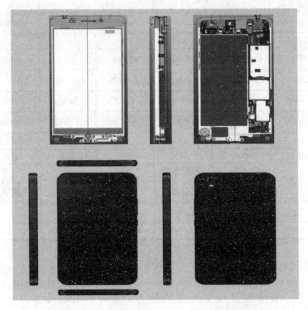

图 5-5 W201 手机外观和初步堆叠方案示例

各个领域执行策略的制定

该部分内容是在市场分析、需求定义以及技术可行性分析的基础上,由各个领域代表输出各自的执行策略(包括市场策略、研发策略、采购执行策略、制造策略、交付策略和服务策略),并给出产品的研发费用预算、目标市场销量、所占市场份额和盈亏平衡点的初步分析。

各位代表都是初次接触产品立项流程,这个阶段咨询顾问也提供了贴身服务,必要时还把各位代表的部门主管也拉过来一起探讨。这些主管对学习和实践的热情非常高,不但积极参与讨论,还把部门的其他骨干员工也带来,意在让他们及早了解新的立项方式。

决策汇报

按照项目计划,Charter DCP 汇报的时间就要到了,虽然前几次 CDR 评审效果都不错,但 CDR 1 和 CDR 2 是分别由市场代表小曾和 SE 小杨汇报的,这次要进行的正式 Charter DCP 则是由项目经理小白汇报。为了将汇报材料写好并汇报好,项目经理小白请教 PQA 老张如何组织材料、如何进行汇报准备。老张告诉他,材料首先要按一定的模板进行整合,要有逻辑层次,讲解起来让评委能抓住关键信息,并要明确给出关键决策点供评委决策。老张为小白制作了 Charter DCP 汇报材料提纲,如图 5-6 所示。

Charter DCP 汇报材料提纲

组合分析与项目概述
市场分析
初始产品包需求及可行性分析
职能领域策略
成本分析
项目进度与资源
风险评估与规避措施
决策建议

图 5-6　W201 手机项目 Charter DCP 汇报材料提纲

小白在 PQA 的指导下,完成了 W201 手机项目 Charter DCP 汇报材料的编写和汇报。先在 CDT 团队进行了内部评审,然后分别和各位评委进行了预沟通,收集了他们的意见,根据意见进行了进一步的修订和补充。因为预沟通充分,Charter DCP 决策评审会效率非常高,不到半个小时就结束了,最终的决策结论是:Go!

H 公司 Charter DCP 汇报材料模板样例

CDP 流程的输出为《初始产品包业务计划》《项目任务书》,以及客户核心需求列表。《初始产品包业务计划》要清晰地回答 4W2H 的问题。在进行 Charter DCP 决策时,CDT 经理需将《初始产品包业务计划》中的关键内容提炼形成精简的 Charter DCP 汇报材料,以便 IPMT 能快速决策。

本节以 H 公司的 Charter DCP 汇报材料模板为例,为读者展示其关键写作要求。该模板一共只有 3 页 PPT,下面分别进行说明。

PAGE 1

主要内容为概要描述、战略目标、竞争优势、产品路标中的位置、目标细分市场的销售占比与主要销售区域，如图5-7所示。

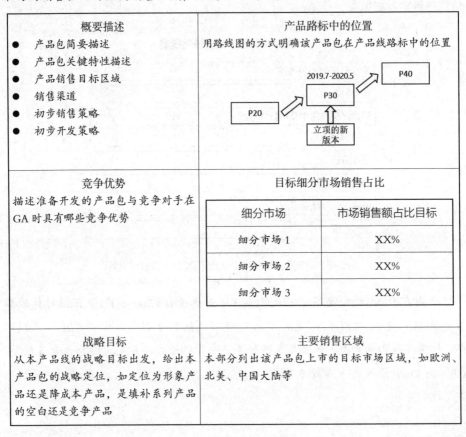

图 5-7 PAGE 1内容

PAGE 2

（1）第一个重点是回答When、Why的问题，When即产品开发项目的各里程碑节点的时间点；Why主要指客户的需求是什么、为什么要开发这个产品包、该产品包对客户的价值是什么、对企业的价值是什么。

（2）第二个重点是回答What、How much的问题，即产品要做成什么样子、质量要求是什么，以及费用与盈利问题。

图 5-8所示为Charter DCP汇报材料模板PAGE 2的内容。

里程碑节点计划		产品包描述	
里程碑节点	计划日期	价值描述	描述本产品包应对客户需求的关键特性和能力
Charter DCP			
TR1		目标描述	描述本产品包的战略目标，如扩大市场份额、增加利润、突破技术等
CDCP			
TR2			
TR3		需求总结	描述本产品需满足的客户核心需求
PDCP			
TR4			
TR4A			
TR5			
TR6			
ADCP			
GA			
LDCP			

财务分析		质量等级
财务指标	完成情况	A 类 /B 类 /C 类
销售收入	XX（元）	备注
GA 点毛利率	XX%	A 类：针对高质量要求的市场，采取质量优先策略，关键质量指标 >120% 基线值
GA 点目标成本	XX（元）	B 类：针对普通的市场，采取质量成本平衡策略，90% 基线值 < 关键质量指标 <120% 基线值
GA 点目标价格	XX（元）	
研发费用	XX（元）	C 类：针对成本竞争型市场，采取成本优先策略，关键质量指标 >70% 基线值
销售收入	XX（元）	
盈亏平衡时间点	XX 年 XX 月 XX 日	

图 5-8　PAGE 2 内容

PAGE 3

本页重点回答 Who 的问题，并对主要竞争对手和市场历史情况进行分析，如图 5-9 所示。

PDT 成员			竞争分析		
职位	姓名	部门	竞争对手	竞争产品	市场份额
PDT 经理			竞争对手 1		
PQA			竞争对手 2		
SE			竞争对手 3		
市场代表			市场历史数据分析		
研发代表			历史	容量	份额	收入比例
采购代表			N+2 年			
制造代表			N+1 年			
财务代表			N 年			
服务代表						

决策建议	IPMT 决策结论
CDT 团队对初始产品包业务计划书的决策建议：通过 / 不通过	

图 5-9　PAGE 3 内容

本章小结

- Charter 是 IPMT 做出产品开发投资决策的支撑材料。
- CDP 流程保障"做正确的事"，IPD 产品开发流程保障"正确地做事"。
- CDP 开发流程是跨部门的 Charter 开发流程，其流程包括市场分析、需求定义、执行策略制定、Charter 移交 4 个阶段，输出主要包括《初始产品包业务计划书》《项目任务书》和客户核心需求列表。
- CDP 的核心在于回答 4W2H 的问题，高质量的 Charter 开发需要遵循 4 个基本原则：输出高质量、活动高质量、评审高质量、管理高质量。

第 6 章

产品开发项目管理

> 项目是公司经营管理的基础,只有拥有高质量的项目经营,才能使整个公司拥有高质量的运营。我们要通过 2～3 年的时间,把公司从以职能部门为中心的运作转向以项目为中心的运作。
>
> ——华为轮值 CEO 徐直军

引言

项目管理是产品管理的基础,提升企业的项目管理能力如今已成为很多企业的迫切需求。对于产品经理来说,掌握项目管理基本知识、提升项目管理能力是非常重要的,特别是对新产品的开发管理而言。建立一个高效的项目管理体系,培养大批懂项目管理的项目经理、产品经理,对提升企业的经营能力具有重大意义。

那么,是不是项目管理能力提升了,产品开发就一定能成功?并非如此。项目管理的成功不等于产品的成功,项目管理的成功表现在进度满足要求,开发费用降低,企业获得了必要的知识、经验。对于产品开发项目来说,最终的目标是实现产品的市场成功、财务成功。企业的需求管理、产品规划、产品立项和产品开发以及上市管理,都会影响到产品的市场成功。因此,企业要明白,卓越的项目管理能力需要依托卓越的平台(包括正确的战略指引以及成熟的产品管理体系、技术管理体系、能力保障体系和绩效管理体系)来支撑。

图6-1 卓越项目管理的保障体系

这些保障体系能够帮助企业减少紧急需求的数量,避免产品开发中需求的临时变更。还能提供高质量的产品路标规划和资源规划,保证产品开发方向正确,减少资源冲突和版本过载。通过平台化的产品管理战略,让产品开发更能够做到"多、快、好、省"(产品多、速度快、质量好、资源省),实现多个项目共享一个技术平台,快速推出面向细分市场的产品,同时产品质量得到保障、开发成本得到有效控制。

产品开发项目的持续成功,离不开人的能力,特别是项目管理能力和各领域的资源能力。职能部门经理是构建卓越的资源能力的主体，包括输出合格的工程人员和核心代表、打造高效的领域流程。比如，硬件开发部经理、软件开发部经理、供应链部门经理分别要打造卓越的硬件开发子系统、软件开发子系统、供应链子系统，并提供支撑流程运作的相关工具、方法、设备等。职能部门经理要与人力资源部门一起制订员工培养计划，使能力建设的规划匹配业务发展的需要。业务是由一个个项目构成的，职能部门的能力建设要为项目服务，因为项目经营的好坏会直接影响到业务目标能否实现。

华为轮值CEO徐直军曾在新年献词中讲道："加快从以职能部门为中心向以项目为中心的运作机制的转变。项目是公司经营管理的基础，只有拥有高质量的项目经营，才能使整个公司拥有高质量的运营。我们要通过2~3年的时间，把公司从以职能部门为中心的运作转向以项目为中心的运作。这是一个巨大的转变，意味着激活千万作战团队，也意味着职能部门未来就是能力中心、资源中心，而不再是权力中心。"

项目经营的好坏，除了与人的能力有关，还与人的意愿有关。因此，绩效管理在项目管理中的作用也不容忽视。很多项目经理经常会抱怨自己有责无权，项目团队难以管理，造成这种问题的原因有很多，其中常见的就是缺乏规范而有效的项目绩效管理和激励机制，不能调动团队的积极性，团队缺乏一致的目标和积极的团队文化。

本章将重点介绍产品开发项目管理的重要概念，并基于华为实践，介绍先进的项目管理方法及体系，为各企业提供参考和借鉴。

产品开发项目管理的重要概念

项目及项目管理

项目是为向客户提供独特的产品或服务而进行的临时性任务，其特征是临时性和唯一性。对于研发项目来讲，通常可分为产品预研项目、产品开发项目、技术预研项目、技术开发项目4类，如图6-2所示。

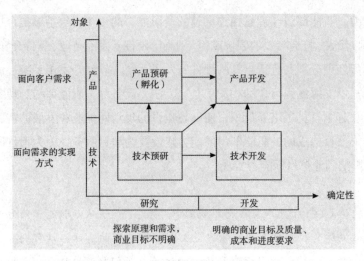

图 6-2　研发项目的 4 种类型

项目管理是在资源有限的情况下，通过项目经理和项目团队的共同努力，运用系统的理论和方法，对项目所涉及的全部工作进行有效的管理，即在整个项目生命周期内进行计划、组织、指挥、协调、控制和评价等管理活动，以实现项目的目标。

项目群及项目群管理

在成熟的企业中，项目管理已不再局限于对单个项目的管理，而是扩展到了对项目群、项目组合的管理。项目群是一组相互关联的项目的集合，项目群管理是指对项目群进行统一协调和管理，以保证项目群整体绩效最大化，而不是单个项目绩效最优。典型的项目群案例就是新产品开发项目。

新产品开发项目可以看作由各个领域子项目组成的项目群，项目群的项目经理即该产品开发项目的 PDT 经理，各个领域子项目的项目经理即 PDT 核心代表，他们负责领域内单个项目的管理。产品开发项目群关系如图 6-3 所示。

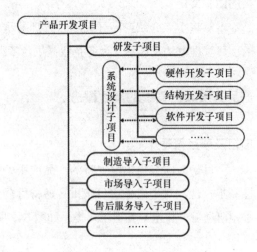

图 6-3　产品开发项目群示意图

这种项目群管理方式能够方便地实现各单个项目之间的信息共享，协调项目之间的依赖关系，解决项目人力资源共享和冲突的问题，共享对外沟通渠道，避免独立管理单个项目存在的风险。

项目组合及项目组合管理

项目组合是为实现组织战略目标而组合在一起的项目、项目群和其他工作，也就是说，项目、项目群是项目组合的一个子集。项目组合中的项目或项目群不一定彼此依赖或有直接关系，这点与项目群中各项目之间的依赖关系是不同的。项目组合管理通过项目或（和）项目群的组合，合理分配组织的有限资源，实现资源效益最大化。

以华为消费者BG为例，其所辖的所有项目都是为实现消费者BG的业务目标服务的，这些项目、项目群之间可能有依赖关系，也可能没有依赖关系，但都要由华为消费者BG来管理，如图6-4所示。通过协调、指导和决策，保证这些产品开发项目和项目群的方向和资源配置。

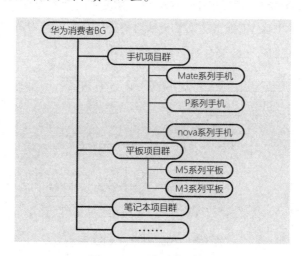

图6-4 项目组合管理案例

产品与版本

在我们的咨询业务中，很多客户不清楚产品、产品开发项目和版本的概念以及它们之间的区别与联系，下面就给大家一个清晰的定义。

产品是指满足客户需求的交付物。在IPD体系中，产品通常是指产品包，包括核心产品、形式产品、附加产品和心理产品,详见本书第2章的"产品的4个层次"。我们通常说的产品是看得见摸得着的"形式产品",每个产品都具有自己的特性,以满足客户的需求。

版本是在产品生命周期中依据产品特性对产品做的细分,包括产品的第一个交付物和后续不断推出的交付物,这就形成了一个产品的多个版本。很多时候,不同版本的基础功能不变,但有的改进了外观,有的提升了性能,有的只是针对某一特定细分市场客户推出的定制化版本。比如华为P20手机,就分别推出了P20和P20 Pro两个版本,P20 Pro具有更大的屏幕尺寸和更高的像素,这两个版本针对不同的细分人群。

在项目管理中,通常会按照产品特性为不同版本的产品编制产品版本号,以便将产品的不同版本区别开来,企业的编码方式可以根据自身特点进行定制。以华为通信产品的版本为例,其主要采用了V/R/C的编码方式。例如,某个新产品的开发规划了三个版本——V1R1、V1R2、V1R3,依照时间顺序启动各个版本开发项目。这是一种将技术平台和产品特性相结合的编码方式,比如,V1R1代表该版本是基于技术平台V1推出的第一个针对某特定客户群的版本,具有某些特性;V1R2是基于技术平台V1推出的第二个针对另外一个特定客户群的版本,具有另外的一些特性。它们之间的关系如图6-5所示。

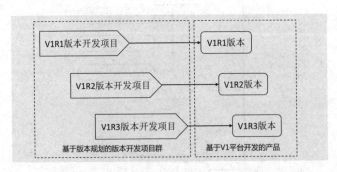

图6-5 产品、项目、版本关系

项目管理过程组

项目管理过程组是项目开展过程中按项目管理活动的逻辑关系划分的子过程归集,PMI(项目管理协会)定义了5个项目管理过程组,分别是启动、计划、实施、控制和收尾。为了便于使用,每个企业可根据行业和项目特点进行修订。例如,在华为公司的研发项目管理方法中,定义的过程组是分析过程组、计划过程组、执行过程组、控制过程组和移交过程组。

（1）分析过程组的主要目的是理解和评估任务，并确定目标。

（2）计划过程组的主要目的是明确范围、细化目标、制订计划。

（3）执行过程组的主要目的是组织资源，按计划完成各项任务。

（4）控制过程组的主要目的是定期度量和监控进展，发现问题，然后采取必要的纠正措施。

（5）移交过程组的主要目的是将输出结果移交给客户或接收者进行验收。

项目管理过程组不等于项目阶段，过程组是按项目管理活动的逻辑关系划分的，而项目阶段是按项目管理过程的时间顺序划分的。即在项目开发过程中的不同阶段，这5个过程组都可能存在，只不过在不同阶段工作量不一样。5个过程组的工作量随项目进程的变化关系如图6-6所示。理解了这个规律，有助于合理安排项目的人力资源。

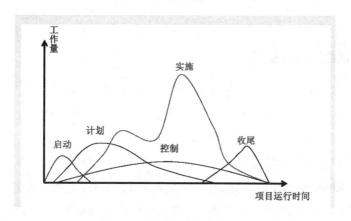

图6-6 项目管理过程组工作量

项目管理知识域

所谓项目管理的知识域是一套完整的关于项目管理的概念、术语和活动的集合，PMI定义的项目管理知识域包括项目范围管理、项目时间管理、项目成本管理、项目质量管理、项目人力资源管理、项目沟通管理、项目风险管理、项目采购管理、项目集成管理和项目干系人管理十大知识域。而华为在深刻理解这些项目管理知识的基础上，结合华为研发项目的特点，对其进行了创新，提出了符合华为研发项目特点的十大知识域模型，如图6-7所示。这种项目管理知识域模型适用于大部分的研发项目，模型中包括价值管理、范围管理、质量管理、时间管理、目标成本管理、人力资源管理、采购管理、财务管理、风险管理和整体管理。

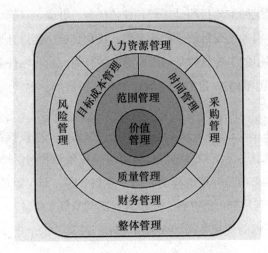

图 6-7　华为研发项目管理十大知识域模型

产品开发流程和项目管理

产品开发流程定义了产品开发的各个阶段、活动和相应的角色，建立了相应的规范、模板，这些都为项目管理提供了流程保障，可以明显地降低对项目团队，特别是对项目经理能力与素质的要求。

如果把产品开发比作爬山，那么流程就好比登山的道路，如果没有登山的路，想要快速、安全、低消耗地登顶会很难。但有了登山的路，是否一定能快速、安全、低消耗地到达顶峰呢？这就要看登山领路人的组织、协调能力，也就是项目管理能力。同样一个团队，同样的路线，可能因领路人的经验和能力不同，到达顶峰的时间也不同。

实践中我们往往会发现，项目管理体系不完善、项目管理水平较低的企业，推行 IPD 流程的难度要比项目管理水平高的企业大很多。没有合格的 PDT 经理，没有合格的 PDT 核心代表，没有合格的资源部门领导，没有合格的 IPMT 高层团队，企业很难满足 IPD 体系对 PDT 团队和 IPMT 团队的要求。也就是说，路修好了，但项目团队还是需要具备一定的爬山技能和知识才能顺利地到达顶峰。因此，建议企业在建设 IPD 产品管理体系的同时，加强对项目管理能力的建设。

基于 IPD 的项目管理实践

本节将结合标杆企业的一些做法，介绍 IPD 产品开发项目中的项目管理实践，特别适合 IPD 试点推行中的 PDT 经理（本节简称项目经理）参考。重点介绍 IPD 产品开发项目各阶段的项目管理关键活动，特别是项目准备阶段、概念阶段、计划阶段的项目管理要点。对于项目开展过程中的 TR 评审、DCP 评审等内容请参考第 4 章的相关阐述。

项目准备阶段的项目管理要点

对产品开发项目而言，项目起始于 IPMT 下达项目任务书。但对产品开发项目经理而言，在项目正式启动前就要主动参与到项目任务书的开发中。提前介入立项阶段的主要工作是，了解项目的价值，包括目标客户群是谁、核心需求是什么、产品的定位是什么；了解所需的关键技术，掌握资源现状；参与评审 CDT 团队输出的交付件，如《项目任务书》《产品包初始业务计划书》、客户需求列表等。项目经理不能坐等《项目任务书》的下达，否则等《项目任务书》下达后再去准备，项目计划和进度将难以保障。

项目经理介入立项阶段的时间节点可以是 CDR 评审会、立项团队项目组例会等。另外，一些非正式的沟通渠道对了解项目也是非常有帮助的。项目经理通过参与项目立项阶段的工作，深度理解项目，可以为制定产品开发项目目标和进行项目管理打下基础。

不同产品开发项目的开发目标可能是不同的。例如，对于有些用于展览演示的产品开发项目，项目进度往往是最重要的因素，质量要求则弹性比较大。如果出现进度要求很难满足，且无法增加研发预算时，可以考虑调整质量要求，确保在给定时间点交付。对于正式商用的、需要海量发货的产品开发项目，任何一个小的产品问题都会被成倍放大，带来极大的损失，因此质量要求很高。进度是取得市场先机的关键因素，往往比较刚性，而研发费用可以通过海量发货摊薄，对产品收益影响不大。因此，这类产品开发项目如果出现进度要求很难满足的情况，就必须考虑增加预算，绝不能牺牲质量。提前了解项目的目标、价值等信息，对项目经理提前做好进度、质量、成本之间的平衡大有好处。

参与立项阶段的活动，也为产品开发项目的流程定制提供了输入，如项目类别、项目定制流程和裁剪原则等。

项目概念阶段的项目管理要点

在产品开发项目的概念阶段，项目管理活动的主要内容包括制订本阶段的详细计划以及整个产品开发项目的概要计划，同时组织项目团队完善初始产品包业务计划。除了要管理好本阶段的项目计划外，还需要重点关注团队的组建和启动会的召开。下面重点介绍组建项目团队和召开启动会的相关内容。

1. 组建项目团队

IPD 产品管理模式下的产品开发团队 PDT 是由各个职能部门的代表组成的跨部门产品开发团队，这种团队结构非常有利于项目组成员之间的沟通、协调，保障项目决策的高效性。通常 PDT 经理的人选在产品立项阶段就应该确定，作为产品开发团队的灵魂人物，PDT 经理一定要具有使命感、责任感，并且要熟悉项目管理方法，具有较多的项目管理经验和较高的人际交往技巧。如果没有合适的人选，这个项目可暂缓立项。

某客户是国内较早涉足锂电池行业的企业，当时该行业刚刚兴起，企业非常重视这个市场机会，经过一番调研后立了项。但在选择项目经理时犯了难，没有合适的项目经理，后来勉强指定了一名中层领导做项目经理，但该项目经理缺乏使命感，责任感也不强。项目开展的过程中，该项目经理由于个人原因离职，没有更合适的人选接替，最终该业务错过了进入行业的最佳机会。

反观华为，任正非将消费者 BG 的大印交给了余承东。从 2012 年开始，华为的消费者 BG 业绩一路突飞猛进，这和余承东过去担任无线产品线总裁、欧洲片区总裁、战略与 Marketing 体系总裁等职位的经历密不可分，更重要的是与余承东团队的价值观、使命感和不达目标不罢休的奋斗精神密不可分。

PDT 核心代表实际上是项目团队中各个领域的子项目经理，在产品开发团队中代表职能部门，在职能部门中又代表项目团队，这样的核心团队称为"重量级"团队。通常产品开发团队的核心成员不会超过 10 个人，包括 PDT 经理、研发代表、市场代表、采购代表、制造代表、PQA、财务代表、服务代表和品质代表，很多公司会把产品 SE 也纳入其中。PDT 团队的核心成员需要有较丰富的专业经验和较强的管理能力，否则这个团队就只是形式上的跨部门 PDT 团队。核心成员名单一般是由 PDT 经理给出建议，然后和职能部门主管及核心代表本人沟通后确认，并提请 IPMT 主任审核，审核通过后正式发布团队任命通知。通常外围组成员不会出现在产品级任命书中，而是出现在各领域子项目的团队任命书中。

概念阶段的重要工程活动是进行需求分析，形成产品包需求和产品概念方案，这些系统工程活动主要由产品开发团队的 SE（系统工程师）来组织完成。在刚刚推行 IPD 的企业，要找到一个合适的 SE 不是一件容易的事。这种情况下，可以由各个领域的资深专家组成一个 SEG（系统工程师组）团队来共同行使 SE 的职责，但需要指定唯一的 LSEG（系统工程组组长）。

最早华为公司没有 SE 这个岗位，也没有系统设计部门，但要做系统设计工作，怎么办呢？于是就临时成立一个小组，将各路人马集中在一起进行方案讨论和 PK。后来人数多了，开发的产品、研发团队所在的地点也多了，于是华为进行了产品线组织架构调整，前端成立了产品管理组织，主要管理客户需求。华为还成立了总体技术部，其职责就是设计产品来满足前端需求，这就是后来 SE 组织的由来。成立组织之后，系统设计工作就开始从无序走向有序，直到今天，整个系统设计的组织和流程已经非常规范了。

——摘自《Fellow 吕劲松：非深潜无以成 SE》

2. 召开项目启动会

项目启动会是重要的项目管理活动，一定要加以重视。召开项目启动会前，需要进行项目环境的准备，包括项目组全体成员要有固定的办公场所、项目相关会议要有固定的召开场所等。跨部门的"作战室"是较好的项目组办公环境，非常有利于及时交流与沟通。要备有项目文件夹，便于对项目组成员的工作成果进行归档和共享，要建立通讯录、工作群，便于信息共享和交流。对于较复杂的项目，可能还需要建立分层分级的工作环境。

启动会前，PDT 经理需要准备必要的启动会 PPT 材料，并进行会议议程策划。启动会 PPT 应包括项目背景、范围、目标、大概的里程碑计划、项目组织结构及人员组成、沟通方式、财务数据、质量政策等（该信息主要来源于初始产品包业务计划），并给出接下来的行动计划。启动会前，PDT 经理需提前与 IPMT 进行预沟通，邀请 IPMT 主任参加项目启动会。启动会上对项目目标达成共识是非常重要的。项目目标要回答产品的目标市场、盈利目标、项目费用目标以及该项目对客户的价值、对公司的价值，并且就项目的预计开发周期及关键里程碑时间节点进行明确，对目标客户群、产品定位、技术路径、关键资源和存在的风险进行说明，还要给出近期的行动计划。

以下为项目启动会议程示例。

×× 产品开发项目启动会议程

- ☐ IPMT 宣读 PDT 经理、PDT 核心团队任命文件。
- ☐ PDT 经理：
  - ✓ 宣读项目任务书，介绍项目目标
  - ✓ 前期任务回顾（立项、预研等）
  - ✓ 概念阶段流程介绍
  - ✓ 概念阶段的交付件介绍
  - ✓ 概念阶段团队成员角色和职责介绍
  - ✓ 明确概念阶段的项目计划，团队成员的汇报关系、绩效评价关系及日常沟通方式
  - ✓ 整体项目里程碑计划及概念阶段的详细项目计划
- ☐ IPMT 领导动员讲话。
- ☐ 答疑与交流。

项目计划阶段的项目管理要点

计划阶段的项目管理活动主要是制订详细的项目管理计划，同时组织项目团队完成最终的产品包业务计划。其中制订项目计划是该阶段最重要的项目管理活动，下面重点阐述基于 IPD 产品开发流程的项目计划制订方法。

项目计划分层和组织分层相同，有利于将任务分解并落实到责任单位和责任人。如图 6-8 所示，PDT 团队在制订项目计划时，共分 4 次来完成。项目起始时先要制订概念阶段的详细计划，在概念阶段结束前要完成产品开发项目全过程的概要计划制订，具体来讲就是从项目启动到 GA 之间的项目概要计划的制订。这个概要计划主要描述产品开发项目的关键里程碑节点，如 TR、DCP 等，以及支撑产品开发项目的各领域子项目的关键节点的进度计划和资源需求计划。

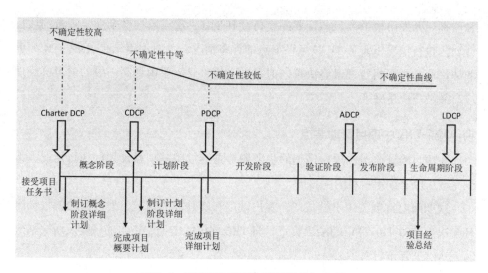

图 6-8 基于 IPD 流程的项目计划制订机制

计划阶段起始就要制订本阶段的详细计划，便于本阶段的项目管理，在计划阶段结束前完成产品开发项目全过程的详细计划的制订。因为计划阶段已完成了 TR2、TR3 评审，产品包和各个领域的开发计划已较为详尽，因此产品开发项目全过程的详细计划是可以制订出来的。这种分步制订项目计划的方式，是符合产品开发项目的本质规律的。

在产品开发项目中，由于潜在的不确定因素，项目开始时是无法制订全部的详细工作计划的，而随着项目的推进，其中的不确定因素逐渐明朗，项目计划才可以逐渐深化和细化。这一点在项目管理体系中称为"渐进明细"原则。"渐进明细"原则是一种灰度思维，而不是非黑即白思维，它可以容忍不确定因素的存在。就像人走夜路一样，不是看不清路就停滞不前，而是可以摸索着前进。

研发项目管理也一样，要敢于带着问题、带着假设向前摸索着走，而随着工作的推进，未知的事项越来越少，前路也就逐渐清晰了，这时就可以制订详细的工作计划了。这是 IPD 产品开发项目计划制订方式和传统项目计划制订方式的不同之处。

在 PDCP 决策评审点，PDT 经理需要和 IPMT 签署合同。在这之后，项目计划的变更以及产品包业务计划的变更都需要发起正式的 PCR（计划变更请求），走正式的变更请求流程。

项目开发阶段的项目管理要点

在项目开发阶段，项目经理的主要职责是按照项目管理计划开展项目的管理和监控。开发阶段的项目监控要一直持续到 TR5，重点监控各个功能领域的项目计划的执行情况以及各 TR 技术评审点的评审情况，并对评审结果负责。TR 评审的结论通常由项目经理最终决策，但在必要的时候需要由更高一级的项目群经理或产品经理最终决策。

项目验证阶段的项目管理要点

在项目验证阶段，项目经理的主要职责是继续跟踪项目计划的执行情况，组织完成 ADCP 评审材料的编写。

这期间要特别关注小批试产、客户试用和实验局的情况，发现问题要推动闭环解决。要对 TR6 评审的结果负责，将 TR6 评审的结论、指出的风险及解决措施写入 ADCP 评审材料中。

项目发布阶段的项目管理要点

在项目发布阶段，项目经理重点跟踪产品发布和上市前的准备情况，包括产品的定价、渠道、营销方案和销售道具的准备情况，以及发布活动、供应链和服务的准备情况，围绕 GA 目标开展项目的监控和推进工作。

通常情况下，产品族或产品线的产品经理会特别关注发布阶段，甚至承担主要责任，这时候项目经理要和产品经理加强协同，全力做好产品的上市工作。

项目管理中的沟通和监控机制

从项目经理的角度来讲，制订了项目计划就要基于项目计划履行项目管理职能，其中沟通管理和项目状态监控是项目经理最常见的重要活动。这些活动正常情况下需要在项目开展过程中严格运作，必要时需要特事特办，以实现项目目标。

1.项目沟通机制

产品开发项目沟通包括上下级沟通、左右沟通，这种全方位的沟通能够保障项目状态清晰、可控，有利于尽早识别风险和困难，制定解决措施，推进项目良好运作。

图 6-9 是 IPD 产品开发项目沟通实践案例，各企业可根据项目特点进行借鉴或裁剪。IPD 产品开发项目基于项目群管理方式进行管理，每个领域的项目作为 IPD 产品开发项目的子项目，在子项目经理的带领下自组织运作，产品开发团队

定期召开项目组例会，各领域核心代表参加。每个子领域输出本领域的项目运作周报，并汇报给产品开发项目经理。通过 PDT 团队的运作，实现沟通全方位、项目状态清晰可控，并有效识别风险和困难，一起制定解决措施。这种沟通方式比较适合分散办公的情况，但要记住，最有效的沟通还是面对面的非正式沟通。

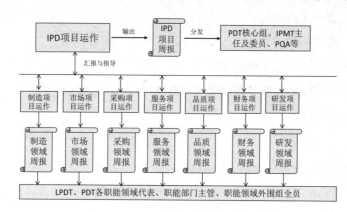

图 6-9　IPD 产品开发项目运作实践

2. 项目监控机制

PDT 经理应建立符合团队特点的状态监控机制，同时也应当鼓励 PDT 经理和各领域核心代表采用非正式的沟通方式获得项目状态信息。通常，项目团队以分层例会的方式进行监控。例如，研发项目经理通过研发域的项目例会监控研发项目计划执行情况；采购代表通过例会或非正式会议监控采购项目执行情况；PDT 经理召集核心组成员开例会，对整个产品开发项目的项目计划进行监控，识别问题和风险，推进项目的进展。

以下是周例会会议纪要模板样例。

×××项目第 × 周例会会议纪要

□ 时间：2019 年 × 月 × 日 AM 9:00—10:00

□ 地点：研发大楼 502 室

□ 与会成员：例会的成员相对固定

□ 历史出席情况统计：一目了然地列出各个领域或代表的出席情况（请假/准时/迟到/缺席）

□ 遗留问题跟踪：对历史遗留问题进行跟踪记录，做到会议遗留问题的闭环管理，这是开会时的第一个正式议题

☐ 会议纪要：
- ✓ 领域（模块）计划完成情况
- ✓ 存在的问题和风险
- ✓ 下一步计划
- ✓ 会上主要结论
- ✓ 遗留问题的序号、问题描述、责任人、解决时间

以下是项目状态报告模板样例。

×××产品开发项目第×周项目状态报告

一、基本信息
- ✓ 项目名称
- ✓ PDT 经理
- ✓ PQA
- ✓ 报告周期

二、项目基本情况
- ✓ 项目目标概述（摘自项目 Charter 材料，描述项目的目标）
- ✓ 项目里程碑计划及当前所处阶段（采用时间轴方式展现）
- ✓ PDT 核心团队组成（可以采用结构树的方式，包括 PDT 经理、各个 PDT 核心成员、PQA 等人的姓名工号）

三、上期遗留问题进展
- ✓ 遗留问题序号／问题描述／上次状态／本次进展情况（对上一周／双周报遗留的问题的解决情况进行展示，以期督促遗留问题责任人尽快解决，可采用表格的形式）

四、当前 TOP 问题
- ✓ TOP 序号／问题描述／应对建议（由 PQA 和 PDT 经理一起识别当前的 TOP 问题，以期引起相关主管关注）

五、项目详细状态
- ✓ 项目进度偏差：DCP 和 TR 的计划时间点与实际时间点的偏差、产生偏差的关键原因、改进建议
- ✓ 项目 PCR（项目管理审查）次数：PCR 日期、时间、原因、结果，以及根据审查结果进行调整后的项目计划（如有多次 PCR，需要列

出每一次的情况）
- ✓ 产品包需求变更率：需求从 TR1 基线化受控以后，进行了多少次变更，变更率是多少，变更的阶段是什么，变更的原因是什么（市场/研发）
- ✓ 设计规格变更率：设计规格从 TR3 基线化受控后，进行了多少次变更，变更率是多少，变更阶段是什么，变更的原因是什么
- ✓ 项目各领域当前交付件完成情况：交付件名称、责任人姓名、当前进展（未开始/进行中/评审中/已完成/已受控）、状态灯（红/黄/绿）（要与阶段文档交付清单计划对应起来）
- ✓ 项目各领域当前交付件质量：交付件名称、责任人姓名、缺陷密度、规范性检查结果（优/良/中/差）
- ✓ 职能领域项目进展：各个领域业务计划的评审结果（也称 XR）、交付件完成情况（要先制订职能领域的交付件清单和计划）
- ✓ 专家评审支撑情况：交付件名称、责任人姓名、评审专家名单、有效意见数（有效意见数可以不放在周/双周报里面，但需要由交付件责任人进行统计，并提交给 PQA）
- ✓ 费用偏差

六、项目优秀实践和表彰

- ✓ 优秀实践与表彰（PQA 可以根据自身观察和 PDT 经理反馈，发现项目运作过程中的好人好事，通过发布优秀成员名单和事迹，营造持续改进的项目文化与氛围）

七、审计发现

- ✓ 审计发现：IPD 流程符合性（通过 PQA 规划的交叉审计规划，在项目关键阶段策划审计活动，并形成审计报告，将主要发现写在这里）

3. 项目管理的度量指标体系

"平衡计分卡"的创始人卡普兰说过，"没有度量就没有管理"。产品开发项目也需要将项目运作状态量化，才能进行有效管理，发现改进点，制定改进措施。表 6-1 是某公司自定义的项目管理度量指标、指标目的及定义，并列出了统计指标数据的负责人。每个企业都应该为项目管理制定符合项目特点和企业实际的度

量指标体系，并在企业内部达成共识，这样才容易落地执行。度量指标体系的长期运作有利于形成组织的基线数据，便于衡量组织的能力与状态，也有利于组织的能力和状态的持续改进。

表 6-1　某企业项目管理度量指标

度量指标	指标目的	定义	统计人
进度偏差	反映项目的实际进度与计划里程碑时间点的偏差	进度偏差＝（DCP/TR 的实际通过日期 –DCP/TR 的计划日期）/（DCP/TR 的计划日期 –Charter 日期）＊100%	PQA 负责统计，PDT 经理协助
产品包需求变更率	反映需求受控后的变更情况，间接反映 CDCP 前的需求分析质量	产品包需求变更率=CDCP 产品包需求受控后增、删、改的需求条数/基线化时的产品包需求条数	PQA 统计，SE 提供数据
设计规格变更率	反映总体及系统参数与配置受控后的变更情况，间接反映 PDCP 前的系统设计质量	设计规格变更率=PDCP 后增、删、改的设计规格条数/基线化时的设计规格条数	PQA 统计，SE 提供数据
工作量变更率（可选）	反映产品包需求变更或设计规格变更对计划稳定性造成的影响程度	工作量变更率＝产品包需求变更或设计规格变更引起的工作量变更（人天）/基线化前的工作量评估＊100%	PQA 负责统计，SE 协助提供
缺陷密度	反映交付件的输出质量状况	缺陷密度＝评审发现有效问题的加权和/交付件规模（文档页数）（权重定义：致命问题=5，严重=3，一般=1，提示=0）	PQA 负责统计，文档负责人协助
费用偏差	反映项目运作过程中的费用控制能力或费用的计划准确性	费用偏差=(实际费用 – 计划费用) / 计划费用＊100%	财务代表统计，PDT 经理协助

项目管理体系建设实践

本章前几节介绍了项目管理的重点概念、产品开发流程和项目管理的关系、基于 IPD 产品开发流程的项目管理中的一些实践做法和主要注意事项。但项目管理作为产品管理体系中的重要部分，不仅仅是一套理念、方法或实践，只有将其体系化，它才能转化为组织能力，而不仅仅是个人能力。

那么，如何将项目管理能力体系化呢？企业不仅要重视项目管理实践，还需要发展符合自身特点的方法论。例如，IBM 的 WWPMM（全球项目管理方法论）、华为的 RDPM（研发项目管理）等。其中 RDPM 是针对华为的研发项目特点制定的研发域项目管理方法体系，有兴趣的读者可以在互联网上搜索相关的资料。

本书将华为的 RDPM 项目管理体系进行扩展，将其应用于基于 IPD 的产品开发项目的项目管理中，本书称其为 PDPM（产品开发项目管理）体系。

PDPM 体系由商业目标、项目生命周期模型、项目组织模型、项目文化 4 个支撑模块，以及知识域、工具、模板和术语 4 个子模块，共 8 个模块构成，如图 6-10 所示。

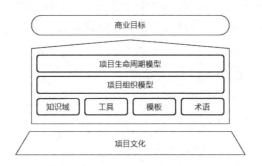

图 6-10　产品开发项目管理体系模型

下面介绍除"术语"外，PDPM 体系中各模块的含义和关键活动。关于"术语"，应根据不同企业的特点和文化背景，形成所在企业项目环境下的专有或具有特色的词汇解释列表，以便统一企业的项目管理语言。

围绕商业目标的产品开发

产品开发项目的商业目标不仅是满足客户的需求、给客户带来价值，同时还要满足企业的业务需求，包括但不限于市场份额、销售收入、利润率、产品和技术竞争力等的提升。进行产品开发项目管理时，要确保产品开发项目向商业目标看齐，PDT 经理可通过以下关键活动来进行管理。

（1）PDT 经理参与产品立项阶段，参与项目 Charter 的开发，确保准确把握产品的商业目标。

（2）通过和 IPMT 高层决策者沟通，使 PDT 经理能够了解更多关键的背景信息。沟通渠道包括但不限于在产品开发过程中，PDT 经理向 IPMT 进行 XDCP 决策评审汇报；IPMT 向 PDT 经理传递关于商业目标的信息。

（3）PDT 经理和核心代表进行沟通，沟通渠道包括但不限于项目启动会、项目例会、各领域交付件评审会、DCP 汇报材料评审会，保证各领域活动围绕项目的商业目标展开。

（4）PDT 经理还可通过拜访客户、接待客户来访、客户满意度访谈等活动，和外部客户在商业目标上对齐,特别是对于 B2B 客户,需要深入理解其业务挑战和需求。

与 IPD 产品开发流程相一致的项目生命周期模型

基于 IPD 产品开发流程的项目生命周期模型和 IPD 产品开发流程是一一对应的。因此,构建与 IPD 产品开发流程相一致的项目生命周期模型是规范项目管理的基础。产品开发项目的整个过程包括项目立项准备、项目概念、项目计划、项目执行和项目关闭 5 个阶段,分别对应产品立项阶段和 IPD 产品开发流程的概念、计划、开发、验证、发布和生命周期阶段。

整个产品开发项目生命周期模型分为项目决策与指导流程、项目管理流程和项目使能流程,如图 6-11 所示。

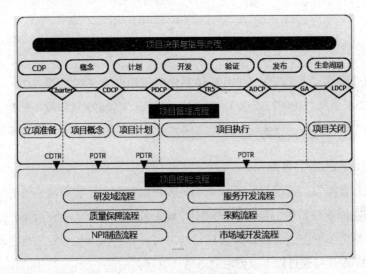

图 6-11 项目生命周期模型

1. 项目决策与指导流程

产品开发项目决策与指导流程是指 IPD 流程中定义的 DCP 决策评审与指导流程。IPMT 主要通过流程中设置的 DCP 决策评审点,对产品开发项目进行阶段性的决策评审和指导,通过这些 DCP 节点实现产品开发项目团队和决策指导团队的互动。该决策评审是针对产品包业务计划的评审,在进行正式的 DCP 决策前,各子领域需要完成子领域业务计划的评审,最后由项目经理整合为产品包业务计划,并在上会前进行 PDT 内部的评审,也就是 PDTR(PDT 评审)。关于 DCP 决策评审的操作过程可参见第 4 章的相关内容。

2. 项目管理流程

产品开发项目管理流程是指 PDT 核心组在整个产品开发项目生命周期内开展项目管理活动所遵循的流程。它包括制订端到端项目计划、管理项目计划的实施等，并定义了从立项准备到项目关闭过程中各个阶段的所有项目管理活动和交付文档要求，用于指导 PDT 团队聚焦项目商业目标，在规定的时间、成本、资源内确保项目交付。

3. 项目使能流程

产品开发项目使能流程是指项目各领域执行团队在整个产品开发项目生命周期内所遵循的流程，是 IPD 产品开发主流程的子流程，包括流程、方法、模板和工具等。产品开发项目使能流程在各功能领域都有子流程，如制造领域子流程、采购子流程、服务子流程、研发子流程等，通过执行这些使能流程来完成产品包的开发和交付。每个领域的子流程还可以进一步细化为子流程的使能流程，如研发子流程可进一步细分为系统分析与设计子流程、结构工艺开发子流程、软件开发子流程、硬件开发子流程、产品测试子流程等。

以研发领域为例，华为根据研发域的组织与业务划分，制定了支撑 IPD 产品开发的研发流程和各个专业领域的子流程。例如，系统分析与设计流程主要包括硬件、软件、结构开发子流程和集成与验证子流程，如图 6-12 所示。研发流程规定了各个阶段的关键活动、先后顺序、输入输出交付件和对应的角色，以及子流程和主流程之间的接口关系，为制订各子领域项目计划提供了流程支撑，也降低了对项目管理人员素质的要求。

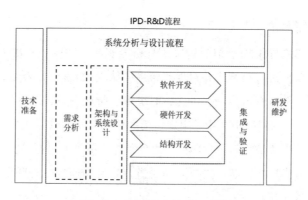

图 6-12　华为研发域使能流程

项目生命周期模型中明确定义了三类流程，分别指导不同的团队开展工作，这种项目管理模式保障了整个公司无论有多少产品开发项目，都可以采用一致的方法进行项目管理。

产品开发项目组织模型

IPD 产品管理模式下的产品开发项目组织模型（见图 6-13）描述了项目成功所需要的组织和团队，以及他们之间如何配合。在该模型中，根据各组织在项目中的职能，可将其划分为项目决策与指导组织、项目管理组织、项目执行组织，以及职能部门和项目干系人。下面重点对项目决策与指导组织、项目管理组织和项目执行组织进行说明。

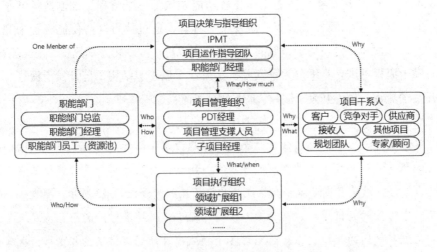

图 6-13 产品开发项目组织模型

1. 项目决策与指导组织

项目决策与指导组织承担项目决策与指导职能，遵循项目决策与指导流程，对项目的重大事项进行决策，并对项目管理团队提供支持与指导。在 IPD 产品管理模式下，其主要负责做出项目的 XDCP 决策、听取项目进展汇报、进行项目指导与支持等工作。项目决策和指导组织包括的角色主要有以下几个。

（1）IPMT。即集成组合管理团队，对项目组合的商业目标的实现负责。

（2）项目运作指导团队。主要对项目进行指导和监控，有些企业会成立项目管理办公室，对所辖业务单元的项目进行定期监控和指导。例如，华为 PDU 组织中的 OSG，就对本 PDU 范围内的所有研发项目进行运作指导。

（3）职能部门经理。在 IPD 模式下，职能部门经理不具有项目决策权，但具有项目指导权，对本领域的交付质量负责，所以其对项目的本领域活动具有指导作用。

2. 项目管理组织

项目管理组织的主要职能是进行项目管理，根据项目管理流程展开项目管理工作，对项目目标的实现负责，并将项目运作情况汇报给项目决策与指导组织。IPD 产品管理体系下的项目管理组织主要包括 PDT 经理及各职能领域子项目经理、POP（项目操作员）、CMO（配置管理员）等角色。下面简单对这些角色的职责进行描述。

（1）项目经理。行使项目管理职能，管理整个项目，以实现项目目标。对于产品开发项目而言，项目经理即 PDT 经理或者产品各个版本的版本经理。

（2）项目管理支撑人员。对于复杂和大规模的项目，项目经理可以把部分项目管理职能授权给一个或者多个项目管理角色，比如设置 POP（项目操作员）、CMO（配置管理员）、PQA（质量保障工程师）等。在华为的项目管理体系中，这些项目管理支撑人员来自专门的职能部门，由该职能部门统一进行管理和技能培训。

（3）子项目经理。行使一个产品开发项目的子项目管理职能，管理整个子项目，以实现子项目目标。对于一个产品开发项目而言，各个领域的领域代表即为该领域的子项目经理。

3. 项目执行组织

项目执行组织履行项目执行职能，负责根据项目经理制订的项目计划开展各种项目活动，保证高质量的交付。在 IPD 模式下，项目执行组织包括各专业领域的执行小组，如制造项目组、采购项目组、研发项目组等。各个子领域的执行小组下面还可以包括更专业的执行小组，如研发领域的工业设计组、结构开发组、硬件开发组、软件开发组、测试验证组、工艺开发组等，这些小组可能同时负责一个或多个子项目。

在华为公司的研发体系中存在着大量的项目，通常以"项目群"的方式对这些项目进行管理。下面通过图 6-14 来说明 PDT 是如何进行项目群管理的。

在项目群管理方式中，一个 PDT 团队同时管理着 n 个产品开发项目，这些项目具有不同的商业目标和特性，每个项目都可以称为该 PDT 中某产品的某个版本。

PDT 的核心团队成员通常是固定的，包括 PDT 经理、研发代表、服务代表、市场代表、制造代表、财务代表等，这些成员以及 PDT 经理共同构成一个 PDT 管理团队，对其下面的产品版本进行项目群组合管理，并向产品线 IPMT 进行业务汇报。每个版本的项目经理通常称为版本经理，版本经理承担着项目管理的职责，日常工作向 PDT 经理汇报，DCP 决策评审点相关工作则向 IPMT 汇报。

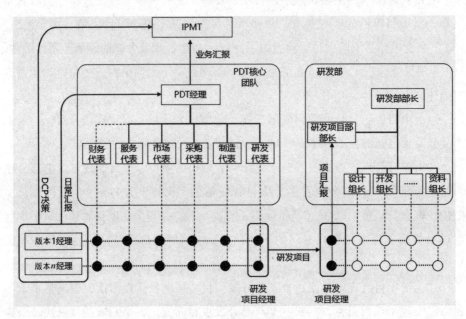

图 6-14　华为项目群运作

PDT 核心团队的各功能领域代表是多个版本的领域项目群经理，对该 PDT 下所有版本的对应领域的业务计划和交付负责。以研发域为例，PDT 团队中的研发代表负责管理本 PDT 下所有版本的研发项目经理。而每个版本的研发项目经理负责管理该版本研发域外围组成员，包括硬件开发、软件开发、结构开发、资料开发的扩展成员。该研发项目经理对研发部门而言代表着版本团队，对版本团队而言则代表着研发部门。在研发部门内部，研发项目经理遵循研发子流程开展研发项目管理工作，协调设计部、开发部、测试部、资料部等研发体系内部资源，开展研发领域的活动，同时向版本经理和研发项目部部长汇报工作。研发项目部部长承担了产品线、产品族的所有研发项目的项目群管理职能，而研发部部长则聚焦于部门的能力建设和人才培养，并作为项目指导委员会成员参加汇报会，为项目提供指导和建议。

从该 PDT 运作案例中可以看出，PDT 模式下的产品项目管理中，每个角色都存在着两种汇报关系，一种是向职能线直接主管汇报，另一种是向项目线项目经理汇报。在这种模式下，如何做好矩阵管理对项目的成败至关重要。

项目管理知识域

PDPM 项目管理的知识域包括整体管理、价值管理、范围管理、质量管理、目标成本管理、时间管理、财务管理、风险管理、人力资源管理和采购管理，掌握这些项目管理知识对做好产品管理，尤其是产品开发管理意义重大。在建设项目管理体系时，每个企业可根据实际情况进行定制，形成符合自身特点的项目管理知识域。

1. 整体管理

整体管理是对所有项目活动进行整合、统一管理，确保所有项目活动协调一致，并对项目涉及的内外部利益干系人进行协调和控制，以聚焦于项目目标的实现。整体管理包括参与 Charter 项目任务书的开发，制订项目计划，执行项目计划并监控执行情况，项目的变更控制以及项目的移交、沟通管理等活动。

2. 价值管理

产品开发项目的价值包含项目产出的价值以及项目运作所产生的价值，即对客户的价值和给组织带来的价值。价值管理包括价值分析、价值定义、价值控制和价值传递。价值分析的主要工作在项目的立项、概念阶段，主要表现在形成产品包需求和产品概念。在计划阶段形成最终的产品包需求和产品规格，这是项目产出的价值。在项目运作和管理上，在 PDCP 前也要明确通过本项目能够给组织、给客户带来什么价值。

3. 范围管理

收集和定义项目的需求，明确项目的交付成果，通过变更控制及验收活动，确保项目交付成果满足客户要求。范围管理包括范围分析、范围定义、范围控制和范围验收等活动。

4. 质量管理

制定项目质量策略、目标以及支撑目标实现的流程和关键措施，遵循企业产品开发流程或其他相关流程对项目进行质量管理，确保项目的流程和交付符合项目的质量要求。PDT 经理要传达正确的质量导向，明确质量要求，注意平衡好进度和质量的关系，防止为追求进度而牺牲质量。重点关注跨领域的质量保证活动，并确保质量问题得到闭环处理。质量管理包括制定质量策略和质量计划，开展质量保证与质量控制等活动。

5. 目标成本管理

这是一种基于市场竞争需要和公司盈利目标，要求产品按照预定的目标成本进行设计的一种成本管理方法。例如，项目经理组织设计人员分析和评估不同升级模式下的人力、费用、风险及应急措施，确定最有效的升级模式，降低服务成本。PDT 经理要根据产品的市场定位，综合考虑采购成本、制造成本、服务成本、销售成本等 E2E 因素，明确产品的目标成本要求，保证从设计上实现目标成本。目标成本管理包括目标成本分解、目标成本设计、目标成本的实现与验证等活动。

6. 时间管理

管理和控制项目的交付时间和进度，确保项目按计划进行，最终按时完成。PDT 重点关注产品开发、上市的节奏，确保资源达到最佳利用率。同时，做好跨领域的依赖关系管理。时间管理包括活动定义、活动评估、活动排序、计划制订、进度控制等。

7. 财务管理

财务管理包括费用评估与预算、费用控制等活动。对完成项目活动所需的费用进行预算和管理，确保项目费用在预算范围内可控；估算项目的预期收入，并对项目进行期间的实际收入进行管理，确保项目投资合理有效。PDT 经理首先要关注产品盈利，确保制造毛利率、销售毛利率、贡献利润率目标的实现。

8. 风险管理

对未知消极事件（可能影响项目的进度、质量、范围等的不确定因素）进行主动应对和管理，降低或者消除消极事件对项目的影响。PDT 经理要重点关注市场风险对产品的影响。风险管理包括风险管理规划、风险识别、风险分析、制订风险应对计划、风险控制等活动。

9. 人力资源管理

建立、管理和领导项目团队，确保项目的人力资源和团队绩效满足项目需求，且团队成员得到成长，达成双赢。PDT 团队成员来自公司的不同体系、不同部门，组织跨度大，PDT 经理要更关注团队建设，提升团队凝聚力，确保产品目标的实现。

人力资源管理包括人力资源规划、项目团队组建、项目团队管理、人力资源释放等活动。

10. 采购管理

从项目组织之外获取产品、服务及其他资源，确保在需要时，项目可以得到相应的产品、交付和服务。PDT 经理要重点关注外购件（如 IC 等）的可供应性，参与重要的采购谈判，保证产品供应的安全性。采购管理包括采购规划、采购实施、供应商管理等活动。

项目管理工具与模板

古人云："工欲善其事，必先利其器。"充分利用工具是保证项目管理的系统性和完整性、提升项目管理效率不可或缺的重要手段。项目管理工具种类繁多，主要包括计划管理工具、配置管理工具、变更管理工具、需求管理工具、缺陷管理工具、风险管理工具、管道管理工具、集成管理工具等。要有效地应用项目管理工具，必须充分考虑项目的具体情况，挑选合适的工具，组配成一套工具集，综合应用，才能使发挥效用。

以华为研发项目管理工具为例，针对 PDU 部长、开发代表和项目经理以及职能部门主管而言，主要关注的是整个 PDU 内各个研发项目的里程碑计划、项目依赖关系和人力资源管理等，所以他们的重要项目管理工具是多项目管理平台。而对研发代表、项目经理和各个子项目经理而言，主要关注 VRC 版本的单项目管理。华为常用的项目管理工具包括 JIRA、Microsoft Project 等。

项目管理模板是指导项目团队开展项目管理的有效工具，也是项目管理经验传承的载体。在 RDPM 项目管理体系中，使用的模板概括起来分为 4 类：用于启动项目的项目任务书模板、用于基线化项目工作的项目计划模板、用于监控项目过程的项目状态报告模板、用于总结经验教训的项目总结报告模板。下面简单介绍这些模板，供学习 IPD 产品管理和项目管理的企业和项目经理参考。

1. 项目任务书模板

产品开发项目任务书包括项目的商业背景、价值、目标（包括项目进度、费用、质量要求）、组织结构、验收方式、约束条件等信息。一份清晰、明确的项目任务书可以反映项目赞助人对项目团队和项目的要求，其包含的主要要素如下。

（1）商业背景。描述项目的总体目标、定位、目标客户价、盈利预测、竞争者等市场信息。

（2）项目目标。描述项目的期望结果、时间限制、费用限制。

（3）项目组织。描述项目组织中的角色、职责和权力，包括项目赞助、项目指导、项目团队。

（4）项目运作和汇报关系。描述项目团队与赞助人、客户、依赖项目、子项目、供应商的沟通和接口方式。

（5）项目验收方式和质量要求。

2. 项目计划模板

很多公司的项目计划模板就是一个项目进度模板，其实这是远远不够的。项目计划是指导项目执行的依据，承载了项目管理的关键信息和要素，是项目经理进行监控和管理项目的基线化文件，其包含的主要要素如下。

（1）项目目标。这部分是对项目进度、费用、目标成本和项目的关键交付、质量要求等目标的总体描述。

（2）总体策略。描述项目必须遵守的公司策略，以及为实现项目目标制定的项目策略，该策略应从各个领域子项目的执行策略中提炼和总结出来。比如研发域采用模块化设计，以满足提高 CBB 复用率的要求；引入外包资源开发非核心部分，以满足进度要求。

（3）约束条件。描述项目必须考虑的所有约束条件。

（4）客户信息。描述客户方的责任人，以及客户的期望和承诺。在某些项目中，如果外部客户责任人不能确定，可以从最能代表客户的部门中确定责任人。

（5）与其他项目的接口关系。描述本项目与其他项目的接口关系，确保依赖关系体现在项目进度计划中。例如，产品项目和平台项目的依赖关系，产品开发项目和技术开发项目的依赖关系。

（6）项目干系人。识别并列出所有的项目利益干系人，如客户、最终用户、合作伙伴、供应商等。

（7）项目价值。描述本项目对所识别的所有干系人的价值。

（8）项目范围。描述本项目的交付物和交付物的质量目标。

（9）项目质量计划。描述项目的流程裁剪依据、定制的项目开展过程、项目开展过程中的质量保障计划和交付件的质量保障计划，以及特别项目开展过程中的关键活动和 TR/DCP 的质量保障措施。

（10）项目采购计划。描述采购策略、关键采购项和供应商管理计划等。

（11）项目进度。描述详细的项目 3~4 级计划以及项目里程碑节点。

（12）项目预算。描述项目预算和预算管控机制。

（13）项目组织。描述项目的团队成员，包括核心组、外围组成员及其角色、职责、权力和汇报关系。

（14）项目风险管理。描述识别的项目风险，以及规避和应急措施。

（15）项目沟通计划。描述对内、对外沟通的策略，以及报告机制。

（16）项目移交和关闭。描述项目交付的验收过程和验收准则，以及项目经验总结、文档归档、项目关闭的方法。

完整的项目计划涉及的内容比较多，不是项目经理一个人能完成的，需要团队协作，共同遵守和执行。

3. 项目状态报告模板

项目状态报告用于项目经理向项目赞助人和项目运作指导团队报告项目状态，是反映项目状态的"晴雨表"。同时，通过项目状态报告，可以获取项目赞助人和项目运作团队的帮助和指导，确保项目正常运行。各个项目经理可以根据具体项目情况、风格与要求编写项目状态报告，目的是传递项目状态信息，并得到管理层的关注，特别是需要高层参与和指导的关键点，更要"标红加粗"。项目状态报告不能代替面对面交流，只是前者相对而言更加系统。下面是项目状态报告的关键要素，可供读者参考。

（1）项目的基本信息，包括项目名称、编码、级别、团队组成、报告周期、里程碑节点等，每期项目状态报告中的这部分信息可保持不变。

（2）上期报告中遗留问题的解决情况。

（3）当前项目的总体状态，包括项目所处阶段、主要进展情况、TOP 问题。

（4）项目的详细状态说明。用图形或表格描述项目的关键指标状态，包括关键 KPI 指标的状态，如进度、成本、需求变更情况、人力投入情况、关键交付件及质量保障情况等。将这些指标与项目计划进行对比，对于偏差严重的给予特别警示，并给出已采用的或待验证的纠偏措施。

（5）风险及遗留问题管理。给出最新识别的风险列表，包括风险描述、状态、优先级、影响、责任人、规避和应急措施等，总结本阶段遗留待解决的问题，给出解决时间、责任人等。

（6）项目优秀实践及表彰。对本报告撰写期间项目组涌现的优秀实践和事迹进行说明，对优秀团队成员和专家进行表彰。

产品开发项目的项目状态报告应在项目经理的带领下，由团队提供素材，项目经理负责汇总和整合，突出最需要项目干系人关注的部分，以利于项目的推进。

4. 项目总结报告模板

一次完整的产品开发项目总结应在项目 GA 后进行，但当某个 DCP 决策评审或临时决策评审决定终止项目时，也需要进行项目总结。项目总结报告重在阐述项目在价值、时间、成本和输出等方面的结果，以及与初始项目计划的偏差。此外，还需要总结从项目中获得的经验和教训。项目总结报告的目的是将项目中获得的经验和教训传递给以后的项目，使组织能力得到持续改进。项目总结报告由 PDT 经理组织项目团队一起完成，通常由各个领域先进行总结，最后由 PDT 团队进行汇总。以下是项目总结报告中包含的主要要素。

（1）项目总结概述。描述项目的基本信息，包括项目目的、项目目标、项目开展期间的重大变更等；对照项目计划，描述项目交付、质量、进度、成本等方面的目标完成情况，以及偏差说明。

（2）项目优秀实践总结。描述各个领域在项目开展过程中采用了哪些和以前不一样的实践活动，这些活动带来了哪些成功经验。这部分内容将成为组织后续开展项目和进行流程优化的重要参考材料。

（3）主要经验教训总结。总结项目在开展过程中遭遇了哪些挫折，团队是如何解决的，如何避免错误重犯，这个项目能给组织、流程、项目管理方法及工程活动带来哪些经验。这些经验教训都将成为组织的重要财富。

（4）优秀实践和经验教训的管理建议。如何将项目输出的优秀实践和经验教训融入组织的管理体系中，对此给出具体的操作建议。

项目经验教训总结可以通过召开经验教训总结会的形式开展，大家坐在一起，由项目经理或 PQA，或者邀请专业的引导师来组织，最终输出总结报告，并由专人跟踪措施的执行情况。

项目文化

很多公司在项目运作过程中不太重视项目文化的建设，其实项目文化是项目团队开展项目活动的润滑剂，能够帮助企业解决围绕项目做事的过程中人的问题。

建设项目文化的基础是一致的项目管理语言和核心价值观，其中核心价值观是项目文化的精髓，对项目文化的建设至关重要。有些企业资金非常雄厚，决定进入某行业开发新产品，于是花重金在行业内挖了不同企业的"牛人"。这些人专业能力都很强，在原企业都是骨干，但由于每个人都带有原公司的企业文化特征，具有不同的价值观,掌握的是原企业的产品开发流程、规范与术语等,在进入新的公司后,很多人都感觉到项目开展不顺利,团队沟通困难,对未来感到迷茫。究其缘由,其中之一是没有形成共同的项目文化。项目文化可以增强团队的凝聚力,减少内耗。项目文化建设的目标就是把企业的核心价值理念内化于心,外化于行,融入每个产品开发过程之中;将团队成员的知识、技能、经验有效地整合起来,形成一个高效的团队,使得团队创造的价值大于单个成员创造的价值之和。高效团队具有如下特征。

(1)团队成员具有共同的目标。

(2)团队成员具有一致的工作方法。

(3)团队成员之间沟通良好、互相协作、互相理解。

(4)团队的管理者能够洞悉影响团队成员协作的要素,并能高效管理团队。

(5)团队的管理者具有为大家所理解和接受的领导风格。

要使一群共同工作的人成为一个高效的团队,离不开团队管理者和团队成员的共同努力,还需要经历组建、磨合、正规、成熟这样一个循序渐进的过程。

团队组建之初,成员之间可能还了解不深,尤其是以前从来没有合作过的同事,或者是新入职的同事,相互之间对对方的脾气、性格、处事方式、专业技能等还不了解,对各自在团队中所担任的角色和负责的工作也不太熟悉。这时候项目经理要主动了解每个成员的特点,并组织一些活动,让大家尽快熟悉起来,以便迅速进入项目角色,真正形成一个团队,而不是一个个独立的个体。当团队合作形成后,工作重心要从"谁负责什么"向"该做什么"转移。在一个成熟的团队中,所有的团队成员相互依赖并共同承担责任。成熟的团队聚焦于以开放、坦诚的方式讨论如何解决面临的问题。

在 IPD 产品管理体系中,PDT 经理负责确定项目组织结构、建立项目团队。为了实现团队的最优配置,PDT 经理、职能部门经理和团队成员之间需要相互配合。在项目组建和团队任命时,就要考虑到团队的合理配置,这对项目能否取得成功影响重大。业界有大量的案例说明了这一点,因此,项目"班子"一定要搭建好。以下几点是高效团队要持有的价值观与行为准则。

(1)对齐。团队成员对团队和项目目标以及实现目标的战略有共同的认识和理解。

(2)承诺。团队成员能够致力于自己任务的完成、项目目标的实现,并且既有信心又有行动,能够说到做到。

（3）尊重。团队成员之间能够相互尊重，彼此欣赏对方，尊重对方的工作成果。

（4）参与。团队成员能够积极参与项目活动，相互协同，并且运用自己的知识、技能和经验，为项目做出独特贡献。

（5）信心。团队成员对彼此的能力与才智充满信心，大家相互信任，对项目成功充满信心。

本章小结

- 本章介绍了项目管理中的重要概念：项目管理、项目群管理、项目组合管理，这些是产品线项目管理中非常重要的管理方式。此外，还介绍了版本是产品生命周期过程中依据特性对产品做的细分，一个产品可以有多个版本。

- 知识域是项目管理的知识归集，产品开发项目管理的十大知识域包括：整体管理、价值管理、范围管理、质量管理、目标成本管理、时间管理、财务管理、风险管理、人力资源管理和采购管理。

- 项目管理过程组是按项目管理活动的逻辑关系划分的，在项目开发过程中的不同阶段，5个过程组可能都存在，只不过在不同阶段工作量不一样。

- IPD 产品开发流程和项目管理的关系可简单地概括为，IPD 流程是项目管理方法论在产品开发项目中的具体应用，而项目管理是推行 IPD 流程时必须具备的管理技能和方法。企业在推行 IPD 体系之前应先进行项目管理体系的建设和推行，从而为 IPD 体系的建设奠定良好的基础。

- 本章将华为 RDPM 项目管理方法拓展到产品开发项目管理中，形成了 PDPM 产品开发项目管理体系模型，该模型主要由商业目标、项目生命周期模型、项目组织模型、知识域、工具、模板、术语以及项目文化构成，该模型可为各研发型企业构建先进的项目管理体系提供参考。

第7章

CHAPTER 7

产品营销管理

> IPD 最根本的目的是使营销方法发生改变。我们以前做产品时，只管自己做，做完了向客户推销，说产品如何的好。这种我们做什么客户就买什么的模式在需求旺盛的时候是可行的，我们也习惯于这种模式。但是现在形势发生了变化，如果我们先埋头做出"好东西"，然后再推销给客户，那东西就卖不出去了。
>
> ——摘自任正非《企业管理的目标是流程化的组织建设》

引言

营销大师西奥多·莱维特认为,"没有哪一个有效的公司战略不是营销导向的"。产品本身也可以说是一种营销手段,是吸引和留住客户的"道具",这种"道具"的价值在于满足客户的需求,通过满足客户需求获得利润。产品营销管理是产品管理的重要组成部分,新产品的营销管理也同样需要重视。营销是产品包的一部分,如果没有认识到这一点,实践中就会存在这样那样的问题。这些问题主要表现在以下几方面。

产品上市的销售问题

销售人员没有参与到新产品开发中,对新产品的目标人群、产品卖点、销售注意事项都不清楚,缺乏销售资料和技巧指导,在和客户接触的过程中找不准潜在客户,销售效果不佳。

产品上市的质量问题

有些企业由于市场或客户压力,将未达到质量要求的产品急急忙忙推向市场,结果由于产品质量不稳定,客户反馈问题多,研发和维修人员只能到处"救火"。对B2C业务而言,这一问题经常会造成大面积退货、投诉,使品牌受到极大的损害,特别是在互联网时代,好消息不出门,坏消息传天下。对B2B业务来说,这一问题会导致研发人员要到处去"救火",很多时候公司高层还要向客户道歉。

产品上市的定价问题

新产品定价机制不合理,影响了产品的市场表现和盈利能力,高价值产品卖成了"白菜价",丧失了获取高额利润的商机。

产品上市的营销手段问题

缺乏对市场和客户需求的深度分析,产品定位和目标客户群模糊,对使用场景不了解,采用了不恰当的推广手段,不能将产品价值有效地传达给目标客户群,营销活动事倍功半。

产品上市的渠道问题

没有构建适合新产品的新渠道,或对已有渠道进行调整。不同定位的产品以及目标客户群,其渠道通常也会有所不同,比如面向大客户的产品主要采用直销模式，而面向大众市场的产品则可通过代理商、批发商、零售商、电商等渠道进行销售。当新产品目标的客户群与企业原有产品的目标客户群有较大差异时，原渠道可能就没有多少利用价值了。

产品上市的订单履行问题

从销售部门接到订单到产品交付的整个过程是需要很多部门参与的，如生产、PMC、采购、销售、运输等部门。由于产品上市前没有对整条供应链进行验证，结果上市后供应链系统没有做好准备，给产品按期上市带来了不利影响。

产品上市的服务准备问题

产品上市后对客户的问题反馈、服务要求等准备不足。比如产品服务电话没开通，或者接待员工没有得到应有的培训，业务不熟悉；又如备件没有准备好，维修人员没有得到应有的培训，导致上市后产品的服务口碑不佳，影响产品的市场表现。

出现以上产品营销管理中的种种问题的主要原因是，企业没有把产品营销管理作为产品开发管理的一部分，提前进行规划和开发。

产品营销管理流程

在 IPD 产品管理体系中，产品营销管理流程是产品开发管理流程的营销领域子流程，通过产品营销管理流程保障产品的成功上市。产品成功上市的标志主要有两个，第一个是目标客户在产品开发 GA 点时能够毫无障碍地买到、用到、被服务到。要达到这种状态，就要求企业在产品上市时打通产品信息的传播通道、从订单到交付的供应链渠道、从问题反馈到问题解决的服务渠道，使客户能迅速接收到新产品的信息，快速捕获产品的价值点并产生购买欲望，方便地完成和供应商的交易并拿到产品，拿到产品后能够方便地使用，使用过程中有问题能得到及时的解决。这就要求企业上市时同时具备服务能力，及时提供售后服务。第二个是产品上市后，在预期的时间内，通过营销活动获得销量，并取得预期的盈利。

产品营销管理流程是保障产品成功上市的业务流程，图 7-1 说明了产品营销流程与 IPD 产品开发流程及其他流程之间的关系。这个图的上半部分是产品开发管理体系，产品营销流程作为产品开发流程的一部分，从产品 Charter 开始，到新产品成功上市的 GA 点为止，是非常结构化的，这一流程由理解市场、盈利计划和上市三部分组成。

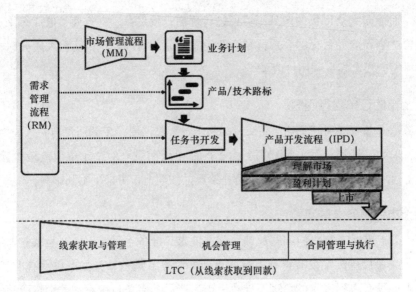

图 7-1　产品营销流程与 IPD 产品开发流程及其他流程之间的关系

理解市场

该部分内容主要包括以下几方面。

（1）市场环境分析。

（2）明确目标细分市场和客户群。

（3）明确客户面临的问题和核心诉求。

（4）明确产品定位和主要卖点。

该部分内容由《产品包业务计划》中的"市场分析"部分承载，从立项阶段到 PDCP，并在 PDCP 后根据市场变化进行更新。

盈利计划

该部分内容主要包括以下几方面。

（1）市场机会分析。

（2）确定目标市场份额。

（3）产品开发费用预算。

（4）确定产品的目标成本。

（5）产品初步定价和预测销量。

（6）回答如何通过市场活动、产品定价、目标成本控制等活动赢得市场，打败竞争对手，占领客户心智，进而获利。

该部分内容由《产品包业务计划》中的"业务盈利计划"部分承载,从立项阶段到 PDCP,并在 PDCP 后根据市场变化进行更新。

上市

该部分内容主要包括以下几方面。

(1)上市准备活动:如宣传造势、对外发布、对内发布与培训、营销资料准备、销售人员培训、订单履行准备等。

(2)营销策略和计划:制订上市策略与计划、品牌策略与计划、定价策略与计划、β 策略与计划、拓展策略与计划、切换策略与计划、迁移策略与计划等。

该部分内容由《产品包业务计划》中的"上市策略和计划"部分承载,从立项阶段到 PDCP,并在 PDCP 后根据市场变化进行更新。

下面列举华为的产品营销计划供读者参考。

作为《产品包业务计划》的重要组成部分,产品营销计划应在 PDCP 之前完成。产品营销流程是由各个专业领域流程来支撑的,而产品营销计划是由市场体系中的不同角色构成的跨部门团队共同完成的。华为营销流程的三部分主要内容及主要参与角色见表 7-1。

表 7-1 华为营销流程的主要内容和主要参与角色

营销流程	主要内容	主要参与角色
理解市场	主要包括描述市场概况、市场环境分析、竞争产品分析、市场策略制定、市场细分、明确客户问题与核心需求、确定产品定位和产品概述等	产品管理工程师主导,市场支持工程师、市场代表和销售代表参与
盈利计划	主要包括描述盈利概况、分析市场份额、分析市场机会、分析成本和费用、分析价格并定价、确定假设条件、预测销量、跟踪盈利计划等	产品管理工程师主导,财务代表、定价代表、市场代表和预测工程师参与
上市计划	主要包括制定上市策略、市场早期拓展、服务支持、客户迁移、渠道管理、风险规避、试用客户寻找、早期销售支持、确认样板点、产品培训、营销宣传、产品发布等	由市场支持工程师主导,市场代表、集成营销代表、服务代表组织和参与

对于按产品族或产品系列模式进行产品管理的企业来讲，并非每开发一款产品或发布一个版本都需要重新开发产品营销计划，实际上是可以采用平台化的策略来制订营销计划的。例如，对于一个全新的 V 版本而言，需要重新开发营销计划；但对于 V 版本基础上的 R 版本，则可通过更新 V 版本营销计划书的"理解市场"和"业务盈利计划"部分来生成该 R 版本的营销计划。而对 R 版本基础上的 C 版本，则可通过继承 R 版本的"理解市场"和"业务盈利计划"部分的内容，并更新"上市计划"部分的内容来生成 C 版本的营销计划。这样能够大大减少重复性工作，提高效率。

产品营销计划的关注重点

营销计划的质量

根据产品路标和版本规划，确定是需要重新写营销计划还是只做更新，本版的营销计划关注的重点是什么，哪些因素发生了变化。要保证营销计划的质量，明确进度要求、质量要求、评审要求、发布要求等，还要遵循企业的相关要求。

市场细分及目标市场的选择

市场细分要考虑细分的维度是否合理，所选择的目标细分市场的客户需求是否明确，产品的竞争地位、市场规模、战略价值如何，进入该细分市场的可行性、实现目标的可行性如何。

市场竞争分析

竞争分析的关键是选择好的竞争对象和竞品，识别提升自身产品的关键商业竞争力要素，精确到子要素，比如手机产品的存储器容量、价格以及摄像头的成像水平。通过竞争分析，给出打败竞争对手的关键策略。企业可以考虑采用 4P+2 的框架（见第 3 章）进行竞争分析。

产品开发过程中的需求管理

客户需求的实现与验证跟踪是市场代表最重要的活动之一。需求管理贯穿产品开发的全过程，市场代表通过产品开发的各个阶段，建立客户或市场与产品开发团队之间的桥梁，通过需求验证、需求确认、TR 评审、客户试用、需求变更控制等活动，管理好产品开发过程中的需求。

营销资料的开发

重点关注营销资料的规划（包括资料的类别、用途、数量、提纲和主要内容），相应素材的收集和开发，最终营销资料的评审和对内对外的发布。

产品上市培训

描述清楚培训的对象、开展的策略、培训的计划、培训课程的开发、讲师资源、培训效果的检验方式，保证培训信息的有效传递和培训需求的满足等。

营销计划的质量保障

通过设置评审点MR（市场评审）来保障营销计划的质量。

下面介绍华为是如何保障营销计划质量的，供读者参考与借鉴。

PDT经理和PDT市场代表是产品营销计划的责任人，对MR评审内容的及时性和质量最终负责。营销计划是产品包业务计划的一部分，只有通过了市场域的MR评审，才能合入产品包业务计划，形成DCP的汇报材料。

华为针对产品营销计划，在IPD流程中设置了MR1、MR2、MR3三个评审点，这三个评审点分别位于PDCP前、TR5后EDCP前、TR6后ADCP前。MR1关注营销计划的制订情况，MR2关注营销计划的执行情况，MR3关注营销计划的结果。MR1、MR2、MR3的关注内容如表7-2所示，企业可根据自身产品的特点进行定制。

表7-2 华为营销领域评审点评审内容

MR1	MR2	MR3
1. 细分市场和总体营销策略 2. 需求确认和竞争分析 3. 盈利分析 4. 上市策略和计划 5. 营销资料开发计划	1. 目标细分市场衔接 2. 上市计划的执行情况 3. 培训情况 4. 营销资料写作情况 5. 定价、配置器、准入认证和品牌宣传情况	1. 完成整套营销资料的编写 2. 上市活动质量评估 3. 目标细分市场衔接 4. 完成目标市场的培训 5. 完成定价、配置器、准入认证、品牌宣传

上市产品质量管理

客户购买产品，首先是为了完成自身的任务，满足自身需求，如果拿到的产品不能达到客户的要求，客户就会不满意。因此产品在上市前，一定要经过验证和确认,确保产品符合质量标准,满足客户的要求,包括质量要求和数量要求。第 4 章已经对产品的验证和需求的确认进行了详细的讲解,本章对 β 测试和早期销售控制进行重点阐述。

β 测试

产品在上市过程中有一个很重要的活动,叫用户试用,在 IPD 流程中统称为 β 测试,是指将过了 TR5 的新产品交给实际客户试用,目的是验证客户的需求是否得到了满足,并在客户的实际使用中暴露产品的问题。一般的产品都是在自己公司设计的,因此开发人员大多对客户现场的情况并不熟悉,很难在公司内部发现产品的一些潜在缺陷。要发现产品的潜在问题,要么在公司内部模拟客户现场的情况来进行测试,要么到客户现场进行实地测试。而模拟测试只能发现部分问题,很多产品问题只有到客户现场才能发现,因此必须要进行用户试用。用户试用是非常重要的,通过有效的用户试用,可以暴露产品的缺陷和问题,加快问题的解决和新产品的完善。β 测试的规划要在营销计划中进行明确,明确是否需要进行 β 测试、试用客户是谁、有哪些测试项。

早期销售控制

有些企业为了抢占市场,在新产品尚处于验证阶段,甚至还没有通过 TR6 时,就开始进行宣传和销售,签单发货,这种行为称为早期销售。但为了避免过度宣传和承诺造成风险,这个超前必须有一定的度,即必须是在一定的约束条件下进行的,也就是"受控宣传"和"受控销售"。受控宣传是指在新产品设计还没有完成,技术规格和性能还没有最终确定的时候,需要进行的一些宣传。这时的宣传往往是为了吸引一些客户,特别是那些马上要买竞争对手产品的客户。他们看到这些宣传上说"不要急,我们有一个更好的新产品马上要出来",就可能不会马上去购买竞争对手的产品,而是等待这个新产品出来后再做决定。这种提前宣传主要是为了抢夺更多的市场份额,但这种宣传和销售毕竟是在产品上市之前进行的,还有很多不确定因素,需要受到约束和管控,所以叫"受控宣传"和"受控销售"。宣传和销售为什么要受控?原因主要有以下几点。

(1) 受控宣传有助于技术和产品细节的保密。因为新产品还没有准备好,此时的宣传不希望让所有人都知道,特别是不希望让竞争对手知道,避免其反扑。反之,如果产品已经可以批量生产,就不需要保密了。

（2）防止在产品规格、性能和推出进度上对客户做过度承诺，维护客户的长期满意度。"控制"就是为了防止过度承诺。如果在公司层面上不控制的话，办事处、分公司、销售人员就有可能跟客户签一些无法履行的合同。因为此时产品研发还没有完成，合同中的过度承诺可能根本就做不到，未来可能造成客户投诉。

（3）防止不成熟的产品带来的问题迅速扩大，损害品牌形象。如果产品有很多问题，但不进行控制，而是提前签订了很多订单，那么问题会被批量复制，这会造成很多客户投诉，给公司造成非常不好的影响。

（4）减少因更改产品设计而带来的维护工作量和硬件呆滞物料数量，避免PDT到处"救火"，减少研发成本。提前销售的订单必须提前采购物料，而这时产品还没有开发完成，一旦设计发生更改，会造成很多已经采购的物料作废，订单越多，损失越大。因此受控销售期间，存在很大的呆滞物料风险，在产品最终定型前，必须控制销售的规模。

华为对早期销售有严格的控制，如在IPD产品开发流程中，设置有临时决策评审点EDCP(早期销售决策评审点)，要求只有达到TR5标准的产品才能销售，并且必须通过IPMT的批准。也就是说，TR5质量要求只是必要条件，而非充分条件。如图7-2所示，在TR5前是绝对不允许发货的，在TR5后、GA前进行销售发货，需要经过IPMT的严格评审，以控制销售风险。

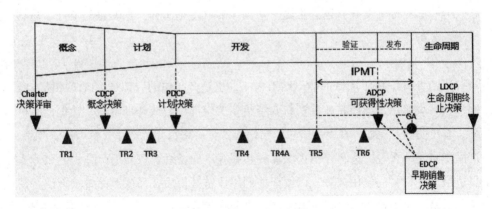

图7-2　早期销售决策评审点

产品营销资料开发

产品营销资料包括用于销售的资料、用于工程设计的资料、用于施工的资料、用于客户交流的资料等，不同企业的产品特点不同，使用场景不同，营销资料的内容也不同。

以华为的产品营销资料为例，其下游包括销售人员、工程人员、定价人员、成套人员等，因此产品营销资料包括产品宣传、市场投标、技术工程方案设计、产品定价、合同成套等活动的指导资料。这些资料是产品上市过程中所必需的重要信息，由 PDT 提供给各相关职能部门，并受控发放。产品营销资料主要包括以下几方面。

（1）销售资料包。主要用来指导销售人员的市场销售工作，包括产品概述、销售指导书、技术建议书、宣传 PPT、产品外部测试报告、产品入网证书等。其中销售指导书、技术建议书等明确说明了新产品有什么样的功能、什么时间可以签订合同等，销售系统必须在这些原则的指导下进行初期的销售工作，从而有效地控制整体的市场宣传和销售工作。

（2）工程设计资料包。主要用来指导投标前后的工程设计工作，以及技术方案和产品部件清单的制定等工作，包括产品命名和配置手册、现场勘测手册、工程设计指导书等。

（3）现场施工资料包。主要用来指导售后安装、现场督导等工作，包括安装手册、现场常见问题指南等。

（4）客户培训类资料包。主要用来指导客户培训工作，包括培训 PPT、培训方案和案例等。

营销资料是 PDT 团队的输出结果之一，也是产品包的一部分。PDT 团队在营销资料开发好后，还要将相关资料介绍给相关内部用户或外部客户，让他们听得懂、看得明白。比如，在上市阶段，给销售人员讲怎么介绍产品、怎么销售产品、产品卖点是什么等，甚至与销售人员一起到客户现场给客户介绍产品；给服务人员讲解售后资料的使用方法，以便让他们尽快掌握售后技巧或产品维护方法，甚至与服务人员一起到经销商那里去培训经销商和最终用户等。这种讲解越充分，产品上市之后收到的投诉就越少。下面对常用的几种产品营销资料的开发进行简单介绍。

产品卖点包装资料开发

产品卖点是需要包装的，经过包装的产品卖点材料是产品销售中的重要工具，有的企业称其为"产品一纸禅",就是在一张小纸片上把产品的卖点和特征描述得清清楚楚。电视台的广告、淘宝商城和京东商城的产品介绍页面其实都可以说是产品"一纸禅"。写产品"一纸禅"时,要从客户的角度去思考产品最好的卖点,包括当初在规划这个产品时主张的价值定位是什么,产品独一无二的特点是什么。

只注重突出自己的亮点是不够的,一定要注意用客户的语言来讲解,这一点很重要。研发人员多数是从技术角度考虑问题的,会说产品尺寸是多大,速度是多少。但是从客户角度出发,可能要说使用的时候有什么特点,比如说能在很短的时间内完成一个什么样的动作……所以,在写"一纸禅"的时候,应该找公司最资深的、在市场一线干过很多年且对这个行业非常了解的人一起审核,他会把技术语言全部改成客户的语言,这样才容易抓住客户。而对于研发人员写的材料,客户往往看半天也不知道在说什么,客户会说:"看了半天也不知道这个产品究竟对我有什么用处。"但是看了市场人员写的材料,客户可能就会说:"这个产品太好了,就是我一直在找的。""一纸禅"实际上就是用最简洁的文字或图片抓住客户的心理,这个其实是销售的基本功。

那么产品的卖点如何提炼呢?产品卖点的设计起始于产品概念阶段,基于市场分析、客户需求分析以及竞争分析,关键是找到客户购买产品的理由。产品的卖点应该是客户群的"痛点""痒点""兴奋点",卖点的探索要基于对目标客户群的深度理解,洞察客户自己都没有发现的潜在需求。卖点是规划、设计出来的。在有些公司,卖点也成为产品的特性,针对客户面临的问题和挑战、产品具备的能力,来指导产品的系统设计和开发。客户购买需求模型 $APPEALS 是规划和设计卖点的有效工具。前面对此做过介绍。这里需要强调的是,使用这个工具时要特别注意子要素的识别和分析,要和客户的需求比,还要和竞争对手比,根据自身的技术能力和资源能力去规划产品的卖点。这里说的卖点不仅仅是功能卖点,还包括服务、外观、包装、质量等属于产品包范畴的卖点,需要通过营销、服务、研发、品质、品牌共同创新,围绕差异去打造产品的竞争力。下面介绍华为手机 Mate 20 系列的卖点文案,供读者参考。

2018 年 10 月 26 日,华为在上海东方体育场发布了 Mate 20 系列手机。该系列手机一经发布,就受到了国内众多"花粉"的强烈关注,在当天更是创造了销售纪录,线上线下一机难求。华为的 Mate 系列手机主导商务旗舰,对标三星和苹果的高端旗舰机型。通过其宣传文案，大家可以发现其六大卖点：AI、徕卡三摄、超高屏占比、超长续航、微距拍摄、人像拍摄。

图7-3　华为Mate20 卖点宣传案例

产品售前引导材料开发

售前引导材料用于帮助销售人员促成签单，其内容可围绕以下三个问题展开阐述。

（1）客户为什么买这个产品或服务？要对客户的核心需求进行重点阐述，引起客户的共鸣。

（2）为什么现在要买这个产品或服务？对客户当前面临的压力和挑战进行阐述，目的是让客户产生紧迫感。

（3）为什么要选择我们的产品或服务？通过与竞争对手的产品做比较，向客户说明华为产品的优势与客户需求的匹配度。

售前引导材料的写作需要建立在深度理解行业和客户面临的问题和挑战，以及对自身产品和竞争对手产品的了解的基础上。售前引导材料通常主要用于企业的B2B业务。如果能将上述问题讲清楚，那么就是一份很好的售前引导材料，签单的概率会大大提高。

产品销售指导书开发

销售指导书是销售人员进行销售活动的重要工具,是营销团队开发的重要营销资料,作用是指导销售人员理解产品,帮助销售人员与目标客户进行沟通,将线索变成机会,最终签下合同。也就是说,销售指导书是给内部人员用的,不是给客户用的。

拓展阅读

销售指导书作用

(1)产品的概述:用于了解产品的概况。

(2)目标市场和主要机会:用于了解产品面对的目标细分市场和主要机会。

(3)产品定位及与主要竞争对手的优劣势比较:用于准确理解自身的产品和竞争对手的产品,知己知彼。

(4)产品的卖点和给客户带来的好处:用于销售人员将产品的价值准确地传递给消费者。

(5)目标客户群及典型客户画像:用于销售人员扫描和确认目标客户。

(6)产品支持人员及联系方式:用于销售人员及时找到产品支持人员,寻求帮助。

产品市场推广活动

产品市场推广是将产品的价值有效传递到目标客户群,使其听到、看到、感知到,为签单打基础。不同的行业、企业、产品,其推广策略都需要具体分析、具体制定,无论什么样的推广策略,都要紧紧围绕产品或产品战略目标来开展。B2B企业主要的推广策略包括现场汇报会、体验店、样板点、展览会、广告和发布会。而随着互联网的发展,B2C企业的营销策略除了以上几种,方式方法也越来越多,包括粉丝营销、社群营销、软文、事件营销等。下面简单介绍一些较为通用的推广方式,但不能将这些方式看成一个个孤立的营销手段,而应结合产品的定位、市场环境和竞争情况,形成一套"组合拳",整合营销,才能取得最佳效果。

产品现场汇报会

产品现场汇报会是在客户现场进行的宣传会议,往往和样板点宣传相结合。现场汇报会的材料要精心准备,要深度了解客户面临的问题和挑战,从客户角度出发,讲述产品给客户带来的价值,最好让试用客户现身说法,并让潜在客户实地体验。这种方式需要和试用客户建立长期战略合作关系,实践上存在一定的局限性。

设立产品体验店

设立产品体验店的方式特别适用于一些大众消费品,通过体验店将公司最新的产品活生生地展示给消费者,消费者可以亲身操作,现场体验。甚至一些概念产品都可以在体验店中展示,这样体验店就成了一个很好的宣传阵地。比如苹果和华为的产品体验中心都建在一线城市的繁华地段(见图7-4),展厅布置精心设计,通过工作人员的引导和讲解,让消费者了解产品的功能、性能,带给消费者的体验是全方位的。建立产品体验店越来越成为一种潮流。

图7-4　南京东路的华为体验店

打造样板点

打造企业产品和服务的样板点,对后续的营销工作具有非常重要的意义。样板点的打造应在营销计划中就做好准备,选择好目标样板点客户,及早和客户做好沟通,甚至可以以适当的优惠政策来获取客户对营销工作的支持。现如今,产品和服务的口碑对潜在客户的购买行为的影响越来越大,如 B2B 业务模式下的工业净化设备生产企业,可在制药行业的客户中,选择影响较大的大型企业建立样板工程,让潜在客户在未和企业合作之前,通过参观、考察样板工程,亲身了解产品特点以及产品使用情况,增强客户对企业产品的信心。

参加展览会

参加行业的专题展会也越来越成为一种产品营销潮流,通过参加展览会,有助于创造与目标客户接触的机会、宣传公司形象、促进产品销售、展示新产品、密切联系客户、实现对市场动态信息和市场需求的深度把握等。各个行业每年都有不同的展览会,首先要选择效果最好、定位和企业自身相匹配的展览会,充分考虑专业性、品牌性、权威性、国际性。展览会的时间和产品开发的时间节点要匹配,不能为了参加展览会而拼命"赶工",这就要求项目组合理安排项目里程碑节点的时间。对确定将参加的展会,参展的每个细节都要进行详细策划,否则就难以取得理想的效果。展览会的策划和设计是一个费时费力的工作,企业可以借助一些专业策划公司的力量来开展,才能起到事半功倍的效果。

媒体广告宣传

根据产品特点,通过适合的传播途径进行广告宣传,其要点是找到与目标客户群对路的宣传媒介,并有效地传达想要表达的信息。广告宣传需要慎重考虑两点,一个是宣传的途径,也就是通过什么媒介将产品信息推送给目标客户;另一个是宣传的内容,要能吸引客户的眼球,引起客户的购买欲望。选择广告媒体时,要根据企业所推广的产品和服务的性质来确定,因为不同的媒体在展示、解释、可信度、注意力和吸引力等方面具有不同的特点。比如电视广告就不太适合工业产品,专业期刊会更加对路。宣传内容要通俗易懂,能突出产品的卖点,避免模棱两可、不知所云,否则就不能给客户留下深刻的印象。

华为 Ascend P1 是华为开发的首批智能手机产品之一,也是如今 P 系列手机的鼻祖。该款产品在 2012 年 1 月举行的国际电子消费展上发布,华为为其投放了一段电视广告。广告在美国盐湖城盐滩拍摄,当时选用了贝多芬的《月光奏鸣曲》作为背景音乐。广告的内容是,一位身穿白衣、白发苍苍的古希腊老者和一匹雪白的飞马在雪地上来了个大碰撞,由这个碰撞产生了 P1 手机。对于这则广告,很多人看不懂,不知所云,华为内部也议论纷纷。后来经内部人士解读,观众才明白里面隐藏的含义，据说飞马代表华为手机完美的外观和卓越的性能，白衣智者代表华为在科技方面的智慧（见图7-5）。智者和白马的相撞代表智者能发现完美、追求完美，智慧和至美相结合，寓意只有具有智慧的客户才能发现华为手机的价值。很多人认为该广告没有清晰地传递产品的卖点和价值，无疑是较为失败的宣传案例。

图7-5　Ascend P1广告：老人与白马

召开产品发布会

现在不少企业通过召开新品发布会的方式进行产品推广，像苹果、华为、小米等都采用这种方式发布新品，每年定期举行，很是能吸引消费者和媒体的关注。召开产品发布会的整个过程都需要经过精心的准备，这些准备包括确定发布会的召开时间和地点、确定被邀请的媒体和消费者、准备发布会上使用的PPT和礼品、确定现场的整个议程和布置会场等，必须非常专业。搞得好，会对产品的上市推广产生非常大的促进作用；搞得不好，反而会起反作用。在基于IPD的营销流程中，发布活动的策略在概念阶段就要考虑，在发布阶段举行发布活动。发布会的策划工作不一定都由企业的营销人员完成，还可以聘请更加专业的外部策划公司来完成。

以上方法在产品推广中经常组合使用，在产品开发的概念阶段就应进行规划。随着互联网大潮的风起云涌，产品推广手段也日新月异，特别是一些企业利用事件营销，使产品价值和信息让更多目标客户及潜在客户感知到。

2014年3月17日，小米推出红米Note，广告语为："永远相信美好的事情即将发生。"两天后,华为推出新品荣耀 3X,广告语为:"更美好的事情已经发生。"4月 8 日,小米举办"米粉节";同一天,华为举办"荣耀狂欢节"。小米举办"小米主题设计大赛",口号为"这次,我们整点大的";华为也举办"华为 EMUI 手机全球手机主题设计大赛",口号为"这次,我们整点更大的"。

产品品牌管理

产品品牌规划来源于公司或产品线的战略,作为产品包的一部分,产品品牌开发也需要遵循 IPD 流程。从概念和计划阶段开始,产品品牌人员就需要参与到产品开发中,理解产品的定位和市场环境,以及客户对产品品牌的认知,根据企业品牌战略去规划产品品牌。品牌的定位要和产品的市场定位保持一致,品牌基本要素、应用要素的设计,如包装、外观、风格、LOGO,以及品牌的传播途径和传播方式要体现产品的定位。例如,定位为高端旗舰的华为 Mate 系列手机,如果采用到农村"刷墙"的方式进行传播,那么其品牌传播途径就与产品定位不匹配。

产品的命名是一个典型的产品品牌营销要素,特别是对 B2C 业务来讲非常重要,因为命名对产品信息和品牌的传播具有重大影响。产品的命名包括对内命名和对外命名,对外命名是为了让客户好称呼、容易记,方便在客户心中建立公司品牌和产品品牌。产品命名必须符合公司整体的营销要求,要考虑在成熟的商标和新商标之间如何切换和衔接,怎样宣传整个产品线等。只有在考虑了这些全局要素的前提下,才能给产品命名。给产品命名时,一般需要遵循以下原则。

(1)产品名称要适应产品开发等内部管理的需要。
(2)产品名称要适应市场推广的需要。
(3)产品名称在含义上要明确易懂,不应引起误解和歧义。
(4)产品名称应简短、易读易记。
(5)整个公司要统一规划产品名称的数字资源,避免产生冲突。

最后,如果可能的话,尽量用成熟的商标,避免申请新商标。因为申请新商标的周期较长,推广新商标更需要市场的持续投入。

拓展阅读

华为系列手机的品牌与定位分析

(1)P 系列。华为 P 系列主打时尚与拍照,定位高端,主要面向年轻消费群体,如华为 P20、华为 P20 Plus 等。

（2）Mate系列。华为Mate系列手机主打商务旗舰，定位高端，主要面向高端商务群体，如华为Mate 20、华为Mate 20 Plus等。

（3）Nova系列。华为Nova系列手机是2016年推出的一个系列，定位中端主流，主打线下市场，类似OPPO/vivo的策略，主要面向注重"颜值"、拍照功能的年轻消费群体。

（4）畅享系列。华为畅享系列手机，定位中低端，主打千元机市场。

（5）荣耀系列。主打互联网销售，追求极致性价比，主要面向年轻消费群体。

产品定价管理

产品定价管理是产品营销管理中非常重要的内容。根据产品在市场上所处的生命周期阶段以及在本公司所处生命周期阶段的不同，产品的定价应采取不同的策略，如表7-3所示。

表7-3 产品不同生命周期阶段的定价策略

本公司产品生命周期	产品生命周期			
	导入期	成长期	成熟期	衰退期
投入期	• 高价 • 高利润	• 较低价格 • 抢占市场 • 缩短投入期	• 防止正面冲突 • 灵活定价 • 进入细分市场 • 树立品牌	• 停止投入
成长期	—	• 保持高价，或逐步降价 • 确保市场占有率		• 低价甚至亏本销售 • 考虑退出该市场 • 推出替代产品
成熟期	—	—	• 价格适中 • 保持稳定利润 • 防止对手进入 • 满足各细分市场需求	
衰退期	—	—	—	

就单个产品的定价来讲，经常用到四种定价逻辑：基于成本的定价、基于价值的定价、基于竞争的定价以及撇油定价。采用何种定价策略，要结合产品的营销目标、定位、产品成本等内部因素，以及市场环境、客户需求、竞争情况等外部因素综合考虑。

基于成本的定价是传统企业常用的一种方法，就是对产品成本进行一个标准的加成。价格 = 单位成本 × (1+ 期望回报率)，这是被企业广泛采用的定价方法。但是这种定价是不符合经济学逻辑的，因为价格是买方和卖方共同达成的，基于成本的定价只考虑了卖方的意愿，而忽视了买方的意愿。这就有可能带来两种后果：如果价格远远低于顾客的支付意愿，那么企业就会失去许多本可以获取的利润；如果价格超过顾客的支付意愿，顾客就不会购买，规模销售就难以实现。

基于价值的定价是以顾客的感知价值为基础，综合考虑顾客的消费者剩余和企业的毛利水平以后进行定价的。这种定价方法不仅考虑了卖方的意愿，也考虑了买方的意愿，所以是符合经济学逻辑的定价方法。

基于竞争的定价是以竞争对手的价格为基础，加上产品的价值大小来进行定价的。因为竞争产品的价格对顾客感知价值有很大的影响，虽然企业没有直接考虑顾客感知价值，但是竞争产品的价格可以在很大程度上反映顾客感知价值。所以，基于竞争的定价也是比较符合经济学逻辑的。

撇油定价是指新产品在推向市场之初，利用消费者求新求异的心理，将新产品的价格定得很高，以求短期内把本钱赚回来。这种定价策略犹如从鲜奶中撇取奶油，故称为"撇油定价"。

华为 Mate 系列高端商务手机技术含量高，华为前期投入大，如果新产品上市价格偏低，势必会影响投资回报。而且，相对于其他类型的手机，高端商务手机面向的消费群体规模较小，这些高端消费者通常讲究形象，对价格的敏感程度相对较低。另外，这些高端消费者认为高价格才能体现高质量和高性能，定价偏低反而会使他们对产品档次产生不信任感，这是由高端商务手机在消费者心中的产品定位决定的。因此，无论是从企业自身获利性还是从消费者的消费心理出发，高端商务手机都应采取撇油定价策略。

在定价策略方面需要特别注意的是，不要等到产品出来以后再去定价，在概念和计划阶段就要进行初步的产品定价，根据可接受的毛利率水平确定产品的目标定价。产品上市一段时间后,定价和产品的成本会有下降的趋势,这一点在定价时必须予以考虑。此外,还要充分考虑不同配置下的产品定价策略,比如苹果手机中不同存储器容量的手机定价就有差异。而在工业品中,比如华为的基站产品,可根据不同的网络规划配置不同容量的基站,根据不同载波、不同容量制定不同的产品价格。还有的情形是把价格藏在服务里,通过卖服务和配件来赚取利润,针对不同客户类型实行不同的定价策略。比如对战略客户、大客户、利润客户和非利润客户给予不同的定价或折扣。

在产品线组合管理中,每一款产品都有其战略定位,有的是要走量,有的是要利润,有的是为了提升品牌形象,有的则是为了阻击竞争对手,定位不同,则定价的策略也不同。

产品的定价是一个非常重要的活动,不是一个部门就能完成的,需要市场、销售、研发、战略、财务部门共同参与。为此,有些公司会成立专门的定价委员会,制定相应的定价流程来支撑产品的定价活动。

产品渠道管理

要想让产品在市场上取得成功,就必须让产品方便客户购买和使用,而渠道建设和管理关系到客户购买的便利性和快捷性。在制订产品包业务计划时,需要明确本产品是利用原有渠道还是开发新的渠道。在考虑利用原有渠道时,应对原有的渠道进行审视,确定原有的渠道是否满足新产品的销售需要。如果不满足,则需要进行渠道的重新构建,保障产品能够通过新的渠道顺利销售给客户。例如,原先代理消费品的代理商就不适合代理工业品,因为面向的客户群不一样,其不具备代理工业品的相应能力,另外,也会影响其原先代理的产品。在进行产品渠道管理时,要考虑如何选择渠道成员、如何激励渠道、如何评估渠道、如何修改渠道决策、如何退出渠道等问题,同时还要考虑如何控制不同的分销渠道。关于产品渠道管理,本书只做简单介绍,想了解更详细内容的读者可参阅渠道管理相关专著。

服务与制造准备

产品开发要满足 GA 点的要求,就要让客户能够便捷地得到企业承诺的服务。产品在发布阶段,服务领域需要完成客户服务策略和计划的制定,并做好相关维护、工程安装、服务培训、备件等方面的准备,以便服务人员能及时提供售前、售后服务。每个企业的产品形态、业务模式、服务战略不同,其服务领域准备的情况也不同。

以华为公司的通信设备为例,其服务领域准备的材料包括以下几点。

(1)维护交付件,包括设备监控检查表、产品升级测试业务验证指导书、远程维护操作指导书等。

(2)工程安装交付件,包括标书模板、工程手册、工程质量检查标准、用户设备档案模板、数据采集指导书、勘测报告模板、勘测作业指导书。

(3)培训资料,包括培训大纲、培训胶片、学员用书、客户用书。

(4)备件,包括备件BOM清单、备件配比模型。

除了以上交付件外,服务领域还要完成相应的培训、考试等。

制造领域要确保在GA时,制造、订单履行环境都已经准备就绪,完成以研发状态向批量生产状态的切换,确保既定的制造和订单履行计划有序开展,生产准备能达到量产要求,同时产品的物料BOM状态完成从研发状态向生产状态的转变。

产品营销团队构建

产品营销团队是产品开发团队的重要组成部分,第4章介绍了MKTPDT是PDT团队的核心组成员,其在产品开发团队中代表营销体系,参与产品开发项目;而在营销体系中,其职位是该产品开发项目营销子项目的项目经理,该子项目的项目组成员应包括营销体系各职能部门的成员。

每个企业的营销体系组织结构不尽相同,其各个部门和岗位的分工协作各有特点,因此营销管理流程中的各项活动以及对应的岗位职责可根据企业和产品特点进行定制。产品营销管理业务流程随着企业的发展和战略的转变可能会发生变化,营销体系的组织也可能会进行调整,因为要与时俱进,服务于企业发展。

下面以华为某产品营销团队为例,直观地展示华为公司是如何从组织上保障产品成功上市的。表7-4为华为产品营销团队的构成与职责,其中值得借鉴的有以下几点。

(1)团队成员角色非常丰富,整个市场营销团队做到了精细化管理,每个领域甚至每个活动都有专人进行深入研究,分工明确且精细。

(2)把整个营销活动作为一个项目团队来运作,MKTPDT作为营销子项目的项目经理，对整个营销业务计划负责。MKTPDT 通常都是由资深营销人员担任，这些资深营销人员通常具有深厚的研发背景。因为在华为，每年都要有一定数量的资深研发人员转岗到营销体系，他们对公司产品有较深的理解。而且华为规定，上一年的绩效考核在 B+ 以上的研发人员才有资格转到营销体系。

（3）营销业务计划的开发有严格的流程作为保障，减少了营销活动对人的经验的依赖，同时还有质量保障人员进行监控。

（4）有定价工程师参与到团队中，为产品的最终定价提供指导。

（5）团队中有地区部市场支持工程师，这样将产品的目标客户群规划和销售的区域规划结合起来，有利于有计划地拓展市场。

表 7-4 华为产品营销团队构成与职责

角色英文	角色中文	职责
MKTPDT	PDT 市场代表	负责管理和驱动团队成员开展工作，对团队成员有考评权，是市场营销项目的项目经理
MSE	市场支持工程师	管理上市活动，负责营销资料的撰写，是支持市场拓展的市场域工程师
PME	产品管理工程师	从产品管理的角度去监控 PDT 执行 Charter 要求，跟踪盈利计划，参与市场分析和竞争分析等，是进行需求管理的工程师
BME	盈利模式工程师	组织制定和持续优化适合产品盈利计划和竞争需要的报价结构及价格策略。注意，其不是定价工程师，主要是从盈利角度去提供建议
NDE	网络设计工程师	负责制定产品折扣模型，配置参数模型，验证产品配置包
PDE	产品数据工程师	负责与产品配置相关的开发与评审工作
MQA	市场质量保障工程师	负责营销流程的监控和质量管理工作
IMC	整合营销传播工程师	负责制订产品发布计划并进行营销宣传
PE	定价工程师	负责价格分析与定价工作
SME	服务工程师	负责收集与分析服务需求，提供服务产品并推向市场
Sales	销售工程师	协助制定市场策略，提供 β 试验局点、提供市场和竞争信息等
R-MSE	地区部市场支持工程师	负责与机关互动，管理并落实地区部的市场工作
Forecast	预测工程师	负责营销中的销量预测工作

本章小结

- 产品营销流程是产品开发流程的营销域子流程，由理解市场、盈利计划、上市三部分组成。
- 上市产品质量管理：β 测试、早期销售控制。
- 产品营销资料开发：产品卖点介绍、售前引导材料、销售指导书。
- 产品市场推广活动：现场汇报会、产品体验店、样板点、展览会、广告、产品发布会。
- 产品品牌也是产品包的一部分，产品品牌的开发也需要遵循 IPD 流程。从概念和计划阶段开始，产品品牌人员就需要参与到产品开发中。
- 根据产品在市场上所处的生命周期阶段以及在本公司所处生命周期阶段的不同，产品的定价应采取不同的策略，常用的产品定价方式有：成本定价、价值定价、竞争定价、撇油定价。
- 产品开发要满足 GA 点的要求，就要让客户能够便捷地得到企业承诺的服务。产品在发布阶段，服务领域需要完成客户服务策略和计划的制定，并做好相关维护、工程安装、服务培训、备件等方面的准备，以便服务人员能及时提供售前、售后服务。
- 制造领域要确保在 GA 点时，制造、订单履行环境都已经准备就绪，完成从研发状态向批量生产状态的切换，确保既定的制造和订单履行计划有序开展，生产准备能达到量产要求，同时产品的物料 BOM 状态完成从研发状态向生产状态的转变。
- 产品营销团队是产品开发团队的重要组成部分，每个企业的营销体系组织结构不尽相同，其各个部门和岗位的分工协作也各有特点，因此营销管理流程中的各项活动以及对应的岗位职责可根据企业和产品特点进行定制。

第 8 章

产品生命周期管理

> 在科技飞速发展、新产品不断涌现,网络设备的部件会逐步老化,功能逐渐不能满足用户不断丰富的沟通需求,在节能环保、网络安全性、可维护性等方面也将面临越来越多的挑战,老产品会逐步被新产品替代。对产品进行生命周期管理,有节奏地引入华为新产品,可以更加有利于您(运营商)吸引客户,增强您的市场竞争力。
>
> ——徐直军《华为公司就产品生命周期致客户的一封信》

引言

提到"产品生命周期",一般有两种含义:一种是指产品从概念产生到退出市场的全过程,这是广义上的生命周期,也叫作"产品全生命周期",是本书中产品管理的范畴;另一种是指从产品上市(批量供货)到产品退出市场这一过程,这是狭义上的产品生命周期。在本书中,当提到生命周期管理时特指狭义上的生命周期管理。

产品的生命周期管理包含的内容很多,包括对产品上市后的市场营销、产品销售、产品制造与交付、客户服务与技术支持、产品与技术重用、老产品处置、新老产品的切换等进行管理,目的是提高营收,降低整个公司的运作成本,保证客户的满意度,达到产品线、产品族的整体绩效最优。这里强调整体绩效最优,就是要求企业或产品线关注的不仅是单个产品或产品的某一个版本的业绩,而是要进行综合考虑,使整个公司、产品线或产品族的组合绩效最优。就单个产品而言,从产品发布到产品退市,企业投入的成本与从市场获取的收入之间存在着图8-1所示的曲线,理解了这个曲线,也就理解了组合绩效最优的意义。

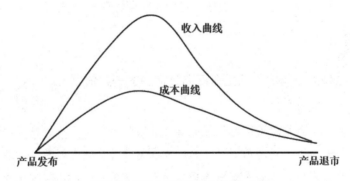

图8-1 产品生命周期成本与收入曲线

从新产品上市到产品的生命周期终止,不同的企业、不同的行业,时间跨度长短不一。例如,电子通信产品的生命周期长的也许一两年,短的也就几个月;而对于医药、调味剂、饲料、工程机械、化工、建材等行业,其产品的生命周期有的可以长达几年甚至数十年。越是竞争激烈的行业,产品生命周期越短,产品生命周期管理也就越重要。

有的公司非常重视研发,但不重视产品的生命周期管理,产品上市后就任其自生自灭；有的公司没有规范的产品退市管理，只管生不管死，没有意识到没有市场竞争力的产品不退市会带来生产管理、采购管理、产品维护方面的诸多问题；有的公司没有做好产品生命周期中新老产品的切换工作，导致客户不满意、市场管理混乱；还有的公司技术导向严重，没有从产品的市场表现和客户反馈中获取经验教训，迭代改进产品，最终导致产品被市场和客户抛弃。

应该说，产品早期的创意、概念、定义、开发、上市的整个过程，主要是人力、物力、财力投入的时期，进入生命周期阶段后开始有销售收入，才开始产生效益，前期的投入才有了收获。如果把产品比喻成一个人，进入生命周期阶段就像孩子出生，而前期的产品定义、开发、上市的过程，就像十月怀胎的过程。产品上市前就像"人的先天成长"，产品进入生命周期阶段就像"人的后天成长"。所以产品定义、开发过程、营销策划一定要慎重，这决定了产品上市后的表现。而产品在后天也需要加倍努力，不断学习和改进，根据市场形势和客户反馈不断优化，以期取得最佳的市场表现。

其实，华为公司在生命周期管理上也是不断摸索、熟能生巧的。针对运营商客户，华为实现了从解决问题到经营生命周期的转变；从不懂规则到按照 EOX 规则执行的转变；从存量负担到存量增收和盈利的转变。下面从《华为公司就产品生命周期致客户的一封信》中体会华为对生命周期管理的理解。

拓展阅读

华为公司就产品生命周期致客户的一封信

尊敬的客户：

产品的更新换代是电信行业的普遍规律。在科技飞速发展、新产品不断涌现的同时，网络设备的部件会逐步老化，功能逐渐不能满足用户不断丰富的沟通需求，在节能环保、网络安全性、可维护性等方面也将面临越来越多的挑战，老产品会逐步被新产品替代。对产品进行生命周期管理，有节奏地引入华为新产品，更加有利于您（运营商）吸引客户，增强您的市场竞争力。

华为一直按照行业惯例进行着生命周期管理，已经建立了生命周期管理体系，明确了产品生命周期策略及产品终止策略。为了更好地帮助您理解华为生命周期策略及产品终止策略，提高您对产品未来演进的可预见性，并提早做好业务准备，我们郑重地给您致信，希望和您达成共识。

图 8-2 所示为华为产品生命周期的关键里程碑。

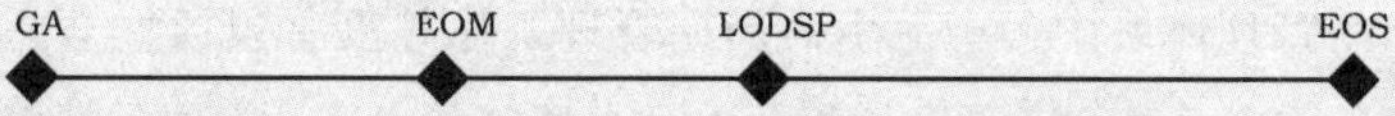

里程碑	全称	定义
GA	General Availability	产品包可以大批量地交付给华为客户的时间
EOM	End of Marketing	产品停止接受新建和扩容订单
LODSP	Last Order Date of Spare Parts	备件最后购买日。在备件最后购买日后,正常维护用的备件可以通过购买服务产品获取
EOS	End of Service&Support	华为公司停止此产品服务和支持

图 8-2 华为产品生命周期的关键里程碑

图 8-3 所示为华为软件版本生命周期的关键里程碑。

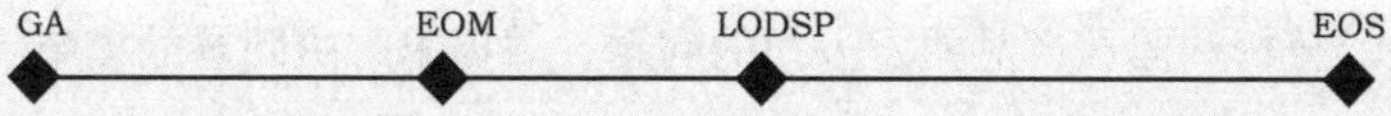

里程碑	全称	定义
EOM	End of Marketing	华为公司停止接受软件版本的新建和扩容订单
EOFS	End of Full Support	华为公司停止为软件版本开发新补丁
EOS	End of Service&Support	华为公司停止对软件版本提供服务

图 8-3 华为软件版本生命周期的关键里程碑

基于以上规则,我们会制订每一个产品和软件版本的生命周期计划。这些计划会在路标交流的时候向您传达,并且在产品和软件版本的生命周期关键里程碑节点到来之前的至少6个月通过公司网站、邮件、电话等方式通知您。

更重要的是,我们希望您也一起参与到生命周期管理活动中来。您可以在路标交流时反馈对产品和版本生命周期的期望。同时我们也愿意在停止销售或服务之前,和您一起评估网络运行风险并商讨解决方案。希望通过有效的沟通,我们能一起把握好网络和产品的节奏,享受遵从这一自然规律而实现的最大化社会价值。

关于产品生命周期管理的任何问题和意见,请及时告诉您的销售代表或服务代表。

徐直军

投资评审委员会主任

华为技术有限公司

产品生命周期管理的主要工作

在 IPD 产品管理体系中，产品生命周期管理工作并没有包括整个公司的运营管理，而只是重点关注和产品密切相关的重大调整及改进，主要包括以下几个方面。

（1）市场活动。分析和监控产品销售、产品市场推广、促销、价格等方面的情况和问题，并做出解决问题和持续改进方面的决策和调整。

（2）供应链管理。分析和监控产品在订单预测、物料采购、产能调整、库存、配送等方面的情况和问题，并做出解决问题和持续改进方面的决策和调整。

（3）售后服务。分析和监控产品在服务领域的服务效率、服务质量等方面的情况和问题，并做出解决问题和持续改进方面的调整。

（4）研发。分析和监控产品研发方面的问题，并提出解决问题的措施。

（5）对产品生命周期做定期回顾和总结分析。

（6）产品可测试、可制造、可维护等 DFX 内部需求的收集、汇总和总结。

（7）产品退市申请、退市方案的制定及执行等。

不同的行业和企业以及不同的产品，其生命周期管理活动会有些许差异，需要根据产品特点去梳理、设计，但以下这些关键活动在产品生命周期管理中是必选项。

产品生命周期中的绩效管理

产品上市以后，随着市场的拓展，使用产品的客户越来越多。同时由于竞争态势的变化，原先制订的产品包业务计划在执行过程中需要根据客户与市场环境进行调整。只有持续地监控产品的市场绩效表现并迅速给出有效的对策，才能使产品跟上市场和客户需求的变化。这种监控可以通过定期的产品经理例会进行，每个领域汇报各自领域业务计划的执行状况。以产品族或产品线运营的公司，通常会将所辖的多个产品或产品系列的运营状况放在一起进行汇报，通过管理例会来发现需要改进的地方，并制定相应的改进措施。

为了监控和管理业务计划的执行情况，很多公司会设置一些度量指标来量化执行效果，这些度量指标由专门的度量组织负责统计。

华为公司质量部有专门的度量组织，定期统计和分析各个产品族产品在网上的运行情况，由财务部和成本部来统计各个产品族产品的财务和成本数据，这些数据依赖于产品线的度量体系和IT手段。度量体系的构建不是一朝一夕的事，但企业可以从最简单、最容易操作的数据做起，如客户的投诉率、生产线的产品直通率、产品的销售数据等，然后逐步完善。表8-1列举了产品生命周期管理中各领域的主要监控项目以及常见的改进措施。

表8-1　产品生命周期中各领域的主要监控项目及改进措施

领域	监控项目	改进措施
研发领域	持续跟踪客户反馈、客户满意度 持续跟踪新技术、新架构、专利、CBB等有利于提高产品竞争力的技术	规划产品新版本
市场领域	持续跟踪目标实现情况、市场环境、竞争情况、客户订单和销售数据、渠道问题、定价问题、客户反馈、营销效果等	调整营销方案，确保市场变化和营销方案的匹配度
采购领域	持续跟踪供应商的物料质量情况、价格情况	引入新的供应商 持续降低成本
制造领域	持续跟踪产品生产制造效率和直通率、开箱合格率等生产质量指标以及产品匹配度、订单履行及时性等	来料检验 改善生产及工艺流程 提高产能
质量领域	持续跟踪供应链质量指标、客户满意度	推动客户满意度提升 监控公司内部质量环境
服务领域	持续跟踪服务绩效指标的达标情况，如服务及时率、服务问题关闭率等	服务领域的持续改进
财务领域	持续跟踪产品的市场财务状况	定期输出产品运营绩效报告，以供公司进行产品线/产品族决策时参考

产品生命周期中的退市管理

产品要什么时候退市？首先可以依据产品包业务规划中确定的产品生命周期终止时间来考虑产品是否需要退市。除了规划外，产品经理还要考虑当前的实际情况，实时监控产品运营指标，包括销售额、毛利率以及市场份额等，通过对这些指标的分析，来决定这个产品是否值得再卖下去。如果已经没有毛利，或者市场份额急剧缩小，那么为了夺回市场、提高客户满意度、提高利润贡献率，就需要考虑推出新产品来替换已有的老产品。

产品退市分为停止销售（EOM）、停止生产（EOP）、停止服务（EOS）三个阶段。首先要根据市场形势来确定停止销售的时间和安排，然后根据实际订单需求情况来确定停止生产的具体时间和安排，最后根据订单交付情况以及客户在用产品的寿命来决定停止服务的时间和安排。实践中，根据公司商业模式的不同，有些公司是先停止销售再停止生产，有些公司是先停止生产再停止销售，而停止服务一般都是最后的阶段，而且这个阶段往往会花费最长的时间。退市的过程几乎涉及公司的所有部门，这些部门必须协同工作，才能保证整体退市工作的有序进行。

华为的产品在退市之前要进行LDCP评审，也就是"生命周期退出决策"。由产品经理牵头准备LDCP评审材料，由IPMT进行决策评审。评审内容包括产品业务计划总结、申请退市的原因，以及退市方案和计划。一般来说，具体退市计划的内容包括以下几方面。

（1）市场方面。产品退市前后的市场整体安排，何时停止销售和宣传，如何执行。

（2）制造方面。何时停止制造和发货，如何执行。

（3）采购方面。何时停止采购，如何处理在途订单和库存，如何执行。

（4）客户服务方面。何时停止服务，未来的产品配件如何安排，如何执行。

（5）研发方面。如何用新的产品来接替即将退市的产品，新产品何时上市，如何执行。

（6）财务方面。对于整个产品进行生命周期财务评估和总结。

退市工作是跨部门的，应该由什么团队来负责呢？实践中，根据不同公司的具体情况，有多种可能性。有些公司的PDT在项目结束后并不解散，而是成为一个固定的团队，这种情况下可以由PDT负责退市工作。有些公司在产品上市后将生命周期管理工作交给一个专门负责生命周期管理的团队（LMT），退市工作就由这个团队来负责。更多的情况是，PDT已经解散，也没有LMT，这时可以由产品经理牵头，成立一个临时的"退市工作项目组"，来负责整体的退市工作。

产品生命周期中的新老产品切换管理

实践中，企业为了不丢失已有的市场地位和份额，会在老产品退市的同时，推出新的产品去填补老产品退市后的市场空缺。所以老产品退市和新产品上市往往是同时进行的,有点像接力赛,又称为产品的新老版本切换。如图8-4所示,企业对这个切换过程的管理和控制是非常重要的,因为版本切换涉及市场、物料、生产、人员等各个方面的工作。

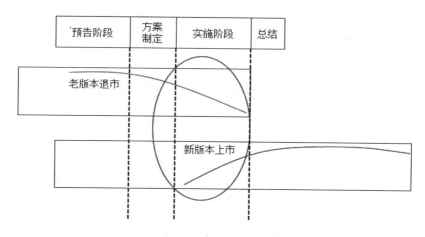

图8-4 产品新老版本切换管理

在版本切换之前,产品经理要组织各部门制订详细的版本切换计划,保证版本切换在整个公司运营系统中顺利完成,避免公司遭受损失。版本切换计划主要管理从老版本退市前到新版本上市后的整个过程,涉及公司的各个部门。在版本切换计划的执行过程中,需要公司所有部门相互配合,售后、生产、采购、销售等各个部门都要按照切换计划执行自己所负责的工作。以物料控制为例,版本切换涉及市场、研发、采购、生产、客服等部门,如果控制不好将会造成订单来了却由于没有足够的物料而使订单无法履行的情况;或者物料采购回来却没有足够的订单消耗,造成呆料、死料的情况。

如果把企业之间的产品竞争看成是一场战争,那么当产品上市后进入产品生命周期阶段时,这场战争就真正爆发了。这时要根据瞬息万变的市场形势及时调整作战策略,以免贻误战机,也就是说,企业要做好产品生命周期的管理工作。同时,很多事情是作战之前就决定了的,如产品规划、产品的定义和定位、产品开发等,这些都是作战的基础,所以产品量产前的各项工作也是非常重要的。

下面以华为DBS3800产品的EOS公告为例,来看看华为对新老产品切换的精细化管理(有删减)。

拓展阅读

华为 DBS3800 产品的 EOS 公告

尊敬的客户：

为了更好地协助您应对市场变化和技术创新的挑战，华为特将 DBS3800 产品关键生命周期里程碑时间向您知会，希望此信息能在您制订未来网络发展计划时提供参考。

华为 WCDMA DBS3800 产品于 2019 年 12 月 31 日起正式停止服务。该日期之后不再提供有关该产品的任何服务（包括服务热线电话）。同时，从停止服务之日起的一年时间里，您可以访问华为技术支持网站查询或下载该产品相关 FAQ 和已知问题解决案例。表 8-2 描述了 WCDMA DBS3800 产品的关键里程碑节点、定义及日期。

表 8-2 WCDMA DBS3800 产品的关键里程碑节点、定义及日期

关键里程碑节点	定义	日期
停止销售日	华为公司正式停止销售该产品的日期，是产品停止接受订单日，包括新的订单和扩容订单。该日之后，产品将不再销售	2012-12-31
备件停止销售日	备件停止接受订单的日期	2013-06-30
停止服务日	华为公司提供产品服务的最后日期。在该日期之后，客户将不能获得有关该产品的任何服务	2019-12-31

华为公司提供了与退出版本有相似特性和能力且性能更佳的 DBS3900 版本。建议您使用或升级到新的版本，我们才能继续为您提供高水平的服务。

华为公司希望此通知有助于您提前规划未来的网络，本措施不会影响业已存在的服务关系与服务质量，同时建议您使用或升级到新的版本，从而让我们能继续为您提供其他优质产品与服务。

华为技术有限公司

2017 年 07 月 31 日

产品生命周期管理组织的职责与支撑体系

通常，负责产品生命周期管理的组织分为以下四种。

（1）由 PDT 团队负责，这种情况下，PDT 承担了 LMT 的职责。

（2）成立专门的跨部门团队 LMT，专门负责产品的生命周期管理。

（3）产品经理通过管理 PDT 和 LMT，管理产品的全生命周期。

（4）既没有 PDT，也没有 LMT，那么只能由产品经理组织协调各个部门共同对产品生命周期的绩效负责。

是否需要成立专职的 LMT，主要与企业战略及所在行业有关，很多公司并没有严格区分 PDT 和 LMT，PDT 团队既要进行产品开发，又要进行产品生命周期管理。对某些竞争不是很激烈、产品迭代不是很频繁、产品生命周期较长的企业来讲，PDT 和 LMT 可以是同一个团队。而对于产品更新换代频繁、要求聚焦于新产品创新的企业来讲，有必要成立专职的 LMT 团队来负责产品生命周期管理，让 PDT 团队聚焦于新产品的开发管理，这样两个团队各有侧重，各司其职。无论由哪种组织负责产品生命周期管理，其承担的职责都是一样的。下面重点说明 LMT 经理的职责以及跨部门 LMT 团队核心组的关键职责。

LMT 即生命周期管理团队，包括 LMT 经理以及市场、供应链、采购、财务、技术、服务、研发和质量等领域代表，其作用是完成生命周期阶段的所有活动和交付件，管理生命周期绩效，使得产品利润、成本、客户满意度达到最佳。

LMT 经理的关键职责主要包括以下四点。

（1）分析产品的市场销售变化情况，根据最新的市场形势及时制定市场调整策略，具体包括产品价格、渠道、推广和促销等方面的策略。比如，当发现销售量下滑的时候，要不要采取一些调整措施？要打广告还是要开拓新的渠道？当发现产品的价格或毛利率下跌的时候，是不是要启动一些降低成本的措施？

（2）参与、监控公司的供应链管理工作。产品顺利上市后，供应链体系会通过销售订单系统输入销售的产品数量，然后系统会把这些订单分解到生产环节和采购环节，排成生产计划，然后进行生产、销售、发货等一系列工作。LMT 经理要监控这个体系是否在正常运行，是否能够满足迅速变化的客户和销售终端的需求。如果这个体系在运行中存在问题或者瓶颈，就要立即组织相关部门讨论，并提出改进措施，迅速解决。

（3）参与技术和维护服务的重大问题协调。因为客户需求的变化或者产品原有的设计缺陷等,以及产品在量产过程中碰到的技术问题,可能会造成客户投诉或者影响品牌形象,而且问题往往涉及很多部门,这时就需要由 LMT 经理出面,紧急协调各个部门,迅速解决问题。为了对客户投诉和重大问题进行跟踪管理,企业应该建立数据库,通过电子流来进行产品问题的提交、处理、审核、跟踪,把问题跟踪到底。这些问题解决以后还要及时进行总结。如果发现这个问题是共性问题,其他产品也存在类似问题,就需要推动其他的产品也主动进行整改。通过这种方式主动解决产品问题,把问题消灭在还没发生的时候。

(4)承担产品退市管理工作。LMT 经理要根据最新的市场形势和整体的产品规划,提出产品退市的申请,并组织相关部门制定详细的退市计划和方案,监督退市计划的执行,保证产品在不影响客户满意度的情况下顺利退市。

LMT 团队核心代表的关键职责有以下几点。

(1)负责评估本领域产品的表现,提供所需信息,及时刷新生命周期产品所需的所有交付件。

(2)向 LMT 经理通报本功能领域发现的重大和共性机会,并提供建议。

(3)代表职能部门执行 LMT 团队的决定,推动本领域执行改进措施。

(4)LDCP 决策评审点之后,LMT 成员根据决议执行项目计划,执行终止活动并监控进展情况,如果项目超出承诺的范围就要通知 LMT 经理。

一个强有力的 LMT 团队的良好运作,离不开企业各个方面的支持。和 PDT 团队一样,LMT 团队也需要合格的人力资源和任职体系。实践中,企业要做好产品生命周期管理,以下几个方面需要重点加强。

(1)建立企业产品运营指标监控体系。销售、财务、营运等部门要建立量化的指标数据收集、汇总、分析、预警体系,从而为产品的市场表现提供"温度计"。企业产品运营指标监控体系作为一种实时监测的手段,能够使产品经理敏锐把握市场形势的变化,做出正确的判断和调整。这些指标一般包括市场份额、市场占有率、销量、价格、利润、成本、重大质量问题数量、投诉率等。这个体系要求现代企业构建高效的 IT 系统来支撑。

(2)建立解决问题的闭环机制。有了宏观的视野和思维,有了监测手段,产品经理才可以正确地判断市场形势,提出改进措施。但是措施要落实,必须建立问题的跟踪解决机制,保证责任落实到人,才能真正解决问题。

(3)培养有整体视野和思维的产品经理、PDT 经理、LMT 经理。在产品生命周期阶段,产品经理、PDT 经理、LMT 经理一定要关注整体市场,从整个市场、行业和竞争环境、产品系列和规划等角度来看待单个产品,不能不顾整体而只关注单一产品。只有有了整体的视野和思维,才能正确看待单一产品的市场表现,也更容易解读各种企业内部和外部的现象。在生命周期阶段,要定期对照整体的产品规划进行总结,通过分析前期规划与实际执行之间的偏差,找到进行产品调整的思路和线索。同时经过不断总结分析,规划水平也会进一步提高。

华为公司产品生命周期管理团队的运作

华为非常重视产品的生命周期管理,设置有专门的 LMT 团队,这样 PDT 团队可以更加聚焦于产品的"优生",而 LMT 团队则聚焦于产品的"优育"。PDT 团队在立项阶段就参与到产品的生命周期规划活动中,在产品的 PDCP 节点即输出初步的产品生命周期计划,到 ADCP 节点时形成最终的生命周期管理计划。

LMT 团队作为产品生命周期管理的主体,PDT 需要向 LMT 移交相应的产品开发文件,包括产品包交付件、产品运营绩效目标、营销计划、生命周期计划以及各个功能领域的业务计划,如图 8-5 所示。

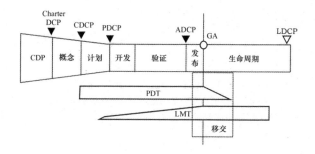

图 8-5 PDT 向 LMT 的移交

在生命周期阶段,LMT 根据 PDT 团队输出的生命周期计划,结合市场情况,管理营销和销售的绩效、生产的绩效、服务/支撑的绩效,直到产品退市。由此可见,华为并不是让产品的生命周期任由市场摆布,而是进行有规划的管理和控制。

华为的生命周期管理主要通过例会方式进行定期的审视,通过审视不断驱动各个领域的改进。通常以产品 GA 后交付的内容为基础,围绕最终的产品包业务计划提炼产品生命周期检查表,由生命周期管理团队定期进行审视,不断更新,不断优化。产品线的盾量代表负责组织例会运作,并检查运作情况。LMT 依据产品运营绩效目标,例行监控市场、制造、服务绩效的实际表现,进行差距和机会分析,制定改进措施,并推动 PDT 和职能部门落实。

本章小结

- 产品生命周期管理是对产品上市后的市场营销、产品销售、产品制造与交付、客户服务与技术支持、产品与技术重用、老产品的处置、新老产品的切换等进行管理，目的是提高营收，降低整个公司的运作成本，保证客户的满意度，达到产品线、产品族的整体绩效最优。

- 产品生命周期管理的主要工作包括绩效管理、退市管理和新老产品切换管理。

- 产品生命周期管理团队是产品生命周期管理的主体，根据不同企业和行业特点以及公司战略，采用不同的方式，可由PDT团队承担、产品经理组织或成立专门的LMT团队负责。

- 做好产品生命周期管理需要构建各个领域的绩效度量体系和IT系统，以及培养有相应能力的产品经理、PDT经理和LMT经理。

第 9 章

CHAPTER 9

产品开发成本、费用与财务管理

> 产品开发是一个特殊的确定性项目,应有计划、有预算、有核算,不仅投入应财务可视,过程及核算也应财务可视。要加强财经队伍的建设,为实现有效管理而努力。
>
> ——任正非在华为公司 IPD 建设蓝血十杰暨优秀 XDT 颁奖大会上的讲话

引言

产品开发的主要目的是满足市场和客户的需求,并从中获取商业回报,也就是带来收入。本章介绍产品开发这种投资行为涉及的财务相关问题。企业高层管理者、产品经理都需要掌握与产品管理相关的财务问题,学会从投资的角度去看待产品管理。

产品上市后的收入是不是等于利润?是不是每种产品卖得越多赚得越多?衡量一个项目值不值得投资是否要考虑投入产出比?到底什么样的项目才值得投资?这些都是需要从财务角度考虑的问题。以新产品开发为例,新产品上市后获得的收入,扣除税收和成本/费用,所得的净利润才是真正赚到的。图9-1为产品销售收入、净利润、税收、成本/费用之间的关系示意图。不同的企业和行业,其产品销售收入的构成内容和比例会有所区别,有些企业会突出人工成本、售后成本等。

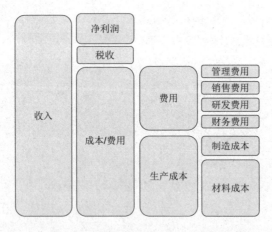

图 9-1 产品销售收入、税收、成本/费用

由此可见,要想获取更大的利润,一方面要"开源",增加收入;另一方面也要"节流",降低产品成本和各项费用。产品的成本/费用主要由销售费用、管理费用、财务费用、制造费用和材料成本等构成。这其中与产品开发直接相关的要素主要是材料成本、制造成本、研发费用,其他则是间接要素。本章重点介绍产品开发项目组可以直接控制的成本/费用的管理,最后介绍IPD体系下的企业和产品线的财务管理知识。

产品目标成本管理

目标成本管理流程模型

目标成本管理是一种"以终为始"的产品成本管理方法,是将产品利润目标作为产品的开发目标,反向推导并设定该产品的目标成本,然后在开发过程中去控制成本,最终评估产品目标成本的实现情况。产品的目标成本主要由目标设计成本、人工费用、制造费用以及售后成本组成。

基于 IPD 的产品目标成本管理流程框架如图 9-2 所示。

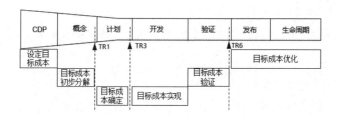

图 9-2 基于 IPD 的目标成本管理流程框架

1. 设定目标成本

在立项阶段就要对产品的目标成本进行初步设定,作为初始产品包需求的成本要素。目标成本和产品的毛利率设定、产品的定价有关,目标成本设定过高,在产品售价一定的情况下,产品的毛利率就低。它们之间的关系可以用公式"目标成本 = 单位价格 × (1− 毛利率)"来表示。单位价格和毛利率这两个变量决定了目标成本。如何确定产品的单位价格呢?实践中,需要通过竞争分析、市场分析、客户群分析和企业自身分析四个方面来考虑,由公司或产品线的定价小组或委员会来制定一个合理的价格。需要注意的是,产品在不同的生命周期阶段和竞争环境下所采取的定价策略是不一样的。而毛利率是企业或产品线对新产品开发项目设定的利润红线,低于这个红线就通不过立项评审,所以最低可接受毛利率是项目的利润底线。这两个变量确定后即可计算出产品的目标成本。

在研发型企业中,产品成本管理尤其关注由产品设计方案决定的成本,也叫设计成本,一般包括生产成本和售后成本。售后成本也叫技术支持费用、技术支援费用等。而生产成本包括材料成本、直接人工成本和制造费用。

以下举例说明目标成本的设定方法。

（1）设定目标设计成本。
- 单位价格（不含增值税）：1000元。
- 毛利率目标：30%。
- 目标成本 =1000×（1-30%）=700（元）。

（2）设定目标生产成本。
- 售后成本比例为10%（根据经验数据假定），则售后成本 =700×10%=70（元）。
- 目标生产成本 =700-70=630（元）。

（3）设定目标材料成本。
- 假设直接人工＋制造费用的比例为20%（根据经验数据假定），630×20%=126（元）。
- 目标材料成本 =630-126=504（元）。

复杂产品的售后成本是非常高的，比如华为基站产品的售后成本，包括运输成本、安装成本、维护成本等，这方面的成本甚至占到了总设计成本的50%以上。因此，华为专门成立了相关组织和团队开展降低售后成本的工作，比如一键升级、远程故障诊断等。

2. 分解目标成本

概念阶段的重要工作之一就是完善初始产品包需求并形成产品概念，在确定概念方案前，要先设计几种备选的概念方案，而是否满足初始目标成本是形成备选概念方案的重要依据。同时，在设计备选方案时，也要考虑到如何将初始目标成本分解到不同的子系统中。通过不同备选方案的多方面比较，最终选出最优的备选概念方案。关于概念方案的形成，站在成本角度，重点考虑以下几个方面，可以大大降低设计成本。

（1）产品和技术平台的重用性。
- 评估已有结构、软件、硬件平台，是否可在已有的产品和技术平台的基础上开发。
- 评估是否可以借用现有的成熟结构件、单板、软件等。
- 对复用/移植的模块进行成本分析，包括移植工作量、减少的工作量、物料成本等。

（2）关键部件/器件的复用性。
- 考虑多种部件/器件解决方案，引入多家供应商竞争。
- 相关器件和技术研究部门提供技术支撑。

（3）E2E（端到端）全流程的成本最优，而不是局部成本最优。
- E2E成本分析是比较和确定备选概念方案时的一个重要考虑因素。
- 进行E2E成本均衡和优化分析。

3. 目标成本确定

计划阶段目标成本管理的重点是，在概念阶段选定的最优概念方案基础上，进行初始目标成本的精确化分解，确定产品的最终目标成本。这个阶段需要将产品的全流程目标成本需求转化为产品包的成本设计规格，并分解到结构件、单板、模块、关键器件、工程安装、维护、物流等成本中。同时，制定出降低产品成本的关键措施，并体现在设计方案中，如远程诊断降低维护成本、模块化设计降低安装成本。该阶段的重点工作内容包括以下几个方面。

（1）将产品需求分解到各子系统、子模块中，如结构、硬件、软件等，并形成产品的总体设计方案，以及各子系统、子模块、关键器件的概要设计方案。

（2）与企业现有产品或竞争对手产品进行成本对比分析，通过成本功能分析方法制定降低成本的措施，并最终确定目标设计成本。

所谓成本功能分析方法，通俗地讲就是"好钢用在刀刃上"，将目标成本中的大头尽量分配给对产品价值贡献最大的部件和模块。

某产品主要由A、B、C、D、E、F六个部件组成，每个部件具有不同的功能，共同构成产品的某种特性。

如表9-1所示，首先通过部件功能分析，得出每个部件的累计得分，根据累计得分计算出每个部件的功能评价系数，该系数越大，代表该部件对该产品特性的贡献度越大。表中所示部件A对产品特性的贡献最大，部件E、F对产品特性的贡献最小。原设计成本中，每个部件的成本是不一样的，但并没有根据部件的特性贡献度进行分配，成本系数和功能评价系数是不匹配的。通过计算功能评价系数占成本系数的比例，得到每个部件的价值系数，这个价值系数代表该部件对产品特性的贡献度，这也是目标设计成本的依据。

表 9-1　各部件功能价值分析

功能\部件	计算功能评价系数						
	功能1	功能2	功能3	功能4	功能5	功能6	功能贡献得分
A	-	1	1	0	1	1	4
B	0	-	1	0	1	1	3
C	0	0	-	0	1	1	2
D	1	1	1	-	0	1	4
E	0	0	0	0	-	0	1
F	0	0	0	0	1	-	1
合计							15

确定目标设计成本								
部件	累计得分	功能评价系数	原设计成本	成本系数	价值系数	目标设计成本	应降低成本
A	4	26.7%	1000.0	23.8%	112.0%	1066.7	-66.7
B	3	20.0%	900.0	21.4%	93.3%	800.0	100.0
C	2	13.3%	800.0	19.0%	70.0%	533.3	266.7
D	4	26.7%	1000.0	23.8%	112.0%	1066.7	-66.7
E	1	6.7%	200.0	4.8%	140.0%	266.7	-66.7
F	1	6.7%	300.0	7.1%	93.3%	266.7	33.3
合计	15	100.0%	4200	100.0%	-	4000	200.0

该案例中，原设计成本为 4200 元，目标设计成本设定为 4000 元。将 4000 元的目标设计成本通过价值系数进行分解，得到每个部件的目标设计成本，进而得到每个部件的应降低成本。该案例中，部件 A 因其价值系数较高，原设计成本较低，需要增加设计成本 66.7 元；部件 F 因其价值系数较低，原设计成本较高，需要降低设计成本 33.3 元。各部件的原设计成本和目标设计成本的对比如图 9-3 所示。

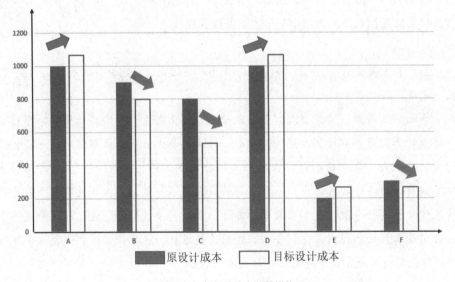

图 9-3　各部件成本调整措施

4. 目标成本的实现与验证

在 IPD 流程中，开发与验证阶段是目标成本实现和验证的主要阶段。开发阶段目标成本管理的重点在于器件选型的监控，避免器件设计成本超标。验证阶段目标成本管理的重点在于监控目标成本实现率和产品的可生产性，关注质量成本。

5. 目标成本优化

产品发布和生命周期阶段是产品目标成本优化的主要阶段。发布阶段的目标成本管理需要特别关注材料成本和 BOM 的正确率，生命周期阶段的目标成本管理的重点在于持续监控售后成本、寻找成本优化机会并将其纳入新的产品包业务计划。

在激烈的市场竞争中，降价是产品促销的重要法宝，那么如何在降价的同时保障公司的利润呢？进行产品的成本优化是保障利润、提升销量的重要手段。不断推出降低成本的版本，需要研发、采购、生产制造等部门的共同努力，在保障满足产品质量要求的前提下，共同做好目标成本管理。

研发项目费用管理

研发项目费用管理流程模型

研发项目费用管理是指对完成项目活动所需的费用进行预算和管理，确保项目费用在预算范围内可控。产品开发过程中的费用主要分为两类，即直接费用和间接费用。

直接费用是项目组可控的费用，是项目经理和产品开发团队关注的重点，包括业务费用和员工费用。业务费用是用于产品开发业务的费用，如合作费用、物料费用、资料费用、软件费用等；员工费用包括项目人员的工资及附加费用，如加班费、奖金，可以通过控制工作量和项目进度来控制员工费用。

间接费用是项目组无法直接控制的费用，比如项目所需要的行政/运作费用，还有仪器的折旧费用、租赁费用等。通常这些费用先归集到部门，再按一定方法（如工时比例）分摊到项目。对于这部分费用，项目经理主要关注费用分摊的依据和合理性。

基于 IPD 的研发费用管理流程模型如图 9-4 所示。

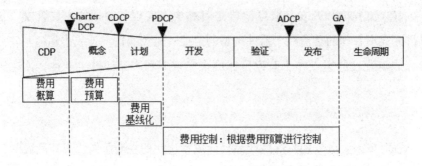

图 9-4　基于 IPD 的研发费用管理流程模型

在立项阶段，要对整个项目所需投资进行粗略的概算，其准确性一般控制在 30% 以内即可。在概念阶段，随着产品开发项目 1/2 级计划的形成，费用预算可进一步精确，其准确度一般可以控制在 10% 左右。在计划阶段，随着产品开发项目 3/4 级计划的形成，费用预算将被确定，其准确度可以控制在 5% 以内。该费用数据将被纳入最终的产品包业务计划中，并作为 IPMT 和 PDT 签署的合同中的重要内容。

在产品的开发、验证及发布阶段，项目经理在项目费用管理上应重点做好费用的跟踪和控制。当发生大的偏差时，向产品经理乃至 IPMT 提出 PCR（项目变更请求），经批准后修改合同和项目计划。

研发费用的归集

在企业和产品线的产品管理中，为了便于对研发费用进行管理，可以将产品开发中的每一项费用按三个维度进行归集，即费用性质、产品/项目、部门。特别是在项目群管理和项目组合管理中，每一项研发费用都应该具备这三个属性，明确这项费用是什么性质、用在哪里、哪个部门用的。这种归集方法便于整个公司和整个产品线进行费用的概算、预算和决算。以手机研发项目费用为例，如图 9-5 所示，某项调研费用可以表述为消费者调研经费、华为 P 系列手机项目、市场部。

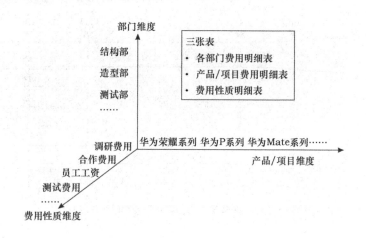

图 9-5 研发费用的三个维度

产品财务管理

企业或产品线通常用销售收入、毛利润、毛利率、净利润、净利润率等财务指标来衡量产品开发的投资回报情况，这些指标的计算公式及含义如下。

（1）销售收入 = 产品单价 × 销售数量。

（2）毛利润 = 销售收入 – 材料成本 – 制造费用。

（3）毛利率 = 毛利润 / 销售收入。

（4）净利润 = 毛利润 –（销售费用 + 管理费用 + 财务费用）– 税收。

（5）净利润率 = 净利润 / 销售收入。

（6）盈亏平衡点：指企业 / 产品线的收入和成本相等的经营状态，即处于既不盈利又不亏损的状态，通常用一定的业务量或时间点来表示这种状态，如销售多少数量的产品或上市多长时间能达到盈亏平衡。

这些财务数据是制订产品包业务计划和进行业务评估的重要依据。典型的 PDT 产品开发团队的财务类指标与 IPD 产品开发流程阶段的对应关系如图 9-6 所示。

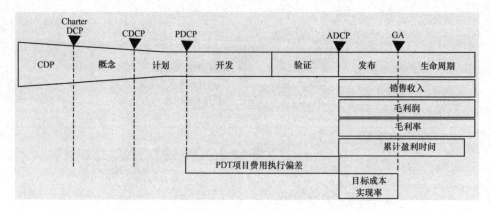

图 9-6 典型的财务类指标与 IPD 流程阶段对应关系

产品的财务管理是产品进入生命周期后的例行工作,需要对产品上市后的市场表现(如销量)进行监控,同时对财务数据(如销售收入、毛利率、毛利润以及盈亏平衡点)进行监控,定期输出产品的财务及绩效统计报表,以便及时调整产品的业务计划。产品的财务管理也是分层进行的,如公司级财务管理、业务单元级财务管理和产品级财务管理,承担业绩指标的分别是公司总经理、业务单元总裁(如产品线总裁)和 PDT 经理。

本章小结

- 销售收入等于净利润、税收和成本/费用之和。
- 目标成本管理是一种"以终为始"的产品成本管理方法,将产品利润作为产品开发的目标,反推实现该目标的产品目标成本,并对其进行管理。
- 产品目标成本管理的主要内容是设定产品目标成本,在产品开发过程中去控制目标成本,并最终评估目标成本的实现情况。
- 研发项目费用管理是指对完成项目活动所需的费用进行预算和管理,确保项目费用在预算范围内可控。通常产品开发费用主要分为直接费用和间接费用两类,其中直接费用是项目经理和产品开发团队需要重点关注的内容。
- 在企业和产品线的产品管理中,为了便于对研发费用进行管理,需要将产品开发中的每一项费用按三个维度进行归集,即费用性质、产品/项目、部门。
- 产品开发作为一种投资行为,通常通过毛利润、毛利率、净利润、净利润率等财务指标来衡量产品开发的投资回报。

第 10 章

流程型产品管理组织

> 主业务流程是直接为客户创造价值的流程,所有组织必须工作在主流程中,或者作为主业务流的支撑,为客户创造价值,否则这样的组织就是多余的组织。各职能组织都需要参与到执行主业务流的跨职能部门项目中,为客户创造价值。
> ——徐直军《谈业务、流程、IT、质量、运营的关系》

引言

前几章重点介绍了 IPD 产品管理体系中各个模块的流程、方法，聚焦于企业采用什么样的方式去开展各项产品管理业务。本章重点介绍 IPD 产品管理体系中支撑主业务流程运作的组织，其中重点介绍在 IPD 产品管理模式下，企业各职能部门如何进行分工合作，人力资源如何配置，以更好地支撑产品管理中主业务的开展。

IPD 产品管理模式要求产品管理流程和组织变革围绕公司战略目标和商业成功展开，只有业务流程与组织能力相匹配，整个流程的运作才能更高效。

前面介绍的产品需求管理、产品战略与规划、产品开发管理、产品立项管理以及产品生命周期管理等产品管理业务都是跨部门的，这些跨部门的业务通常需要跨部门的团队来完成。跨部门团队的成员来自各个职能部门，职能部门提供业务开展所需要的技术、资源和能力，通过跨部门流程来实现从客户要求到客户满意，具体流程如图 10-1 所示。

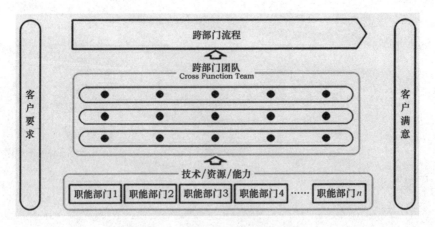

图 10-1　跨部门团队支撑跨部门业务

在实践中，支撑跨部门业务的三种团队模式为：职能制、弱矩阵和强矩阵，这三种模式各有特点，如图 10-2 所示。

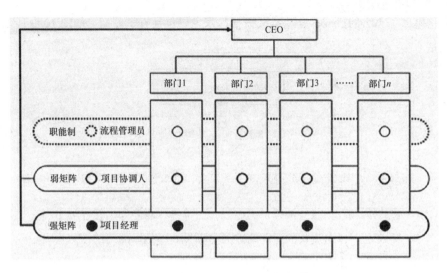

图 10-2　支撑跨部门业务的三种团队模式

1. 职能制模式

这种模式通常没有项目经理，各个职能部门"串行"工作，每个部门具有较强的职能分工，通常只负责产品开发过程中的"一段"，工作中经常出现相互扯皮的现象。员工通常以本部门利益为重，有对人不对事的倾向，缺乏全局观。职能部门经理通常权力较大，"部门墙"厚重，跨部门协作困难。

2. 弱矩阵模式

随着业务的发展，产品品类和项目数量越来越多、管理越来越复杂，出现了项目经理的角色。但这种项目经理基本上属于项目协调人，对团队成员不具有项目考核与评价权，团队成员对项目也不具有决策权，影响项目的主要还是职能部门经理，真正的业务线还没有从职能组织中浮现出来。

3. 强矩阵模式

这种模式是以产品的市场成功和财务成功为目标，有专职的项目经理/产品经理，项目经理/产品经理在不同职能领域都能有直接影响力，团队成员能够真正承担掌握权力和承担责任，是一种基于产品业务进行分工的组织模式。在这种模式下，产品线或产品族会从职能部门中浮现出来，而职能部门经理也会关注职能部门的能力培养和资源建设，而不是去干预项目、决策项目。

从理论上讲，强矩阵模式是运行跨部门流程的最佳组织结构，但运行强矩阵组织并不是看起来那么简单的。大量的实践证明，强矩阵模式的组织结构对企业文化提出了不小的挑战。这些挑战概括起来主要包括五个方面，如图10-3所示。

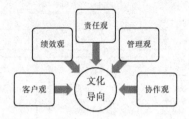

图10-3 强矩阵模式的组织结构对企业文化提出的挑战

（1）客户观：真正以外部客户为中心，而不是以职能部门领导为中心。

（2）绩效观：以全流程的运营绩效为中心，而不是以部门的绩效为中心。

（3）责任观：由对人负责转变为对事负责。

（4）管理观：职能部门经理要从"运动员"转变为"教练员"，不是直接参与项目决策，而是为项目提供合格的资源和能力支持。

（5）协作观：打破企业内部的"部门墙"，各部门之间开展业务合作，不是相互配合，而是共同担当。

IPD产品管理体系中的三种典型跨部门团队

在IPD产品管理模式下，企业大量采用跨部门的运作方式，跨部门团队作为跨部门流程的纽带，是IPD产品管理体系成功运作的关键。

在IPD产品管理体系中，最重要和最基础的跨部门团队主要有三种，即集成组合管理团队（IPMT）、组合管理团队（PMT）和产品开发团队（PDT）。企业可根据业务单元的划分来进行团队设置，如公司级的C-IPMT、C-PMT、C-PDT，产品线级的PL-IPMT、PL-PMT、PL-PDT。无论哪种类型、哪个层级的跨部门团队，都有一个共同特点：团队成员在跨部门团队中完全代表职能部门，而在职能部门中，团队成员又代表职能部门的"客户"。因此可以认为团队成员就是业务团队和职能部门之间的衔接点或"中枢"。理解这个特点非常重要，一些企业设置的跨部门团队"形似而神不似"，团队成员并不能真正代表职能部门，这样的跨部门团队开展IPD产品管理业务，很难发挥IPD产品管理体系应有的作用。

下面重点介绍IPD产品管理体系中的IPMT、PMT、PDT这三种典型的跨部门团队。如图10-4所示，这三个团队分别扮演企业或业务单元的业务决策、业务规划和业务执行角色。图中的三条横杆表示三个跨部门团队，每个职能部门派出一个角色加入到跨部门团队中，这三个团队的领头分别是 IPMT 主任、LPMT、LPDT，分别执行决策、规划和开发任务。黑圆圈外面有圈的代表该角色具有外围组。

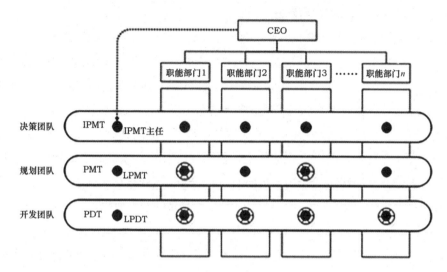

图 10-4　IPD 产品管理体系中的三种典型跨部门团队

集成组合管理团队

集成组合管理团队（IPMT）是由各领域高层领导组成的正式的跨部门决策团队，也就是说，产品管理业务中的决策不是领导一人"拍板"，而是跨部门领导集体进行决策。这个团队的领导称为 IPMT 主任，由该业务层级的第一责任人担任，如公司总经理、事业部总经理或产品线总裁。IPMT 成员由业务单元的各职能领域高层领导组成，如研发部门领导、生产部门领导等。通常 IPMT 团队应涵盖七大职能领域的成员，包括财务、质量、研发、服务、采购、制造和营销，在具体实践中，企业可根据实际情况进行增减。

IPMT 的共性职责包括以下几点。

（1）确定本业务单元的价值观、使命、愿景、目标和战略路径。

（2）审批本业务单元的中长期战略规划、年度业务计划、预算和产品路标规划等。

（3）确保各领域规划与本业务单元整体业务计划保持一致。

（4）确定市场、产品和资源的投资优先级。

（5）在产品规划、立项和产品开发过程中进行决策评审。

（6）对产品规划、立项和产品开发过程中的重大变更进行决策。

（7）为跨部门团队提供合格资源。

（8）对跨部门团队的绩效表现进行管理。

IPMT 在进行业务决策时，要求每个 IPMT 委员已熟知并解决了本领域的问题，然后才能开会进行集体决策。IPMT 决策的目标是给予 PMT 和 PDT 支持及帮助，"上下同欲"才能取得商业成功。因此，IPMT 成员在进行产品方面的决策时，必须脱离本领域或本部门，从业务和公司角度审视产品线、产品族或产品包的业务计划。IPMT 的业务决策主要通过产品规划和开发过程中的 DCP（决策评审会议）来进行，其会前准备、开会过程和会后跟踪，都需要按照 DCP 要求进行，这样才能保障决策的质量。正如华为某高管在接受采访时回答"IPD 给华为带来的最大变化是什么"时所言："IPD 给华为带来的最大变化是，华为学会了如何开会。"

关于 DCP 决策评审会议如何召开，第 4 章有详细介绍，这里不再赘述。下面是任正非参加决策评审会议时的一段经典论述，读者可以一起来体会一下。

各领域的代表、委员参与项目，不是去卡项目、去否决项目，而是要积极协调各领域的资源来支撑项目的成功。你有看法要积极表达，努力践行。代表和委员没有一票否决权，IPMT 成员也没有一票否决权。当你要否决的时候，要说明你这个委员做了什么，自己要想清楚、讲清楚，当然也要敢于坚持原则。如果没做贡献，讲不清楚，是不好的。卡住多少问题不能成为你的业绩，帮助解决了多少问题才是你的功劳。

我是有否决权的，但我轻易不会否决，我要否决的时候，会先退回去跟别人商量，讲明我的意见是什么，来回商量以后再一起调整，而不是站在旁边看热闹。我们一起冲锋，冲错了，一起改正，相互帮助，这才是战友。

图 10-5 以产品线 PL-IPMT 为例，说明了高层决策组织的业务范围及运作流程。在该案例中，PL-IPMT 的两大业务为决策和监控。决策业务包括对产品线业务规划的决策和产品实现过程的决策，产品实现过程包括产品预研、产品立项、产品开发和生命周期管理。监控业务包括产品线业务计划的执行监控和产品线组合路标的执行监控。产品线业务规划决策和产品实现过程决策主要在

流程中规定的决策评审点进行，而监控则以季度为周期进行定期回顾。通过定期回顾，一方面监控计划的执行情况，发现执行与计划之间的偏差，并制定相应的纠偏措施；另一方面可以根据企业内外部环境的变化，对计划进行适当的调整。

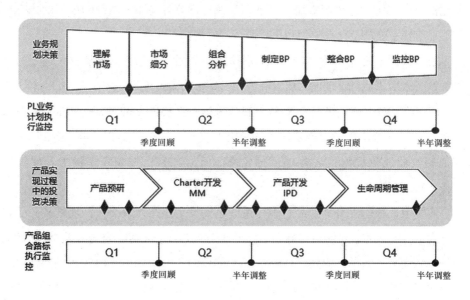

图10-5　IPMT的业务范围及运作流程

组合管理团队

产品战略和规划对产品管理非常重要，指引着企业或产品线的业务方向。如图10-6所示，制定产品战略和规划的方式通常有四种：老板决定，集体决定，成立专职的职能部门来负责，以及成立跨部门团队来负责。

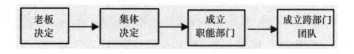

图10-6　产品战略和规划的四种方式及递进关系

第一种方式是老板"拍脑袋"决策，最大的优点是决策迅速。但基本上依赖于老板的经验和直觉，不成体系，经常是随意而混乱的。当然也不能完全否定这种方式，在公司规模比较小的时候，通常老板是全公司最具经验、洞察力和责任感的人，因此老板的决策往往迅速而正确。

第二种方式是集体决策，其优点是体现集体意志，达成共识。但方法常常不严谨，容易造成责任分散，达成共识的成本有时较高，比较适合规模不大、产品品类较少的企业。

第三种方式是成立专职的职能部门来规划，优点是能保障规划资源，提升专业化能力。但由于存在职能局限，规划和执行环节容易脱节，影响规划的执行与落地，有些企业甚至存在规划和执行两个样的情况。

第四种方式是成立跨部门的规划团队进行规划，这种方式能够提升规划的质量和执行效果，但对管理能力要求高，相对来说决策速度可能较慢。

IPD 产品管理体系的产品战略与规划采用跨部门的 PMT 制定、IPMT 决策的方式。PMT 一般由市场或规划体系的负责人或骨干员工担任 PMT 经理（LPMT），其他相关职能领域派代表参加，组成跨部门的 PMT，按 MM 流程来开展规划工作。

实际上，在引入 IPD 产品管理体系的早期，企业往往缺乏产品规划和产品定义方面的专业人才，这时可将规划职能同时纳入 PDT 核心组，使其在实战中锻炼，提升规划能力，当条件成熟后再成立正式的跨部门 PMT 团队。PMT 规划的输出即为公司级、产品线级的业务计划，其成果需要经过对应层级的 IPMT 进行决策评审，获得批准后方可执行。

PMT 的共性职责如下。

（1）形成公司或产品线的使命、愿景、目标和战略。

（2）制定、管理和维护长期战略规划（SP）及业务计划（BP）。

（3）制定、管理和维护产品路标规划。

（4）制定项目任务书（Charter）。

（5）制定、管理和维护技术与平台规划，确保其与产品规划保持一致。

在 IPD 产品管理体系建设中期，可以把需求管理、产品规划、产品定义等耦合度非常高的工作全部纳入 PMT，并有重点地开展工作。随着公司业务的发展，有了相应的专业人才储备后，再成立相应的职能部门和跨部门团队。图 10-7 是某公司的 C-PMT 和 PL-PMT 的组成角角，其中的角色都是 PMT 的核心代表，其扩展组成员可根据企业的组织结构进行配置。

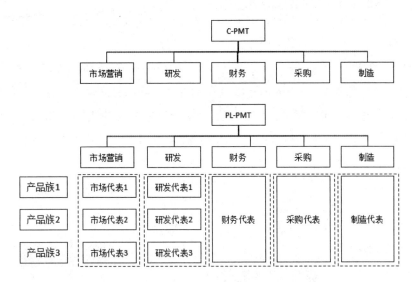

图 10-7　某公司的公司级和产品线级的 PMT 组成

产品开发团队

产品开发团队（PDT）是集成产品开发团队的简称，其工作范围起始于从 IPMT 处接受项目任务书，终于产品开发项目的 GA 点。为了提高产品开发效率，减少跨部门团队间的磨合，实践中可根据产品种类或系列而不是单个项目来组建 PDT，目的是让 PDT 的核心成员相对固定，同时负责多个相互关联的产品开发项目，以项目群的方式进行开发和管理。这样做的好处在于，稳定的跨部门 PDT 可以长期关注产品的市场表现，并不断对产品进行升级改进，同时也有助于对 PDT 实施基于产品市场表现的绩效衡量和考核。

PDT 的共性职责如下。

（1）根据项目任务书的要求实施产品开发，对产品成功上市负责。

（2）完善初始产品包业务计划，并形成最终的产品包业务计划。

（3）基于初始产品包需求形成完整的产品包需求，并负责产品包需求的实现和验证，确保客户需求得到满足。

（4）管理 PDT 负责的一系列产品开发项目。

（5）管理每个产品开发项目中各个领域的子项目。

（6）进行 PDT 核心组成员的绩效考核。

（7）根据 IPD 产品开发、需求管理等流程开展工作。

在 IPD 产品管理体系中，PDT 必须是一个完整的跨部门团队，而且是"重量级"

团队,也就是每个职能领域代表都是可以完全代表部门的,否则这个 PDT 就只是一个项目组,而不是重量级团队。一般来说,PDT 经理(LPDT)和七大领域(质量、财务、营销、研发、采购、制造、服务)的核心代表共同构成 PDT 的核心组。一个 PDT 团队的逻辑结构可由图 10-8 所示的"太阳图"来表示。其中位于圆心的是 PDT 经理,位于中间的是核心代表,位于外圈的是扩展团队。核心代表既是 PDT 核心组的成员,也是对应扩展团队的领域项目经理,负责管理该领域的子项目。这种分层的团队组织运作模式保障了整个项目的高效运作。

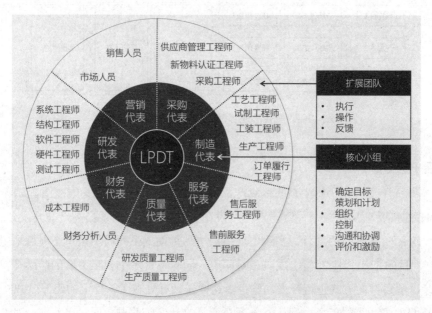

图 10-8 某公司产品开发项目 PDT 逻辑结构

PDT 团队的这种结构能够保障团队具有共同的目标,使团队成员齐心协力,共同为产品的成功负责。各个领域遵循 IPD 产品开发流程开展工作,缩短产品的开发周期,打破了"部门墙",实现了信息的共享。这种方式的团队协作使得各方面的利益相互博弈和制衡,使资源得到有效整合。正如某客户企业的中层领导所说,IPD 带给企业的最大价值在于打破了"部门墙",使"老死不相往来"的研发、市场、生产部门都能走到一起,共同为产品成功而不是为各自部门的 KPI 指标开展工作。

公司或产品线需要组建多少个 PDT 以及如何进行设置,需要考虑很多因素,包括产品战略、人员能力、产品平台、客户群和细分市场等因素,各企业需要根据自身的实际情况来设计。如今,很多企业的业务模式已经实现了从单纯的"卖产品"向更高级的"卖解决方案"的转型，PDT 这种组织模式也逐步从为产品服务发展为为解决方案服务，即 SPDT。

以华为无线产品线为例，2005 年以前，华为按不同制式的基站产品设置 PDT，分为 GSM BTS PDT、WCDMA Node B PDT、LTE eNodeB PDT 等。随着企业的业务模式由向客户提供"铁盒子"转为向客户提供无线通信整体解决方案，PDT 团队的功能逐步弱化，解决方案开发团队即 SPDT 更受到关注。SPDT 中包含若干个 PDT，如 WCDMA SPDT 包含了构成 3G 无线通信解决方案的两大产品开发 PDT：基站控制器 RNC PDT 和基站 NodeB PDT，各 PDT 对解决方案的成功负责。

另外，企业是否具有足够数量的合格 PDT 经理和核心代表候选人，也是制约企业设置 PDT 的关键要素。在初创企业或小型企业，总经理实质上扮演了 PDT 经理的角色，各个职能部门经理扮演了 PDT 核心代表的角色，其他员工就是扩展组成员。在 IPD 产品管理体系实施的初期，笔者非常赞成由总经理和各个职能部门主管组成一个 PDT，按照 IPD 流程的要求来开展工作，而让团队深度理解 IPD 产品管理体系和运作方式，对试点和推行 IPD 具有极高的价值。

PDT 团队的优秀与否，与是否有一个优秀的 PDT 经理有极大的关系。一个优秀的 PDT 经理应具备什么样的素质和能力呢？可以概括为三个方面：个人职业素质、经营意识、知识和技能。图 10-9 展示了一个优秀 PDT 经理应具备的素质和能力。

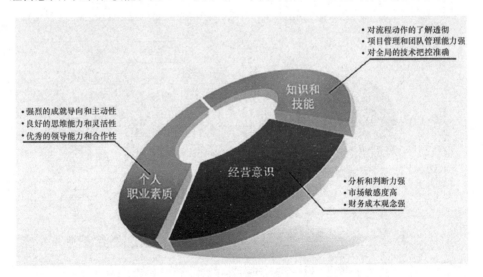

图 10-9　优秀 PDT 经理需要具备的素质和能力

组织变革中的注意事项

业务流程梳理和设计通常是重要的工作内容。前面引入了"角色"这个概念，目的是避免将流程和岗位直接耦合，导致职能组织的变化引起业务流程的频繁变更。角色是承担某一类活动的责任主体，是一个逻辑概念，通过角色可以将业务流程和实际的职能组织结构链接起来。角色不等于岗位，一个岗位可以承担多个角色，而角色要承担的是相应的活动。比如，对于某些企业来说，采购、制造等工作可由供应链代表这个角色来承担，不同行业根据其产品特点，可能空缺某些角色。比如软件行业，可能就不需要制造代表这个角色。主管流程执行监控和过程改进的 PQA 角色也可由 PDT 经理来兼任，也就是说，PQA 这个角色并不一定是必须设置的。这些角色需根据企业的业务特点和实际情况，安置在不同的职能代表身上。但为使团队运作高效，承担相应角色职责的人员要有相匹配的任职资格和上岗要求，这在 IPD 管理体系的推行和实施中应引起足够的重视，实践中需要制定任职要求和标准，通过考核和面试来进行选拔。

本书讨论的跨部门团队都是由角色组成的。哪个角色由哪个部门的哪个岗位承担，需要根据角色和实际组织结构的匹配度来决定。有些部门起初不明白这个道理，因为自己部门没有被纳入 PDT 核心代表角色中而耿耿于怀，认为这是对本部门的不重视，为此争得面红耳赤。有的顾问迫于各种压力，导致核心组成员多达十几个，这给后续的 PDT 运作带来了非常大的困扰。

跨部门团队的逻辑架构和物理架构的对应关系如图 10-10 所示。

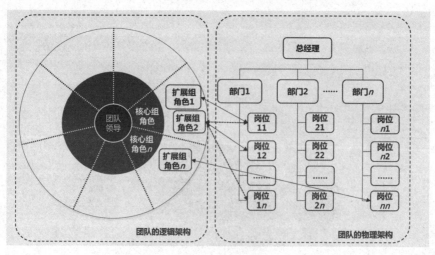

图 10-10　跨部门团队的逻辑架构和物理架构

一般来说，一个角色代表一个领域，某个角色的工作也称为某个域的工作，比如研发域、采购域。关于角色和岗位，有几点需要特别强调。

（1）一个岗位可承担多个角色。比如 PDT 经理可以兼任财务代表，制造代表也可兼任采购代表，关键是该代表是否具有相应的职权和能力。

（2）一个角色可由多个岗位承担。这种情况在大型产品开发项目中很常见，比如硬件角色对应的工作需要多个与硬件相关的岗位来承担。

（3）角色是分层的。如果一个角色的工作可细分为子类，并且这些工作由不同岗位承担，则可设置二级角色，也就是 PDT 团队中的扩展组。比如市场角色可以进一步细分为需求管理、市场计划、市场推广等角色。

（4）角色可以在组织外部。比如在开放式创新模式下，客户、合作伙伴和供应商都可以是产品开发中的角色，他们不仅提供需求信息、原材料和零部件，还可能会直接参与到产品开发过程中。

（5）机器设备和信息系统通常不作为角色。

（6）本书统一把角色对应到企业内部岗位，如果某些活动在组织外部完成，则用管理这个外部角色的内部角色来对应，比如供应商参与研发过程的活动可以纳入采购代表的职责范围。

优秀的组织和流程设计需要与之相匹配的人力资源来运作，如果没有可以胜任工作职责和要求的员工，就发挥不了体系的威力。国内很多实施 IPD 的企业虽然导入了大量的 IPD 流程、制度，却没有相应的能力去运作，最终发挥不了 IPD 应有的作用。IPD 体系的导入过程本质上是一个变革过程，同时涉及流程和组织，以及绩效和企业文化。流程设计应当关注如何开展业务，才能更好地满足客户需求和实现公司目标。从创新角度来看，新业务流程的引入就是运营创新，也就是用新的方式和方法来满足客户需求。而组织则关注如何通过流程来协同，以高效地支撑业务的开展。

组织设计要服务于业务流程，同时还应建立相应的配套机制作为保障，比如组建和运作横向团队、优化职能体系的岗位职责、建立任职资格匹配体系、优化绩效管理和激励机制等。解决好专业和协同的问题，并建立相应的能力提升和匹配机制，才能让 IPD 产品管理体系产生实实在在的效果。

IPD 产品管理体系的组织变革是 IPD 体系变革项目中最重要也最需要小心谨慎的部分，不仅要考虑业务流程的需要，还要考虑组织的管理成熟度、员工的能力、企业的历史和文化以及核心人员的利益等。下面以华为公司为例，说明公司及产品线产品管理组织的设置。

图 10-11 所示为公司级产品管理组织模型，在这个模型中可以看到，集成组合管理团队（IPMT）分为两级，一级是公司级的 IPMT（C-IPMT），对公司级的和跨产品线的业务进行组合管理和业务决策；另一级是产品线级的 IPMT（PL-IPMT），对产品线的业务进行组合管理和业务决策。组合管理团队（PMT）也分两级，一级是公司级的 PMT（C-PMT），负责制定、管理、维护长期战略规划（SP）和公司级业务计划（BP）；另一级是产品线级的 PMT（PL-PMT），负责制定、管理、维护产品线业务计划（BP）。作为规划的支撑组织，在公司层面和产品线层面分别设置有 C-RMT 和 PL-RMT。其中，PL-PMT 和 PL-RMT 需要同时向公司级 PMT 和 RMT 汇报工作，接受指导，如图 10-11 中的虚线所示。

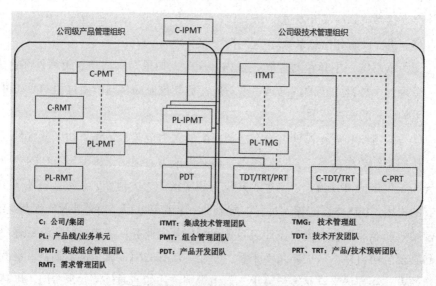

图 10-11　公司级产品管理组织模型

可以看到，公司还打造了与产品管理体系相匹配的技术管理体系，即公司级 ITMT 和产品线级的 PL-TMG，对公司和产品线的技术规划、平台规划、技术和平台的开发进行决策支撑。对应的执行团队有技术开发团队（TDT）、产品预研团队（PRT）、技术预研团队（TRT），这些团队按照技术/平台管理流程开展工作，其成果用来支撑产品规划和产品开发。

图 10-12 所示为华为公司端到端的产品管理组织与业务关系模型。值得注意的是，该组织模式也是随着华为业务的发展和组织的成熟不断完善的。

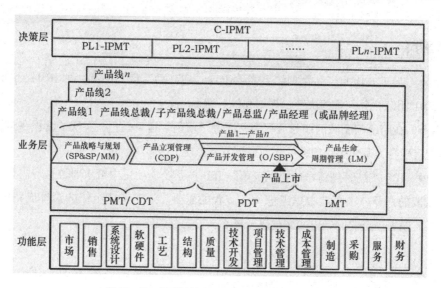

图 10-12　端到端的产品管理组织与业务关系模型

图 10-13 所示为华为某产品线的产品管理组织矩阵示意图。华为的产品线是一个实体组织，包括财经、研发、MKT、供应链、技术服务、人力资源、质量与成本等职能组织。横向团队以产品族（子产品线）为连接，将资源部门的成员组织起来，形成跨部门的横向团队，在产品线战略和目标的指导下，对产品族的产品规划、开发和生命周期管理负责。横向团队的总负责人即为该产品族的产品经理，在华为称为子产品线总裁，如 GSM 子产品线总裁、UMTS 子产品线总裁。

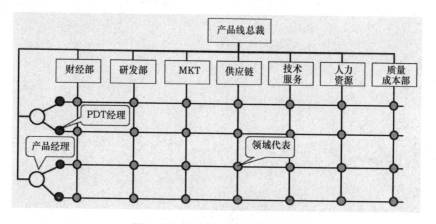

图 10-13　产品线产品管理组织模型

本章小结

- 基于 IPD 的产品管理体系需要重点打造三种跨部门团队,即 IPMT、PMT 和 PDT 团队,分别承担决策、规划和执行职责。
- 在跨部门团队的业务流程中,通过"角色"这一概念,实现了流程和岗位的直接耦合,避免了组织调整对业务流程的影响。
- IPD 产品管理体系的组织变革是 IPD 体系变革项目中最重要也是最需要小心谨慎的部分,不仅要根据考虑业务流程的需要,还要考虑组织的管理成熟度、员工的能力、企业的历史和文化以及核心人员的利益等。

第 11 章

产品经理如何开展工作

> 产品经理是如何开展工作的?绝大多数产品经理在矩阵式组织中履行其职责,即必须通过他人来实现自己的目标并实施战略。这就要求他们拥有高效的沟通技巧以及影响他人的能力。
>
> ——琳达·哥乔斯《产品经理手册》

引言

产品经理承担着实现公司某业务单元的业务目标的责任,他需要利用好公司提供的组织、流程、人力资源和绩效管理制度,围绕公司和产品线的战略目标开展工作。

产品经理和普通工程师是不同的,产品经理需要学习如何成为管理者、领导者,了解团队建设、计划监控、流程管理、平台和资源管理、文化和氛围建设等管理方法,熟悉公司的产品管理体系和业务决策机制,学会如何管理跨部门团队。在 IPD 产品管理体系下,需求管理团队、规划团队、立项团队、产品开发团队、生命周期管理团队都是跨部门的团队,这些团队成员来自不同的部门,因为部门领导往往掌握着员工的绩效考核权,所以这些成员往往更愿意听从自己部门领导的工作指挥和安排,并不是非常配合产品经理的工作。产品经理管理团队时碰到的最大挑战就是,如何管理不是自己部门的团队成员。

本章重点介绍产品经理如何管理团队成员、如何考核和激励团队成员等内容。这些内容都有助于解决"如何管理和协调跨部门团队成员"这一难题。

产品经理如何解决多头管理的问题

IPD 模式下的产品管理的组织架构采取矩阵的形式,具体如上一章的图 10-13 所示。矩阵纵向是各职能部门,横向是跨部门业务团队。矩阵管理能够提高资源使用率,提高团队的反应速度,并通过整合资源让横向团队成为能力很强的重量级团队,这是矩阵管理的优势。IPD 产品管理运用矩阵构架,是为了从组织上赋予产品经理权力,通过官方支持和协助,让产品经理更有效地实现产品管理中的跨部门管理,也就是将横向组织从纵向组织中"浮现"出来,如上一章的图 10-2 所示。

这样一来,在矩阵管理架构下,对于每个员工来说,就出现了两个领导,一个是职能部门的主管,这个领导一般负责管理员工的考核、升职、福利待遇等;另一个是员工所在的产品团队的主管,也就是产品经理或产品线总监,这个领导负责管理员工在某个产品上的工作计划和任务安排等。如果员工参与了 n 个产品组,就可能同时有 n 个产品主管,还有一个部门主管。在这种 $n+1$ 个主管的情景下,员工往往无所适从,不知道该听哪个主管的工作指令,而主管也会觉得自己无法管理员工，失去了权力。这可能会造成组织混乱，各项工作无法正常有序地开展。那么，怎么解决这些问题呢？首先，应该积极面对这个问题，而不是消极回避和抱怨。实践和理论证明，矩阵组织是企业发展到一定规模必然实行的组织架构。随着企业的发展壮大和业务复杂度的提升，矩阵组织无处不在，产品经理必须要适应这种矩阵管理，并提升处理矩阵管理问题的技能。解决矩阵管理中出现的问题，需要产品经理充分利用公司的产品管理平台，提升自身在目标管理、计划制订、团队沟通、流程管理、领导层分工、绩效管理、文化建设等多个方面的能力和水平。

对齐横纵目标

在矩阵模式下，矩阵横纵两条线必须建立统一的、能形成合力的目标，这样才能避免由于目标不统一而带来的冲突。采用由 MM 规划方法论制定的企业战略与规划、产品战略与规划、职能部门规划，以及基于 ISOP 的战略与运营流程，能够使产品管理矩阵中的横纵两条线的目标对齐，也就是相互配称，共同为业务单位的目标服务。

共同制订计划

在矩阵模式下，围绕上述目标，矩阵横纵两个方向必须建立统一的工作计划，分别对各自负责的任务进度、质量、资源等做出承诺。因此在计划的制订过程中，多条线的人员要共同参与、坦诚相待，经过充分沟通和协商，就计划内容和交付达成共识并相互承诺，这样才能保障计划的顺利执行。例如，产品线的业务规划要职能部门主管和业务骨干共同参与拟定，并以产品线的业务规划作为职能部门业务规划的输入。例如，职能部门的人力资源配置和培养计划、技术能力的建设计划要围绕产品线业务规划展开，并将计划落实到角色、岗位和人员，这样才能保证产品线业务规划的落实。

建立团队沟通机制

为了达到上述的目标一致、计划统一、达成共识等效果，沟通就成了关键因素。在矩阵模式下，由于每个员工都存在 $n+1$ 个上级（其中 1 是纵向的部门主管，n 是横向的项目或产品主管），这些上级之间必须建立定期或不定期的沟通机制，就各项工作达成共识，才能避免在员工的工作安排上发生矛盾。所以，在矩阵模式下，各层级之间必须建立例行的会议机制、报告机制，才能保证沟通效果。

学会通过流程进行管理

矩阵模式违反了传统的"一个员工一般只有一个上级"的管理规则，这导致员工的每个上级在安排任务时，必须考虑到其他上级对员工的工作安排。这时，自上而下的行政命令往往会相互矛盾，让下级无所适从。而投机取巧的员工甚至可以假借某个领导的名义自行其是，完全不听从任何领导的工作安排。在这种情况下，自上而下的行政指令系统常常是失灵的。一个好的方法是，建立各级主管都参与其中的协同工作流程，通过流程来安排和驱动员工的工作，而不是通过某个领导临时下达行政命令来安排员工的工作，这就最大限度地避免了命令之间产生冲突的情况。实际上，IPD产品管理体系和流程为解决这些问题提供了组织和流程保障，产品经理要学会借助这个平台来开展工作。

产品经理、项目经理等横向团队的主管实际上也是流程经理，他们是依照流程来制订计划和安排任务的；而纵向团队的主管在流程中一般承担评审、把关等职责，支撑横向流程的运作和执行。因此在矩阵模式下，通过流程化来"去行政化"，不强调人治而强调法治，强调流程的权威性，这些都需要各级主管去体会，达成共识并执行。

明晰领导职责分工

在矩阵架构下，纵向和横向的领导要找到自己的准确定位，明白哪些是自己该管的，哪些是自己不该管的，哪些是必须和其他主管沟通协商的，这是做领导的艺术。各级主管应该围绕自己的职责定义，和其他主管沟通讨论，建立互相配合的工作模式，以免员工无所适从。主管要明白一个道理，如果领导之间的指令是矛盾的、冲突的，那么员工只有两种选择，要么不干活，要么根据自己的判断来选择做什么。其实这时员工才是真正的领导，而领导反而形同虚设。

在IPD产品管理模式下，横向团队的主管要对流程的最终交付负责，比如产品经理必须对产品的目标市场负责，保证产品满足客户需求；而纵向团队的主管要对自己部门的交付负责，保证部门交付的进度、质量、成本等不会影响到整个流程的最终交付。纵向团队要对横向团队提供支撑和专业领域的保障，比如采购部门主管必须保证采购物料的成本、进度和质量，从而保证产品不会因为采购原因而难以实现质量、进度、成本等目标，这样采购部门就做到了为整个产品团队的工作提供支撑。

纵向团队的主管在保证对流程交付负责的同时，还必须考虑如何进行长期的能力建设，包括人员培训、子流程建设、工具和平台建设等。通过不断提升专业领域的基础能力，从根本上支撑横向团队的运作，不成为流程运作的短板，这才是纵向团队主管的工作重点。

改进绩效管理方式

在矩阵管理模式下，每个员工有多个主管，所以在员工的绩效目标制定、计划制订、绩效考核和激励等方面，每个主管要相互沟通，达成一致，才能保证对员工的工作评价是全面的。绩效评价方式通常要采用"360度"评价法，而不是一个领导单独决定的单维度模式。在矩阵架构下，只有360度的绩效管理方式，对员工才是公正的、全面的。这就要求人力资源管理部门改进整个公司的绩效管理模式，从原来职能制的绩效管理模式转变成矩阵式的绩效管理模式。

团队文化建设

IPD产品管理模式对公司的企业文化提出了更高的要求。比如，IPD产品管理模式强调协作和团队精神，各级主管必须在工作中加强沟通，而不是独断专行；强调基于目标分解的授权管理，让最明白的人最有权，组织层级自上而下提供支持和服务，基于事实进行决策，而不是自上而下监控管理，每个环节设卡审批；强调对事负责而不是对人负责、法治而不是人治，员工是依照目标、计划、流程做事，而不只是听从某个领导的命令。这对公司来说无疑是一个巨大的改变，而改变要从每个人的观念开始，然后体现到行动中，通过逐步尝试、执行、调整、固化，形成新的工作习惯、工作氛围。这就是文化的改造过程，往往也是最困难的工作，需要整个公司做出巨大的努力，更需要企业"一把手"带头推动。

IPD产品管理模式下的这些管理难点是每个产品管理者必须面对的关键点。各级管理者必须学会在不同的历史时期采取不同的措施来应对，小公司往往可以通过横纵两个方向的领导由一个人兼任等方式来简化处理。而对于不断发展的中型公司，就必须定义矩阵的组织框架、职责分工、沟通交流、考核管理等制度规范，从而建立矩阵架构下各级主管的新工作模式。对于大公司来说，必须用流程、文化的方式来驱动矩阵组织架构，最终达到自我驱动的境界。

产品经理如何有效沟通

产品经理在工作中如何影响其他部门，推动跨部门的工作呢？除了公司已经建立起来的产品管理流程体系、绩效管理体系等"刚性"的管理工具外，还需要产品经理掌握一些沟通技巧,提升工作中的情商。

同样的流程体系下,不同的产品经理做事方式的差异也会带来不同的业务结果。有些人会根据整个公司的组织架构和职责分工,研究不同层级的人员都有什么样的行为,并分析这些行为背后有什么样的动机,能够在工作中做到"投其所好",就可以更好地和别人进行交流、协作,毕竟工作中和流程中的每个角色都是由活生生的人来担任的。通过沟通去读懂人,通过读懂人去管理人、驱动人,这就是产品经理需要掌握的"柔性"的管理方法。能否应用这种方法其实是由产品经理的个人能力和魅力决定的,也称为"领导力"。领导是可以由组织任命的,而领导力是组织无法赋予的,只能通过个人修炼来提高。产品经理需要用大量非正式的沟通方法来协调工作,包括聚餐、搞活动等,在非正式场合大家会畅所欲言,往往会碰撞出思想的火花,既加深了感情,又能创造性地解决问题。

在实践中,产品经理往往要以柔克刚、刚柔并济,才能更好地做好跨部门的产品管理工作。这里介绍以下两种方法,多加练习可以提升产品经理的领导力。

建立同理心

所谓同理心就是站在他人的立场上理解别人的处境。产品经理在开展工作的过程中要经常和各个部门的领导及员工打交道,要想更好地与他人沟通交流并达成共识,就需要多一些同理心。如何培养产品经理的同理心?那就是要多了解和熟悉每个部门的业务。有些公司在任命一个产品经理前,要先安排候选人在一些部门轮换工作,这样会帮助未来的产品经理多了解职能部门的工作。如果产品经理没有在某些部门工作过,就一定要跟这些部门的人多交流,去了解别人的工作,比如采购部门怎么工作,生产部门怎么工作,售后服务怎么做的,一线的销售人员做什么事,办事处人员的工作方式是什么……只有将心比心,理解别人,明白他人的需求,才更容易相互合作。

处理好与上级的关系

领导掌握资源和权力,也更有全局观,所以产品经理处理好与上级的关系非常有利于产品管理工作的开展。产品经理要与领导沟通好,也要用读懂人的方法读懂领导,了解领导的需求。领导一般都有一个来自上面的业务目标,经理要对事业部的老总汇报,事业部的老总要向总经理汇报,总经理要向董事长汇报,董事长要向全体股东汇报,不管哪一级的领导,向上都有一个目标和承诺,都有很大的业务压力。领导喜欢的是能帮他分忧的员工,能在领导期待有人担当、有人请命时跳起来说："这个事我去搞定！"这样的员工领导最喜欢。领导比较烦的就是凡事扯皮、推诿的人，还有那些只提意见不给出解决方案的人。在 IPD 产品管理体系下，领导层的主要职责是做出决策，因此在听取汇报时，最期待汇报者给出多个备选方案，最后由领导讨论后做出决策。

争取领导的支持有很多方法，可以把产品例会或项目例会的会议纪要和 PQA 的质量报告等文件发送或抄送给领导，在需要领导关注的地方标红、加粗。还有就是充分利用一些非正式沟通手段，如主动约见领导汇报工作，或者利用晨会或吃饭时交流工作的开展情况。其实领导也不希望自己远离一线，希望多掌握一些一线情况，快速处理产品管理中的问题。很多企业会设置运营例会，产品经理应充分利用好这个平台，积极主动申报议题。

产品经理如何有效激励团队成员

描绘产品愿景，赋予团队神圣使命

产品经理在给团队描绘愿景时，一定要明确而具体，将公司的发展、部门的发展、产品的发展以及个人的发展结合起来。一个好的产品团队同时也是个人发展的平台，产品的发展壮大也会给产品经理和团队成员带来职业发展上的提升。华为公司的很多高层领导都是从 C&C08 交换机项目组成长起来的。C&C08 项目组堪称华为的黄埔军校，培养出了华为的三个常任副总裁和三任中央研究部总裁，两个高级副总裁和一个执行副总裁，至于总监和部门部长就不计其数了。

笔者在华为上研所工作的时候，华为正在研发 GSM 移动通信的基站设备，当时的领导就经常在项目例会时描绘中国人未来自己商用 GSM（全球移动通信系统）的场景，并鼓励大家努力工作，提升自身能力，随着研究所的壮大，每个人都会成为公司或研究所的领导干部，带领成百上千人开展工作。为了实现这个愿景，很多员工放弃了休息日，每天加班加点地干。为了保持晚上加班时的精力和体力，每个人都备有午休床垫，放在办公桌下，中午拿出来休息，保证晚上干活时精力充沛。后来华为成功推出了中国人自己的 GSM 全套系统并发展壮大，那批同事很多也成为公司和研究所的领导、部门经理、产品经理等。

树立竞争对手，激发员工求胜的欲望

善于树立竞争对手对产品取得成功是非常重要的。作为产品经理，带兵打仗

一定要有一点"杀气",有了"杀气",团队才有"狼性"。产品经理要利用各种场合,如开会、吃饭的时候,多和团队讲企业的竞争对手是谁,人家的产品是什么样子的,人家是怎么营销的,我们的产品要做成什么样子,现有产品的优势和劣势是什么,怎样可以战胜竞争对手等。华为终端董事长余承东就是这方面的高手,他将三星、苹果作为华为终端的竞争对手,一方面不断跟大家描绘竞争对手有多可怕,有哪些东西做得好,体为与他们有多大的差距,以此来激发大家的斗志;另一方面学习别人的长处,然后去超越对手。

有效运用绩效管理机制激励员工

对产品经理的考核是以结果为导向的,主要从财务和客户层面定义要达到的考核指标。产品经理要将这些考核指标层层分解,落实到各级团队成员身上。在矩阵管理模式下制定每个团队成员的绩效目标时,既要遵循 SMART 原则,也要考虑如何加强团队协作,实现团队目标。这就要精心设计考核指标的分解和分配方式,将基于职能架构的绩效管理模式转变为基于矩阵架构的绩效管理模式。在考核指标的设计上,既要考虑部门的纵向分解,也要从流程的横向角度考虑如何协作,让需要相互协作的员工更多地关注流程的整体交付,从而实现"局部最优"和"整体最优"的结合和平衡。

对于员工的绩效管理,产品经理应与团队成员的职能部门主管一起进行,比如一起制定绩效目标和计划、共同进行绩效辅导。完整的绩效管理过程包括四步:绩效目标和计划的制定、绩效辅导、绩效考核、绩效结果的运用(参见《华为能,你也能:IPD 重构产品研发》相关章节)。实践证明,对绩效考核越关注,绩效管理的工作难度就越大,绩效管理的正向激励作用也就越小;对绩效考核越不关注,越将重点放在绩效辅导上,越能激励员工。因此,产品经理在工作中要和职能部门主管一起做好员工的绩效辅导工作,将员工在工作中的表现和存在的不足向职能部门主管反馈,并一起制订绩效改进计划,帮助团队成员实现绩效目标。另外,产品经理在参与员工绩效管理工作的同时,也要注重采用一些非物质激励手段激发员工的积极性,比如评比、表彰、树立优秀典型等。

本章小结

- 在 IPD 产品管理模式下,产品经理要逐步适应矩阵管理,并提升处理矩阵管理问题的技能。要想解决矩阵管理中出现的问题,需要产品经理充分利用公司的产品管理平台，提升自身在目标管理、计划制订、团队沟通、流程管理、领导层分工、绩效管理、文化建设等多个方面的能力和水平。

- 产品经理在进行管理时，往往要以柔克刚、刚柔并济，才能更好地做好跨部门的产品管理工作。本章介绍了两种帮助产品经理有效沟通的方法：建立同理心、处理好与上级的关系。

- 产品经理在团队中要善于描绘产品愿景，赋予团队神圣使命，同时树立竞争对手，激发员工求胜的欲望，并有效运用绩效管理机制激励员工。

附 录

BMT,Business Management Team,业务管理团队。

BP,Business Planning,业务计划。

CBB,Common Building Block,通用构建模块。

CDP,Charter Development Process,项目任务书开发流程。

Charter,项目任务书。

Checklist,评审要素表。

CDT,Charter Development Team,项目任务书开发团队。

CP,Check Point,检查点。

C-PMT,Corporate Portfolio Management Team,公司组合管理团队。

C-RMT,Corporate Requirement Management Team,公司需求管理团队。

C-TMT,Corporate Technology Management Team,公司技术管理团队。

DCP,Decision Check Point,决策评审点。

DFX,Design For X,面向产品生命周期各环节的设计。

E2E,End to End,端到端。

EOL,End of Life,生命周期结束。

ESP,Early Support Plan,早期客户支持计划。

GA,General Available,通用可获得性。

IPD,Integrated Product Development,集成产品开发。

IPMT,Integrated Portfolio Management Team,集成组合管理团队。

IRB,Investment Review Board,投资评审委员会。

ISOP,Integrated Strategy & Operation Process,集成战略与运营流。

ITMT,Integrated Technology Management Team,集成技术管理团队。

LMT,Life-cycle Management Team,生命周期管理团队。

LPDT,Leader of PDT,产品开发团队经理。

LPMT,Leader of PMT,组合管理团队经理。

MM，Market Management，市场管理。

MP，Marketing Planning，市场规划。

ODM，Original Design Manufacture，原始设计制造商。

OEM，Original Equipment Manufacture，原始设备生产商。

O/S，Offerings/Solutions，交付物／解决方案。

OR，Offerings Requirement，产品包需求。

PACE，Product And Cycle-time Excellent，产品及周期优化法。

PBC，Personal Business Commitment，个人绩效承诺。

PDM，Product Data Management，产品数据管理。

PDT，Product Development Team，产品开发团队。

PLM，Product Life-cycle Management，产品生命周期管理。

PL-IPMT，Product Line Integrated Portfolio Management Team，产品线集成组合管理团队。

PL-LMT，Product Line Life-cycle Management Team，产品线生命周期管理团队。

PL-PMT，Product Line Portfolio Management Team，产品线组合管理团队。

PL-RAT，Product Line Requirement Analysis Team，产品线需求分析团队。

PL-RMT，Product Line Requirement Management Team，产品线需求管理团队。

PL-TMT，Product Line Technology Management Team，产品线技术管理团队。

PMBOK，Project Management Body of Knowledge，项目管理知识体系。

PMI，Project Management Institute，美国项目管理协会。

PMT，Portfolio Management Team，组合管理团队。

PR，Product Roadmap，产品路标。

PSST，Products And Solutions Staff Team，产品和解决方案体系。

PTIM，Product & Technology Innovation Management，产品技术创新管理。

QMS，Quality Management System，质量管理体系。

RAT，Requirement Analysis Team，需求分析团队。

RDPM，R&D Project Management，研发项目管理。

RM，Requirement Management，需求管理。

RMT，Requirement Management Team，需求管理团队。

RP，Roadmap Planning，产品路标规划。

SDT，Solution Development Team，解决方案开发团队。

SE,System Engineer,系统工程师。

SP,Strategy Planning,战略规划。

SPDT,Super Product Development Team,超级产品开发团队。

S-PMT,Solution Portfolio Management Team,解决方案组合管理团队。

SR,System Requirement,系统需求。

T-DCP,Temporary Decision Check Point,临时决策评审。

TDT,Technology Development Team,技术开发团队。

TMT,Technology Management Team,技术管理团队。

TPP,Technology & Platform Planning,技术和平台规划。

TR,Technology Review,技术评审。

TRT,Technology Research Team,技术研究团队。

参考文献

琳达·哥乔斯. 产品经理的第二本书. 北京：机械工业出版社，2019.

胡红卫. 研发困局：研发管理变革之路. 北京：电子工业出版社，2009.

杰弗里·摩尔. 公司进化论：伟大的企业如何持续创新. 陈劲，译. 北京：机械工业出版社，2007.

克莱顿·克里斯滕森. 创新者的窘境. 胡建桥，译. 北京：中信出版社，2010.

刘劲松，胡必刚. 华为能，你也能：IPD重构产品研发. 北京：北京大学出版社，2015.

卢刚. 向华为学习卓越的产品管理. 北京：北京大学出版社，2013.

迈克尔·波特. 什么是战略.《哈佛商业评论》中文版，2014（1）.

芮斌，熊玥伽. 华为终端战略. 浙江：浙江大学出版社，2018.

张甲华. 产品战略规划. 北京：清华大学出版社，2014.

张利华. 华为研发. 2版. 北京：机械工业出版社，2012.

周辉. 产品研发管理：构建世界一流的产品研发管理体系. 北京：电子工业出版社，2014.

致 谢

本书介绍了华为公司在 IPD 管理方面的优秀实践经验，以及笔者在长期 IPD 咨询服务中总结的经验教训。IPD 是不断发展、与时俱进的管理方法和实践，相信未来随着其在各行各业中的推行和实践，必将越来越完善。

在这里，笔者非常感谢那些对 IPD 产品管理体系的发展及完善做出贡献的企业和实践者，包括提出 PACE（产品周期优化法）方法的 PRTM 咨询公司（已被普华永道收购）、提出 IPD 管理体系的 IBM 公司、将 IPD 体系进一步发展完善的华为公司，以及成功引入 IPD 产品管理体系的各行业中的先驱企业和管理者、实践者。

同时，笔者还要感谢在咨询和培训一线共同战斗的同事和朋友，特别是刘劲松老师、胡必刚老师，以及刘铭、杨小平、蒋焱、江行、孙维乙、王俊魁、王琨等专家，也感谢和我一起奋斗多年的华为公司的前领导和同事们。

特别感谢多年来和我们一起成长的企业客户，感谢他们对睿创的信任，以及对 IPD 产品管理体系发展做出的贡献，这些企业包括新奥能源控股有限公司、上海美农生物科技股份有限公司、宝时得机械（中国）有限公司、合力叉车股份有限公司、上海联泰科技股份有限公司、上海与德通讯技术有限公司、奥普家居股份有限公司、浙江泰普森（控股）集团、江苏金彭车业有限公司、广东天际电器股份有限公司、广东金明精机股份有限公司、深圳拓邦股份有限公司、杰克股份有限公司，等等。